工业工程改善手册

魏俊超 编 著

机械工业出版社

由于综合环境变得越来越复杂，现代实体制造业受到种种冲击。尤其是随着国内人口红利的消失，企业管理的难度不断加大，企业赢利能力也随之下降。如何在持续经营的情况下，通过减少浪费来提高效率、降低成本，将是所有企业都面临的关键课题。

工业工程是推动企业管理实现科学化、合理化、高效化的重要手段。工业工程师也是现代企业倍受尊重的职业之一。企业的大部分精益改善工作由专职的工业工程师主导。不过，随着改善的职能扩散到所有的部门，越来越多的非工业工程职能人员开始学习工业工程的改善思维及方法。他们通过工作研究、方案制定及改善推动的技巧，在所服务的企业创造了非常高的收益。

本书共17章，重点讲解工业工程在传统制造业中精益改善的实践应用，从改善思维到掌握各种工业工程改善方法，再到企业如何应用精益改善实践，最后到改善过程推动技巧。

本书可供企业专职的工业工程师、精益改善工程师使用，也可供生产制造管理者、生产技术人员等阅读。

图书在版编目（CIP）数据

工业工程改善手册/魏俊超编著．—北京：机械工业出版社，2020.6（2025.4重印）

ISBN 978-7-111-65600-5

Ⅰ．①工… Ⅱ．①魏… Ⅲ．①工业工程 Ⅳ．①F402

中国版本图书馆CIP数据核字（2020）第082080号

机械工业出版社（北京市百万庄大街22号　邮政编码100037）
策划编辑：周国萍　　责任编辑：周国萍　刘本明
责任校对：陈　越　　封面设计：马精明
责任印制：单爱军

北京虎彩文化传播有限公司印刷

2025年4月第1版第6次印刷
169mm×239mm · 22.25印张 · 384千字
标准书号：ISBN 978-7-111-65600-5
定价：89.00元

电话服务　　　　　　　　　网络服务
客服电话：010-88361066　　机　工　官　网：www.cmpbook.com
　　　　　010-88379833　　机　工　官　博：weibo.com/cmp1952
　　　　　010-68326294　　金　书　网：www.golden-book.com
封底无防伪标均为盗版　　　机工教育服务网：www.cmpedu.com

前言

众所周知，随着国际大环境的变化，现代实体制造业受到种种冲击。尤其是随着国内人口红利的消失，企业管理的难度不断加大，企业赢利能力也随之下降。如何能够在持续经营的情况下，通过减少浪费来提高效率、降低成本，将是所有企业面临的关键课题。

工业工程（Industrial Engineering，IE）起源于20世纪初的美国，它以现代工业化生产为背景，在发达国家得到了广泛应用。现代工业工程是以大规模工业生产及社会经济系统为研究对象，在制造工程学、管理科学和系统工程学等学科的基础上逐步形成和发展起来的一门交叉性工程学科。它是将人、设备、物料、信息和环境等生产系统要素进行优化配置，对工业生产过程进行系统规划与设计、评价与创新，从而提高工业生产率和社会经济效益的专门化综合技术，且内容日益广泛。

早在三十多年前，国内高校就已设置了工业工程专业，培育了不少优秀的工业工程种子选手。改革开放后，随着外资企业来华设厂，多数企业都设置了专门的工业工程部，并配置了不少工业工程师来推动企业的持续改善工作。目前，不仅外资企业重视工业工程改善，国企、民企也慢慢意识到持续改善的重要性，专门设置工业工程部门的企业已从珠三角、长三角延伸到其他地区，服务更多企业，并使其获得了巨大的收益。

伴随着企业对降本提效的追求，工业工程改善工作不仅由专职的工业工程师去主导推动，改善的职能已扩散到企业的所有部门。越来越多的企业管理及技术人员开始学习工业工程的改善思维及方法，他们通过工作研究、方案制定及改善推动的技巧，在所服务的企业创造了非常高的收益，也因此更加坚定了企业对学习并导入工业工程改善的信念。

本人从2001年开始从事工业工程相关工作，伴随着职场的发展历程，经历了无数的失败与成功，品尝了改善的酸甜苦辣，在学习与实践中不断成长，深知改善工作的重要性。改善工作门槛虽然不高，但涉及的问题却很多，例如对事物的理解、对方法论的掌握、如何识别问题、如何制定方案、如何将方案顺利执行落地、过程中出现的困难如何应对等。

如今我们可以通过无数的渠道来获得知识，但如果对工业工程缺乏实践与研究，你会发现许多知识过于零散，不成系统。工业工程由于知识范围过广，更会让人不知所措。近 20 年的工业工程实践经验，再加上服务上百家制造企业的经历，使我相对比较了解大多数制造企业的改善需求。同时，由于平时与国内工业工程师朋友们的交流甚多，这使我能够掌握个人能力与企业需求之间的差异点。

作为一名"老 IE"，我希望用自己的文字，将自己多年积累的改善见解整理成书，来分享给那些需要学习工业工程方法的朋友，希望能够缩短你们的工业工程专业成长历程。

由于种种原因，本书稿在描述表达上的欠妥之处，希望大家在学习参考之余多多批评指正。

魏俊超

目 录

前言
第1章 中国现代制造业的特点及面临的挑战 1
 1.1 中国现代制造业的特点 1
 1.2 中国现代制造业常见的管理痛点 2
 1.3 标杆企业的做法 4
 1.4 现代企业面临的竞争力挑战 6
 1.5 制造业的机遇 8
第2章 工业工程的发展及对制造业的影响 9
 2.1 工业工程学科的发展 9
  2.1.1 工业工程学科的定义 9
  2.1.2 工业工程的起源及其发展 10
  2.1.3 工业工程的思维意识 12
  2.1.4 工业工程的作用及目标 14
  2.1.5 工业工程的四大职能 16
 2.2 工业工程的应用 16
  2.2.1 传统制造业全面IE应用架构 ... 16
  2.2.2 工业工程在企业各职能部门中的改善应用 17
  2.2.3 常见IE方法在制造业的应用时机及效果 18
  2.2.4 中国制造业应用IE的成功案例 ... 20
第3章 科学管理与精益管理思维 21
 3.1 科学管理发展历程 21
  3.1.1 工业发展过程中先进管理理论及实践 21
  3.1.2 科学管理之父——泰勒 23
  3.1.3 管理的目标与科学管理的原则 23
  3.1.4 科学管理提出效率低的原因及对策 24
 3.2 精益生产的管理哲学 25
  3.2.1 精益生产的由来 25
  3.2.2 丰田生产方式的成长过程 25
  3.2.3 丰田生产的管理哲学 26
  3.2.4 理解精益生产 28
  3.2.5 真精益生产与假精益生产 29
  3.2.6 精益生产的五个原则 29
  3.2.7 精益思想：关注流程 30
  3.2.8 精益思想：从增值比率看改善空间 31
  3.2.9 观念比较 31
  3.2.10 精益企业之屋 32
  3.2.11 传统工厂与精益工厂 33
第4章 基于精益价值流分析的浪费识别 36
 4.1 价值流图的基本概念 36
  4.1.1 价值流图的起源与发展 36
  4.1.2 认识价值流图析 37
  4.1.3 价值流图析的作用 38
  4.1.4 价值流的思维方式 38
 4.2 价值流图绘制 39
  4.2.1 价值流图基本框架 39
  4.2.2 各区域内容说明 39
  4.2.3 价值流符号介绍 40
  4.2.4 常见的数据框资料 42
  4.2.5 绘制现状价值流图的注意事项 43

4.2.6 选择合适的产品进行绘制分析 ... 44
4.2.7 价值流图绘制前准备 ... 44
4.2.8 价值流图绘制步骤 ... 45
4.2.9 多工序流并行作业价值流图实例 ... 49
4.2.10 模拟工厂价值流图演练 ... 52
4.2.11 对前面现状价值流图的分析 ... 54
4.2.12 标注问题点并汇总 ... 54
4.3 精益生产的七大浪费 ... 56
 4.3.1 制造过多（过早）浪费 ... 56
 4.3.2 库存浪费 ... 57
 4.3.3 不良品浪费 ... 59
 4.3.4 动作浪费 ... 59
 4.3.5 加工浪费 ... 59
 4.3.6 等待浪费 ... 60
 4.3.7 搬运浪费 ... 60
4.4 精益生产改善 ... 60
 4.4.1 有效解决各种浪费的精益对策 ... 60
 4.4.2 精益改善常关注的指标 ... 61
 4.4.3 精益生产体系的培训 ... 61
 4.4.4 精益改善实施的过程 ... 62

第5章 方法研究之程序分析与改善 ... 64
5.1 程序分析 ... 64
 5.1.1 程序分析的定义 ... 64
 5.1.2 程序分析的目的 ... 64
 5.1.3 程序分析的五个侧重点 ... 65
 5.1.4 程序分析的技巧——5W1H提问法 ... 65
 5.1.5 程序分析的技巧——ECRS改善原则 ... 66
 5.1.6 程序分析的图示符号 ... 66
 5.1.7 程序分析的分类 ... 67
5.2 工艺流程分析 ... 68
 5.2.1 工艺流程分析的定义 ... 68
 5.2.2 工艺流程图的分类 ... 68
 5.2.3 产品工艺流程图 ... 70
 5.2.4 产品工艺分析检查表 ... 73
5.3 作业流程分析 ... 74
 5.3.1 作业流程分析的定义 ... 74
 5.3.2 作业流程分析的目的与用途 ... 74
 5.3.3 作业流程分析图例 ... 74
 5.3.4 作业流程分析的改善方向 ... 75
 5.3.5 作业流程图案例 ... 76
5.4 线路图分析 ... 78
 5.4.1 线路图的定义 ... 78
 5.4.2 线路图的特点 ... 78
 5.4.3 线路图的绘制要点 ... 79
 5.4.4 线路图图例 ... 79

第6章 方法研究之作业分析与改善 ... 81
6.1 作业分析 ... 81
 6.1.1 作业分析的定义 ... 81
 6.1.2 作业分析的意义及特点 ... 81
 6.1.3 作业分析的图示符号 ... 82
6.2 双手作业分析 ... 82
 6.2.1 双手作业分析的定义及特点 ... 82
 6.2.2 双手作业分析的目的 ... 83
 6.2.3 案例：用开瓶器开启瓶盖 ... 83
 6.2.4 生产案例分析 ... 84
6.3 人机作业分析 ... 86
 6.3.1 人机作业分析的定义及特点 ... 86
 6.3.2 人机作业分析的目的 ... 86
 6.3.3 人机作业分析的记号 ... 86
 6.3.4 案例：一人两机作业分析与改善 ... 86
 6.3.5 人机分析（改善前） ... 87
 6.3.6 人机改善的着眼点 ... 88

目 录

    6.3.7 人机分析（改善后）............ 89
  6.4 共同作业分析............................... 90
    6.4.1 共同作业分析的定义及特点.... 90
    6.4.2 共同作业分析的目的............... 90
    6.4.3 案例：他们在干什么?............. 90
    6.4.4 赛车进站作业内容................... 90
    6.4.5 联合作业分析案例................... 91
    6.4.6 联合作业分析图表................... 92
    6.4.7 联合作业改善的着眼点........... 93
    6.4.8 联合作业分析图表（改善后）...93

第7章 方法研究之动作分析与改善 95

  7.1 动作分析简介.................................. 95
    7.1.1 认识动作................................. 95
    7.1.2 动作分析的定义与目标........... 96
    7.1.3 动作分析之父的"砌砖故事"....96
    7.1.4 动作分析的方法...................... 97
  7.2 动作要素分解.................................. 97
    7.2.1 沙布利克（Therblig）简介......97
    7.2.2 动作要素分类......................... 98
    7.2.3 动作要素符号......................... 98
    7.2.4 17 个动素详解........................ 99
  7.3 动作经济原则................................ 108
    7.3.1 动作经济原则的定义............ 108
    7.3.2 动作经济原则的类别............ 108
    7.3.3 动作经济原则——人体运用
          方面..................................... 109
    7.3.4 动作经济原则——工作场所
          的布置与环境....................... 112
    7.3.5 动作经济原则——工具与
          设备的设计........................... 114

第8章 科学化标准工时的观测与制定...... 117

  8.1 标准工时概述................................ 117
    8.1.1 标准工时的意义.................... 117
    8.1.2 标准工时的影响力................ 117
    8.1.3 标准工时的用途.................... 117
    8.1.4 标准工时的特性.................... 118
    8.1.5 标准工时制定时机................ 119
    8.1.6 标准工时制定方向的必要
          思考..................................... 119
    8.1.7 标准工时的定义.................... 120
    8.1.8 标准工时的五大因素............ 120
    8.1.9 标准工时的构成.................... 121
    8.1.10 标准工时的计算方法.......... 121
  8.2 标准工时测定................................ 122
    8.2.1 标准工时的测定方法............ 122
    8.2.2 时间观测的定义.................... 122
    8.2.3 时间观测及分析时的注意
          事项..................................... 123
    8.2.4 时间观测的工具.................... 123
    8.2.5 时间观测的一般步骤............ 123
    8.2.6 观测结果的记录.................... 124
    8.2.7 时间观测异常值分析............ 124
    8.2.8 录像分析的优点.................... 126
    8.2.9 标准资料法实例.................... 126
  8.3 标准工时评比、宽放及注意事项.... 129
    8.3.1 工时评比的定义.................... 129
    8.3.2 影响作业速度的因素............ 129
    8.3.3 平均化时间评比法................ 129
    8.3.4 评价等级系数表.................... 130
    8.3.5 熟练度与努力度评价基准表....130
    8.3.6 评价系数计算案例................ 131
    8.3.7 时间宽放的定义.................... 132
    8.3.8 宽放的构成............................ 132
    8.3.9 宽放的分类............................ 133
    8.3.10 不同类别的宽放国际标准.... 133
    8.3.11 宽放设定实例...................... 134

VII

- 8.3.12 常见人机作业加工类工序的产能计算 ... 135
- 8.3.13 常见流水作业工序的产能计算 ... 137
- 8.3.14 标准工时设定注意事项 ... 138

第9章 标准工时在管理中的全面应用 ... 139

- 9.1 标准工时应用于产品报价 ... 139
  - 9.1.1 产品报价中的过程盲点 ... 139
  - 9.1.2 标准工时在产品报价中的作用 ... 139
  - 9.1.3 人力成本报价应用案例 ... 139
- 9.2 标准工时应用于计件工资 ... 140
  - 9.2.1 标准工时在计件工资中的意义与做法 ... 140
  - 9.2.2 计件工资计算及发放流程 ... 141
  - 9.2.3 基准单价计算案例 ... 141
  - 9.2.4 工序单价计算案例 ... 141
- 9.3 标准工时应用于产能负荷分析 ... 142
  - 9.3.1 产能负荷分析的意义 ... 142
  - 9.3.2 产能负荷分析的相关条件 ... 142
  - 9.3.3 产能负荷分析的相关计算公式 ... 142
  - 9.3.4 产能负荷分析的计算过程 ... 143
  - 9.3.5 产能负荷的应用——产销协调会 ... 145
  - 9.3.6 产销协调会中常见的议程 ... 145
  - 9.3.7 产能负荷不均的应对措施 ... 147
- 9.4 设备及人力需求计算 ... 147
  - 9.4.1 设备及直接人力需求的计算意义 ... 147
  - 9.4.2 设备及人力需求分析的相关条件 ... 147
  - 9.4.3 设备及人力需求分析的计算过程（范例） ... 148
  - 9.4.4 间接人力需求评估（职能目标法） ... 149
  - 9.4.5 间接人力需求评估（工作日志法） ... 149
- 9.5 标准工时在排程中的应用 ... 151
  - 9.5.1 标准工时在排程中应用的意义 ... 151
  - 9.5.2 标准工时在排程中的应用实例——组装 ... 151
  - 9.5.3 标准工时在排程中的应用实例——压铸 ... 153
- 9.6 标准工时应用于生产效率计算 ... 154
  - 9.6.1 生产日报表的作用 ... 154
  - 9.6.2 工时效率报表中应当被体现的关键点 ... 154
  - 9.6.3 常见的效率计算公式——人员效率 ... 154
  - 9.6.4 常见的效率计算公式——设备效率 ... 154
  - 9.6.5 生产日报表常见的类别 ... 155
  - 9.6.6 以机器为主的综合绩效计算报表 ... 155
  - 9.6.7 以人+机为主的综合绩效计算报表 ... 156
  - 9.6.8 以人为主的流水作业人员绩效计算报表 ... 157
  - 9.6.9 关于现场版记录与计算机版记录 ... 157
- 9.7 标准工时在异常工时管理中的应用 ... 157
  - 9.7.1 异常工时管理的定义和意义 ... 157
  - 9.7.2 基于管理责任的异常工时结构 ... 158

目 录

9.7.3 各职级异常工时汇总 158
9.7.4 常见异常工时的管理流程 159
9.7.5 报表数据的录入 161
9.7.6 报表数据的监控 162
9.8 周、月度效率会议及改善 162
    9.8.1 周、月度效率会议的意义 162
    9.8.2 周、月度效率会议的议程 162
    9.8.3 周、月度效率会议检讨的
        内容 162
    9.8.4 基于效率异常的专案改善
        展开 165
    9.8.5 绩效持续改善 166

第10章 工厂布置及搬运改善 167
10.1 布置的基本概念和原则 167
    10.1.1 布置的定义 167
    10.1.2 整厂规划的思考方向 168
    10.1.3 整厂规划的步骤 168
    10.1.4 布置的原则 169
10.2 布置的基本形态及分析 172
    10.2.1 布置的基本形态 172
    10.2.2 表现布置的方式——缩略
         布置图案例 174
    10.2.3 作业邻近性关联分析 174
    10.2.4 加工工序与布局合理性
         分析 176
    10.2.5 加工工艺流程分析 176
    10.2.6 加工工序流动（布局
         合理性）分析 176
    10.2.7 车间布局实例——U形
         生产线 177
    10.2.8 车间布局实例——一笔
         画工厂 178
10.3 搬运的基本概念 178

10.3.1 搬运是一种浪费 178
10.3.2 搬运改善的重要性指标 179
10.3.3 改善可获得的效果 179
10.3.4 搬运改善的着眼点 180
10.4 搬运分析方法 180
    10.4.1 搬运的活性分析 180
    10.4.2 搬运原则一览表 182
    10.4.3 搬运分析符号 182
    10.4.4 搬运分析举例 184
    10.4.5 搬运动线分析 185
    10.4.6 搬运的活性分析——图表
          及指数计算 187
    10.4.7 案例：某企业搬运工程分析...187

第11章 设备加工型车间的精益改善 191
11.1 设备效率数据掌握及分析 191
    11.1.1 慢性损失的构造图及综合
         效率计算 191
    11.1.2 设备综合效率的计算实例...192
    11.1.3 影响OEE的六大因素 193
    11.1.4 某企业影响设备有效性
         数据分析 194
    11.1.5 持续改进5Why............... 194
11.2 全面生产维护 195
    11.2.1 TPM对操作人员的要求ٜ... 195
    11.2.2 TPM的八大支柱 195
    11.2.3 TPM的实施要点 196
    11.2.4 设备维护保养体系建立 197
    11.2.5 设备点检/保养基准建立...197
    11.2.6 设备日常点检执行 199
11.3 设备快速维修 201
    11.3.1 快速维修的意义 201
    11.3.2 快速维修反应——安灯
         信号 201

11.3.3　快速维修——异常处理流程 202
11.3.4　快速维修——通过数据促进管理 202
11.3.5　维修数据计算实例 203
11.3.6　维修数据指标管理 203
11.4　设备快速换模 204
11.4.1　传统汽车与方程式赛车换胎 204
11.4.2　换模演进 205
11.4.3　传统换模 205
11.4.4　传统换模时间与浪费 205
11.4.5　换模消耗时间长的原因 206
11.4.6　快速换模的原因 206
11.4.7　快速换模的定义 207
11.4.8　换模时间的定义 207
11.4.9　内部作业与外部作业 208
11.4.10　标准换模流程 208
11.4.11　快速换模的原则 209
11.4.12　实施过程和方法：PDCA 209
11.4.13　快速换模八步骤 210
11.5　流线化群组作业改善 221
11.5.1　功能式布置与流程式布置的区别 221
11.5.2　重新理解生产技术 222
11.5.3　流线生产的八个条件 222

第12章　装配型流水线的精益改善 225
12.1　流水线的基本概念 225
12.1.1　流水线的定义及特点 225
12.1.2　流水线的起源与发展 225
12.1.3　构成流水线的五大要素 226
12.2　流水线平衡分析及改善 227
12.2.1　流水线平衡改善的意义 227

12.2.2　流水线效率的制约 227
12.2.3　平衡生产线的作用 228
12.2.4　平衡管理的原则 228
12.2.5　生产线平衡的定义 229
12.2.6　生产线平衡的做法 229
12.2.7　生产线平衡损失表现 229
12.2.8　生产线平衡率计算公式 230
12.2.9　生产线平衡计算实例 231
12.2.10　影响线平衡计算的关键词 232
12.2.11　以客户需求为导向的节拍计算实例 232
12.2.12　影响线平衡的因素 234
12.2.13　影响线平衡的因素及改善对策 234
12.2.14　生产线平衡的改善步骤 236
12.2.15　提高生产线平衡率的四大法宝 237
12.2.16　生产线平衡改善的主要手段 237
12.2.17　生产线平衡改善模拟图 237
12.2.18　工作站减少工时的方法 238
12.2.19　案例：某企业生产线平衡分析 238
12.2.20　生产线平衡改善的盲点 239
12.3　快速换线改善 239
12.3.1　改善背景（某企业装配线转型改善） 240
12.3.2　生产线换线时间统计记录 240
12.3.3　生产线换线流程及存在的问题 241
12.3.4　生产线换线存在的问题解析及措施讨论 243
12.3.5　成立快速换线小组 244

- 12.3.6 换线目标设定 245
- 12.3.7 换线改善的主要思路 245
- 12.3.8 换线改善——流程调整（方案设想） 245
- 12.3.9 实际换线过程监控 247
- 12.3.10 实际换线时间趋势 247
- 12.3.11 实际换线延误分析 247
- 12.3.12 改善对策及效果追踪 248
- 12.3.13 标准化：将转产过程流程化 250
- 12.4 精益物流配送机制规划 250
  - 12.4.1 精益物流总览 250
  - 12.4.2 流水线作业的追求与效率保证条件 250
  - 12.4.3 流水线常见的问题 251
  - 12.4.4 JIT 的物流目标 252
  - 12.4.5 配送频率与缺料风险 252
  - 12.4.6 物流与信息拉动 253
  - 12.4.7 常见的物料拉动方式 253
  - 12.4.8 看板拉动式的物流配送模式 253
  - 12.4.9 换线过程与配料时机 254
  - 12.4.10 物料配送路径图 255
  - 12.4.11 配送物料表——物料员配送标准书 256
  - 12.4.12 异常配料——安灯呼叫 256
  - 12.4.13 配送区间 257
  - 12.4.14 配送人员 258
  - 12.4.15 线边超市 258
  - 12.4.16 线边超市储位规划 259
  - 12.4.17 物流器具规划 259
  - 12.4.18 配料区及称具选择 260
  - 12.4.19 物料配送车规划 260
  - 12.4.20 物料配送改善的效果 260

第 13 章 柔性单元细胞生产线的规划 263

- 13.1 单元细胞生产线的基本概念 263
  - 13.1.1 大环境消费习性对企业造成的影响 263
  - 13.1.2 制造业普遍存在的订单状况 263
  - 13.1.3 多种少量对制造业造成的困扰与挑战 264
  - 13.1.4 精益企业常见的应对措施 265
  - 13.1.5 传统大批量生产线作业的特点 266
  - 13.1.6 精益柔性单元细胞线的特点 267
  - 13.1.7 大量生产与单元生产的区别 268
  - 13.1.8 单元生产线面临的挑战 268
- 13.2 单元细胞生产线的规划 269
  - 13.2.1 单元生产线的布线形态 269
  - 13.2.2 单元生产线的布线图例 270
  - 13.2.3 PQ 分析，依据订单状况规划生产线 272
  - 13.2.4 根据订单量选择生产线类型 273
  - 13.2.5 利用工艺途程规划生产群组 273
  - 13.2.6 以客户（计划量）节拍为目标规划生产线 275
  - 13.2.7 利用标准工时规划工位 275
  - 13.2.8 工位采用柔性多样组合 278
  - 13.2.9 整体布局及物流考虑 278
  - 13.2.10 物料配送由专人处理 280
  - 13.2.11 设备及工具的配置思考 281

13.3 单元细胞生产线的配套管理 281
  13.3.1 在线半成品的控制 281
  13.3.2 站立式作业更具灵活性 282
  13.3.3 排产系统的调整配合 282
  13.3.4 生产看板及必要的目视化准备 285
  13.3.5 标准化作业有助于效率及品质保证 286
  13.3.6 必要的多技能员工训练 288
  13.3.7 必要的正向激励制度实施 ... 289
  13.3.8 生产过程中的品质保证 289
  13.3.9 生产过程中的进度管理 291
  13.3.10 生产过程中的库存控制 292
  13.3.11 日清日结式日常管理 293

第14章 工业工程师的角色认知及职场技巧 295

14.1 工业工程师的角色认知 295
  14.1.1 工业工程师的定义 295
  14.1.2 工业工程师的角色扮演 295
  14.1.3 工业工程师的职业信仰 296

14.2 工业工程师的成长路径 296
  14.2.1 工业工程师成长的最佳路径 296
  14.2.2 十年磨一剑的专注要点 297
  14.2.3 合理的多元知识结构规划及掌握 298
  14.2.4 "三位一体"的学习方式 ... 298

14.3 工业工程师的职场技巧 299
  14.3.1 "高情商"是IE改善第一推动力 299
  14.3.2 擅长与不同职级人员进行沟通 299

  14.3.3 体制的规划可以使绩效最大化 300
  14.3.4 忙忙碌碌的付出却得不到认可的原因 301
  14.3.5 各职能部门在改善活动中扮演的角色 301
  14.3.6 IE进入新环境的关注要点 ... 302
  14.3.7 系统化解决问题的步骤 302
  14.3.8 具有系统观 304
  14.3.9 以事实为友 305
  14.3.10 聆听的优点及做法 306
  14.3.11 对任何技术的"怀疑" 306
  14.3.12 项目的执行参与度 307
  14.3.13 找到关键的驱动因素 307
  14.3.14 先做有把握做到的改善 308
  14.3.15 IE人的社交圈 309
  14.3.16 资源整合及应用 309
  14.3.17 不断养成对广度、深度、高度的追求 309

第15章 方案的制定、提报及项目管控技巧 311

15.1 方案的制定 311
  15.1.1 方案制定的意义及时机 311
  15.1.2 方案的大纲拟定结构 311
  15.1.3 方案的过程编写细节 312
  15.1.4 方案制定的注意事项 312
  15.1.5 方案的自我及交叉论证方式 313

15.2 方案的提报及立项 313
  15.2.1 方案的提交与报告要点 313
  15.2.2 方案的展示与演说注意事项 314

15.2.3 方案的执行立项方式......... 314
15.3 项目管理技巧.......................... 315
  15.3.1 最佳的项目推动团队组成结构........... 315
  15.3.2 最佳的项目实施过程计划..... 316
  15.3.3 实施变革项目的启动仪式..... 319
  15.3.4 项目改善过程注意要点..... 319
  15.3.5 周、月度的阶段检讨......... 320

第16章 工业工程职能规划及团队组建...... 322
  16.1 工业工程部的建立及运作........ 322
    16.1.1 工业工程部门的筹建时机..... 322
    16.1.2 工业工程部门的架构归属..... 323
    16.1.3 工业工程部门内部的组织架构........... 323
    16.1.4 工业工程部门的职能展开..... 327
    16.1.5 工业工程部门的岗位职责..... 329
    16.1.6 工业工程部门的绩效指标设定........... 330
    16.1.7 某企业集团工业工程部年度实施计划.................. 331
  16.2 工业工程师的能力建设.......... 334
    16.2.1 工业工程师的需求规划.... 334
    16.2.2 工业工程师人才的引进方式........... 334
    16.2.3 工业工程师的职级能力要求........... 335
    16.2.4 工业工程师的聘用 336
    16.2.5 工业工程师的实习过程ー 336

第17章 工业工程实施盲点及应对措施...... 339
  17.1 中/高层对工业工程的认知误区................. 339
  17.2 工业工程方法选用时机不当.....339
  17.3 工业工程师自身能力不足........ 340
  17.4 中高阶的参与度不够.............. 340
  17.5 改善效益分配不合理............... 341

第1章
中国现代制造业的特点及面临的挑战

1.1 中国现代制造业的特点

在改革开放后的40余年中,中国制造业发展迅猛,到今天已成为不折不扣的制造大国,如图1-1所示。然而,随着外部环境的不断变化,制造业呈现出很多新的特点,面临新的挑战。

图1-1 现代制造业的发展

曾经在深圳工作过的人一定有这样的体验:在2000年时,也就是本书写作的19年以前,在深圳找工作是非常艰难的。那时候最让人羡慕的职业应该是人力资源部门,找工作的人需要给他们介绍费才能得到工作机会。但对于今天的企业而言,招人难成为人力资源部门普遍面临的问题。HR经常利用周末时间到人流量较大的公园、超市等场所摆摊招聘,这充分说明招聘工作是非常有难度的。现在很多企业的管理人员在分配工作、管理人员时也需要三思而后行,原因是很多年轻一点的员工稍有不顺心,就会提出辞职。如今的制造业跟以前的制造业相比已经发生了巨大的变化。

1. 人力成本越来越高,驱动制造业出现新的制造模式

现在不能单纯依赖人力去制造产品了,很多企业在考虑导入智能制造、智能工厂、自动化车间、智能化生产线。也就是说,企业想尽一切办法减少依赖人力作业的工作。

2. 市场需求驱动企业更加重视营销和研发

中国的市场发生了很大的变化。在多年前,中国的工厂很多以代工为主。

可是，这几年，外资企业开始慢慢地迁出，说明中国内部的企业越来越有竞争力。市场需求驱动企业逐渐走向品牌化。企业要有自己的品牌，就需要自主研发，向产业链两端延伸并且加大营销和研发力度。

3. 资源整合的商业模式驱动企业与供应商紧密合作

很多企业改变自己加工的商业模式，通过资源整合，把一些产品外发给其他工厂加工，这导致企业对供应商的依赖程度越来越高，企业间的合作越来越紧密。

4. 市场竞争上升为品牌竞争和服务竞争，制造与服务既分工又融合

当产品同质化越来越严重的时候，服务必须比竞争对手有优势，才能在竞争中获胜，特别是当企业具有品牌的时候，竞争优势就会凸显出来。

5. 市场订单由多量少样趋向于少量多样，导致对管理的高要求

这种趋势很多人都有体会。例如，某个企业的电器订单只有一两千台，工厂一个小时生产 300 台，不到一天时间就要换线。这就属于多样少量，对企业的管理要求特别高。

6. 客户交期越来越短，且紧急订单较多，要求企业必须快速反应

这是现代制造业的特点。随着社会的发展，客户对交货容忍时间越来越短，制造型企业的交付周期有不断压缩的需求，这对企业管理提出了更高要求。

1.2 中国现代制造业常见的管理痛点

1. 订单越来越多，但交期越来越难准时

对很多企业而言，订单越多，越交不出货。顾问在浙江辅导时，很多企业主动要求咨询公司派驻懂 PMC 的顾问帮他们做产销整合，包括供应链管理。就因为这样一个痛点，以前接单 1 亿，准时交付率百分之九十，现在销售额达到 1.5 亿，准时交付率降到百分之七八十，有的甚至只有百分之二三十。因为订单多，内部管理跟不上，这种现象特别多。

2. 自动化程度越来越高，但半成品越来越多

很多时候，很难实现全流程的自动化，所以很多企业的自动化是局部自动化。比如，一条流水线是人工作业，流得非常顺畅，只是产能没那么高，自动化工程师认为某个工位用机器做可以省一两个人，可是，机器的节奏高于原产线的节拍。这时，就需要把这个工位从流水线剔除出来，放到线外作业，原本的单件式流线化作业变成了孤岛式的批量作业，导致半成品特别多。

第1章
中国现代制造业的特点及面临的挑战

3. 员工越来越难招聘，离职率越来越高

很多企业有这样的现象，年前年后的离职率特别高，离职率有时候可以达到20%。这个问题并不是企业的管理问题单方面导致的，更多地是受大环境的影响。

4. 客户交期越来越短，不得不备用大量库存应对

今天，客户要求的交付周期越来越短，十天、一周、三天都有可能。广东肇庆某化工企业，他们95%的订单从接单到交货只有一天时间。意味着客户今天下单，明天下午就要出货。这需要非常快的反应速度。他们的准时交付率在90%以上，还算是不错。但是，他们有很高的库存（见图1-2），原材料库存、半成品库存、成品库存都是比较

图1-2　企业存在大量库存

高的。用大量的库存换取快速反应，赢得客户信任，这样赚钱是非常辛苦的。这样的企业销售额很高，利润往往很低。

5. 汇率或关税导致利润下滑，成本优化迫在眉睫

某家企业的产品80%出口到美国，受中美贸易战影响，产品的关税是10%，该企业与客户各分担5%。这个5%导致企业的利润下滑很多，企业压力很大。30%的关税在2019年还没有实施，企业非常紧张。一个产品30%的关税，企业根本没法承受。企业做了什么动作？去越南、中国台湾设厂，来分流大陆的一些生产工艺和工序。很多产品不得不在中国台湾组装。

在国内生产的商品都是按人民币来计算成本的，如果拿到国际市场上销售，商品成本就会与汇率相关。汇率的高低直接影响该商品在国际市场上的成本和价格，直接影响商品的国际竞争力。自2005年7月21日汇改开始，人民币一直保持着升值的势头。截至2008年6月，人民币兑美元名义汇率由汇改前的8.2765下降到6.8971。在人民币升值过程中，传统的出口优势行业，包括机械、家电、纺织服装等行业受到很大挑战，人民币升值造成的成本增加，使行业整体的利润率下降。

6. 人才的能力及敬业精神与企业需要相距太远

讲到人才的能力，首先要界定什么是人才。一个人，不管他具有什么学历，公司让他做业务员的工作，如果他能把业务员的工作做好，相对于这个岗位来说，他就是人才。所以人才是相对于他服务或工作的岗位的职能而言，真正能符合岗位的要求才叫人才。站在这个角度讲，企业员工的能力与企业的需求差距是很大的。

7. 供应商较弱的能力削弱了供货水平，影响物料齐套准时

企业越来越依赖供应商做配套，但很多企业为了降低成本，会找一些单价低的供应商。这些供应商有的连品管员都没有，对于这样的企业，它有多大的把握把品质做好，值得怀疑。很多中小企业品质意识差，送来的物料不达标，必须返工，严重影响了物料的齐套性和及时性。

8. 企业存在大量的浪费而增加了管理成本，但持续改善能力很弱

尽管存在着大量的浪费，企业的改善能力却很弱。相当多的企业没有专业的IE。顾问在东莞大岭山的一家五金企业调研，企业一年有一个多亿的销售额，他们没有专职的IE工程师，所以很多管理人员选择了外训，听过IE课程之后回去自己做改善，可是做了三个月就进行不下去了。没有专业的IE部门，缺乏专业的IE训练，听一两次课，不可能把改善工作做得非常专业。顾问建议他们建立IE部门，由IE经理去主导、计划、整合资源、推动改善，否则收益会非常有限。

1.3 标杆企业的做法

面对制造企业的诸多痛点，优秀的企业却有着不同的做法，可以通过对标管理，寻找差距，通过内部改善实现管理升级。标杆企业具备的管理能力和水平见图1-3。

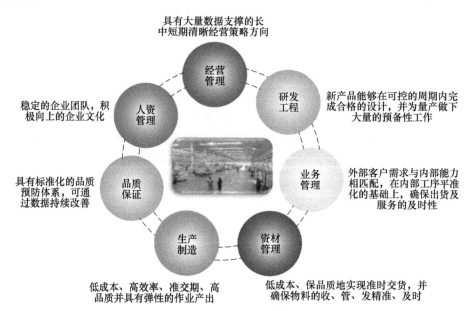

图1-3　标杆企业应对环境变化的管理能力

第1章
中国现代制造业的特点及面临的挑战

标杆企业通常具有大量数据支撑的长、中、短期的经营策略。站在企业老板的层面，一个企业的管理通常是从经营策略开始的。比如说，某个人想开店卖面条。他要考虑在哪里卖、要投资多少、有多少回报、未来三到五年应该怎么做，提前做规划。利润来自于销售额减去成本，销售额来自于客户数和客单价，比如面条 10 元/碗，就是客单价，每天的销售目标是 1000 元，就需要 100 个客户，就是客户数。能否达成期望进店客户数，需要考虑周边的客流量和竞争关系。哪些客户会选择吃面，吃面的客户中有多大比例会进店，如何把客户拉到自己店里来等问题都需要在详细调研的基础上做好规划。好的企业通常会有清晰的产品战略、研发战略、营销策略、生产策略、人事策略、财务策略等，通常会用 SWOT 等工具进行分析，做出未来三到五年的战略规划。

1. 研发部

研发部是负责新产品开发、新产品导入的部门。好的企业，每款新品都有非常严格的研发周期。研发周期是非常关键的指标，比如现在的折叠屏手机，谁能先上市，谁就能取得先机，把握主动。好的企业会把研发的整个流程的测试评审做得非常严谨到位，确保产品在量产后的良品率。

2. 工程部

工程部的职责是生产工艺技术准备。它一方面在量产前做准备，另一方面在量产中做支援。在新产品导入阶段，要做好产线布局、工装夹具设计、工艺设计，还包括制定作业标准等，为量产做好铺垫。另外就是在量产中，对品质、技术问题进行处理。好的企业，这部分工作做得比较到位。

3. 业务部

业务部就是公司的销售部门，他们需要评估企业内部的能力。很多企业交不出货，主要原因就是业务部门在接单时，不考虑内部的能力，没有做产能负荷分析，随意承诺交期。如果盲目接单，不能准时交货，会给客户带来很多问题，招致客户抱怨，甚至丢掉客户。业务部门有责任督导或敦促内部生产能力的提升。另外，与之对接的是计划部门，通常称为 PMC 部。计划部门做的是每月、每周、每天的生产计划，也要掌握生产能力，尽量使每天的生产量均衡。计划部门与业务部门密切沟通，实现产销协调。

4. 资材管理部

资材管理部一般指的是采购和仓储单位。好的采购部门，需要不断跟供应商询价、比价，选择和培养优秀供应商；不断监控供应商的品质保证能力和品保体系；改善与供应商的交货模式，确保在不缺货的前提下，库存量最低，也就是 JIT 模式。

这样可以有效控制来料的成本，使企业在价格竞争中具有优势。好的仓储管理的做法，主要是做好收、发、存的管理工作以及准时配送物料的工作。

5. 生产部

生产部要做好生产管理工作。好的企业通常能做到低成本、高效率、准交期和高品质。另外，还有一个要求，就是柔性生产，即生产灵活性非常高，不管是量大还是量小，品种多还是品种少，都能灵活应对。后面章节中会讲到 Cell 线，是柔性生产的方法之一，是面向多品种小批量环境，实现低成本、高效率、准交期和高品质的一种生产组织形式。

6. 品质部

品质部主要功能是品质保证。品保体系好的企业具有标准化的品质预防体系，可以通过数据来持续改善。所谓体系，就是系统地看待品质保证工作。比如说，能不能从研发端开始预防，能不能从工艺设计端预防，能不能在制造的过程中预防，而不是靠事后处理。好的企业都会建立这样的预防体系。另外一点就是品质数据，所有的检验数据都有记录，且准确及时、完整有效。QC 手法就是建立在数据基础上的品质分析手法，也被用来做效率分析。所以，好的企业，它的品保体系完整，数据及时记录并定期分析，且持续推动品质改善。QCC 小组就是一种持续改善的形式。

7. 人力资源部

人力资源部要保证企业有一个积极向上的企业文化以及一个稳定的企业团队。如果人员离职率太高，文化氛围不好，人力资源部就要想办法解决，好的企业有专门的人力资源从业人员负责企业文化的宣导和建设。企业的工厂设置一些宣传栏，搞一些娱乐活动、一些不定期的竞赛以及一些文体活动。员工离职了，要做员工访谈，交流离职原因。新人进来，要有人文关怀，要跟进新人的适应情况，及时解决问题。

标杆企业里，各个职能部门会从自己的职能角度做很多工作，使企业高效率运作。管理不好的企业，要查找不好的方面，向好的企业学习，不断改善，最终实现企业系统性地整体提升。

1.4 现代企业面临的竞争力挑战

据美国《财富》杂志报道，美国中小企业平均寿命不到 7 年，大企业平均寿命不足 40 年。而中国，中小企业的平均寿命仅有 2.5 年，集团企业的平均寿

第 1 章
中国现代制造业的特点及面临的挑战

命仅有 7～8 年。美国每年倒闭的企业约有 10 万家，而中国有 100 万家，是美国的 10 倍。现代企业面临激烈的竞争，没有竞争力的结果是被淘汰出局。企业的竞争可能来自不同的方面，根据波特五力模型，首先是现有公司同行间的竞争，还有行业新进入者和替代品的竞争，以及与供方和买方的议价能力，决定了在供应链上的话语权和能否存活。

企业在某个方面比其他企业做得好，就形成一定的竞争力，但这种竞争优势不见得能维持很久，或者基于这种竞争力获得大量订单，只有核心竞争力才能与竞争对手拉开差距。核心竞争力需要满足以下几个条件：

1）解决客户至少一项巨大的痛苦。
2）巨大的市场空间。
3）竞争对手短期内无法模仿。
4）不会冒真正的风险或者耗尽企业资源。

任何竞争力都来自于对客户需求的满足，要么解决客户的痛苦，要么给客户带来快乐。解决客户巨大的痛苦显然能够满足客户重要的需求，同时如果这个市场足够大，企业就可以获得大量的订单。然而这还远远不够，如果竞争对手在短时间内快速模仿，竞争优势将很快失去。通常情况下，能让对手望而却步的原因，是竞争对手觉得有风险不敢跟进，或认为没必要跟进，或没有办法跟进。比如，在企业导入工业工程改善时，有很多管理干部基于固有的思维，不愿意改变。任何竞争力的打造都要投入资源，核心竞争力打造必须保证企业不会冒巨大的风险，比如资金链断裂。

对于制造业而言，获得竞争上的优势，首先要有好的产品或技术。如果产品在某些方面具有独有的特征，比如比竞争对手的产品寿命长或能实现竞品没有的性能等。这主要取决于企业的研发能力，比如华为的 5G 技术目前在世界范围内处于领先地位。单就目前制造业现状而言，产品的同质化越来越严重，新的产品容易被模仿，同质化的结果就是价格战。产品本身竞争优势的维持依赖于企业研发持续创新。

产品以外的竞争力包括交货速度、品质、服务、人才、成本效能等，如图 1-4 所示。比如交货时间是竞争对手的一半；竞争对手喜欢接大单，市场上有小批量的需求，企业有做小单的能力，都是核心竞争力。企业有了核心竞争力，在相当长的时间内保持竞争优势，获得大量的订单，可以快速发展壮大。

核心竞争力需要企业投入大量的时间和资源去打造。基于运营系统的竞争力，比如短交付周期、极高的准时交付率等的打造都涉及企业大多数部门，而且需要观念的极大转变，所以不容易在短时间内被模仿。

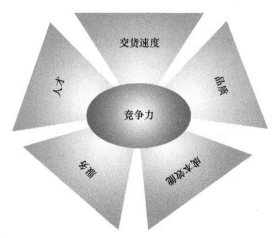

图 1-4　竞争力模型

核心竞争力的打造是一场规模空前的管理变革，抛弃旧的、传统的管理模式，建立新的、适应外部环境的、与市场需求同步的管理模式，需要具有创新能力和改善意识的人才。未来一定是人才的时代，人才是企业的根基，合适的人才是建立竞争力的关键。

1.5 制造业的机遇

现代制造业虽然面临诸多挑战，但挑战和机遇是并存的。中国已经是世界第二大经济体，"一带一路"倡议和经济全球化给中国制造业带来前所未有的机遇。从制造大国到制造强国，需要企业转型升级，不断提升竞争力，做专做精，培育工匠精神。国家大力推动环境保护，淘汰落后产业，都给企业带来巨大的压力。有了危机，企业才会思考，才会改变。

企业很难做，但并不是没有机会，所有的机会都留给那些能够在危机中意识到错误和缺点、愿意主动改变的企业。要直面挑战，勇于创新，化被动为主动，在变革过程中光有愿望、意识还不够，最重要的是行动。行动的一个重要方面，就是建立改善部门，培养工业工程人才，不断进行持续改善，最终实现从量变到质变。

【思考题】

1. 现代制造企业面临哪些痛点？
2. 多品种小批量市场环境给传统制造业提出哪些挑战？
3. 结合企业实际考虑标杆企业的哪些做法值得借鉴。

第 2 章

工业工程的发展及对制造业的影响

2.1 工业工程学科的发展

2.1.1 工业工程学科的定义

据不完全统计,截至2018年,中国开设工业工程专业的本科院校已达202所。可以说,工业工程学科在我国已经初具规模。工业工程在珠三角、长三角地区得到了比较广泛的应用(见图2-1)。工业工程还吸收了大量非专业毕业人员,但并未像其他传统专业,比如机械、电子等一样被人熟知。那到底什么是工业工程呢?下面有三个定义,从不同角度对工业工程进行了诠释。

定义1:工业工程是综合应用数学、物理和社会科学的专门知识、技能以及工程分析和设计的原则和方法,对人员、物料、信息、设备和能源组合而成的综合系统进行设计、改进和实施,并且对系统的成果进行鉴定、预测和评估。

定义2:工业工程是从产业界的现场作业出发,根据在多元经营管理范围内,为解决提高生产率及其相关的各种问题的实际需要而创立起来的一整套原理、技术和方法。

定义3:工业工程是通过研究、分析和评估,对制造系统的每个组成部分进行设计(包括再设计,即改善),再将每个组成部分恰当地综合起来,设计出系统整体,以实现生产要素合理配置,优化运行,保证低成本、低消耗、安全、优质、准时、高效地完成生产任务。它追求的是系统整体的优化与提高。

图2-1 工业工程应用领域广泛

定义1从工业工程需要的专业知识和它的实施路径角度，解释了什么是工业工程。首先，它是一个交叉学科，需要多个领域的基础知识；其次，它的作用途径是对系统进行设计、改善，对系统结果进行评价。

定义2重点强调了工业工程专业的目的有两个：一个是提高效率，一个是解决与提高效率相关的问题。很多企业的IE工程师，主要的工作就是围绕提高作业效率展开的。作业包括生产作业和管理作业，也就是非生产作业。80%的IE从事的是生产效率提升方面的工作，通过现场改善来实现。IE的工作很杂，也有IE自称是打杂的，企业里方方面面的工作都可能安排IE去做，可以说无孔不入，这里面其实暗含了解决问题的意思。各个领域都与效率相关，比如研发流程、工资核算过程、PMC的产销协调流程。相关的流程不顺畅，IE就可以介入，其他职能部门尽管也可以改善，但是改善的意识可能不强，专业度不够。同时，IE应用的领域是多元化的，不仅可以用于制造业，也可以用于服务业，比如餐饮业、医疗服务业等。

定义3强调了两个方面。一方面是IE实施的手段是研究、分析和评估，有点类似警察的破案工作。首先要对问题进行调研，寻找蛛丝马迹，之后对收集到的证据进行分析汇总，建立证据链之间的逻辑关系，分析出各种可能的情况，然后评估最有可能的犯罪过程，进一步发掘案情。IE工程首先通过研究掌握现场的作业方法、管理方法，然后根据一些原则，分析出有哪些可能的改善方案，对不同的方案进行评估，找出最优的解决方案，导入实施，这就是IE的工作模式。另一方面，IE的目的是提高效率。是提高哪个层面的效率呢？这里进一步明确了是企业的整体效率的提升和优化。这对IE工程师提出了很高的要求，需要具有整体观和系统观，能站在一定的高度看待企业的运营。很多时候，局部的改善不一定能带来整体效率的提高。比如：在非瓶颈环节导入自动化设备，某个工位的效率可能很高，也节省了人工，但是效率太高，生产出大量在制品，占用场地、资金，可能造成物料流动慢、质量问题频发等，整个系统的效率反而降低了。

2.1.2　工业工程的起源及其发展

回顾IE的起源和发展，可以追溯到100多年前，甚至更早。图2-2是IE的发展年表，列出了IE的各个知识模块形成的时间。工业工程是伴随着工业的发展，一步一步形成并趋于完善的。

18世纪中期，瓦特发明了蒸汽机，大大提高了生产率，标志着第一次工业革命的来临。1776年，英国经济学家亚当·斯密在其著作《国富论》中首次提

第 2 章
工业工程的发展及对制造业的影响

出了劳动分工的概念。在当时的一家只有 10 人的小型制针厂,实施了劳动分工,一天可以制针 48000 根,相当于每个工人制针 4800 根。如果不进行作业分工,一个工人每天最多能完成 20 根,也就是效率提高了 200 倍。劳动分工的提出进一步促进了劳动生产率的提升,加速了工业的规模化。美国南北战争之后,经济发展较快,当时的工厂管理粗放,效率低下。以泰勒为代表的一批管理先驱,进行了系统的研究和探索,为工业工程的发展奠定了基础,如图 2-3 所示。

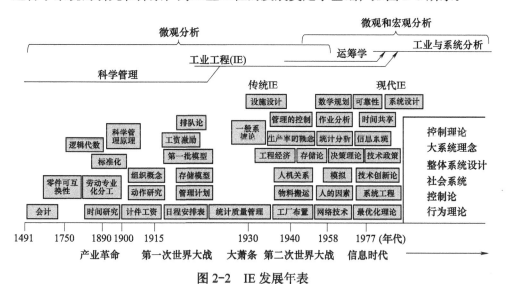

图 2-2　IE 发展年表

泰勒
《科学管理原理》

吉尔布雷斯夫妇
《动作研究》

甘特
《甘特图》

图 2-3　工业工程先驱

泰勒出生于 1856 年,在钢铁公司工作期间,开展了著名的生铁搬运试验,即用秒表对搬运过程进行时间研究,规范作业方法,建立工时定额和有差别的计件工资制,使生产效率得到极大提升。泰勒在他的著作《科学管理原理》中系统论述了专业化分工、作业方法、作业测定、标准化等内容,对生产效率的提升和工业化的发展起到了巨大的作用。泰勒开创了工业工程咨询的先河,经常穿梭于雇主和雇员之间,传播他的改善理念,说服企业主和工人接受新的作业方式,进行生产力改善。

在工业工程发展过程中,另一个重要的人物是吉尔布雷斯。吉尔布雷斯出生于 1868 年,最初是一个砌砖的工人,后来成为公司总管。他与他的夫人丽莲

11

一道，对工人的砌砖动作进行了分解研究，消除不增值的动作，寻找最佳动作，砌砖效率得到了极大的提高。吉尔布雷斯把人的动作拆解为17个基本动作，称为动素。与泰勒不同的是，吉尔布雷斯夫妇二人开始注意人的因素，进行了疲劳研究，提出了著名的动作经济原则。

甘特出生于1861年，为了协调多种工作安排，防止遗漏，在1917年发明了甘特图，在以时间为横轴的图表上，把所有要做的事情按时间节点列出来。完成的任务可以进行标示，进展情况一目了然。甘特图现在仍然被广泛应用在生产计划和项目管理领域。

早期的工业工程技术，比如时间研究、动作研究，距离今天已经有100多年的时间了，现在仍然被广泛使用着。随着时间的推移，在第二次世界大战前后，发展出工厂布置、物料搬运、人机关系、人因工程等知识体系，使IE体系不断完善。在近代，发展出的最有影响力的知识体系是丰田生产方式，又称精益生产。精益生产和IE的关系到底是怎样的呢？坊间有各种争论。精益生产的思想方法、工具、体系都是在传统IE或称经典IE基础之上，由日本丰田公司因应当时市场环境，研究开发出来的，一般称为现代IE或系统IE。在大IE的概念里包括了经典IE和系统IE，所以IE也包括精益生产。所有的IE工具、思想方法，都是为了进行系统改善，提高系统效率。IE工程师需要对IE的发展历程以及知识体系的脉络有系统的掌握。

2.1.3 工业工程的思维意识

思维决定行动，行动决定成败，思维在前，行动在后。所以，思维如果是错的，或者思维里没有工业工程意识，就会没有改善行动，或者行动缓慢。工业工程从业人员应该具备的思维如图2-4所示。

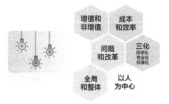

图2-4 工业工程思维

1. 增值和非增值

IE工程师一定要了解什么活动是增值的，什么活动是非增值的。站在制造的角度，加工是有价值的，也就是增值的；检查、搬运、等待都是没有价值的，属于非增值活动。IE工程师首先要对价值进行判断。

2. 成本和效率

IE工程师一定要对成本很敏感，对效率很执着。企业做决策要计算投入产出比，其实就是成本和效率分析。做事情没有成本意识，不知道节约，效率低下，企业就没有竞争力。当具有成本和效率意识时，就会在日常工作中体现出来，

第2章
工业工程的发展及对制造业的影响

并且逐渐形成一种习惯。

3. 问题和改革

在解决问题和改善效率的岗位上,如果不具备问题意识,就没有办法及时发现问题,或者说对问题不敏感。对问题敏感就是看到任何事情,就会想到哪里有问题、哪里可以改善、有多大改善空间。这叫问题意识。如果有问题意识,就可以驱动自己发现问题。如果看不出问题,或者说认为做得不错,就不可能去挖掘问题,所以问题意识非常重要。能发现问题,还要能解决问题,这就是改革意识。需要思考如何帮助对方解决问题,如何找到一个好的方案。要随时能提出比较周密的解决方案来解决问题,才是完整的思维。

4. 三化

三化指简单化、专业化、标准化。

(1)简单化 做事简单化,不管是作业流程还是管理流程,能简化就简化,越简单越好,但是,简化不是没有标准,该有的程序步骤必须有,没必要的重复作业必须省略,比如过多的审核步骤。

(2)专业化 工业工程强调专业化,比如说分析制造现场的表现,有时候会看到现场很乱。作为IE工程师,如果只是单纯地讲现场很乱,是很不专业的。什么叫专业呢?专业就是把整个乱象清晰地表达出来,比如说现场布局不合理、没有按工艺流程布局、在制品过多、搬运过多、物料没有分类摆放、没有定位等。在做报告、阐述方案时,如果没有专业的表达,给对方呈现出的概念就可能是模糊不清的。

(3)标准化 标准化就是对企业的流程、作业制定统一的标准,按照标准去执行。比如作业指导书、设备操作指引等都是标准化文件,需要严格按照标准执行。没有标准,不同的人按照不同的方法去做,得到的结果不同,也就不足为奇了。当结果不同的时候,要反思过程,检讨过程是否在按标准执行。

5. 全局和整体

IE追求的是系统整体的优化,比如产能提升改善。对某个工位进行改善,但如果这个工位的改善对产能提升没有作用,这个改善就是无效的,尽管站在局部的角度可能确实是改善了。在流程改善的过程中,要关注瓶颈,只有突破瓶颈才能确保系统产出的提升。工业工程强调系统化、全局化解决问题。

6. 以人为中心

在进行IE改善的过程中,经常会遇到配合度不好的问题。对方为什么不愿意配合做改善呢?需要深入了解被改善方的诉求:员工可能想要的是轻松点的工作和高的薪水;班组长可能希望少挨点骂;主管需要仕途顺利,领导肯定;老板希望改善项目,节省成本。如果能掌握每个相关方的诉求,能围绕相关方的诉求展开改善,改善工作就不会很难了,容易得到支持。如果没有抓住对方的心理,以自己为中心去推动,就会遇到很大阻力。改善要实现双赢或多赢,就必须以人为中心。

2.1.4 工业工程的作用及目标

1. 工业工程的作用

(1) 对生产系统进行规划、设计、评价与创新的技术 规划、设计、评价、创新称为工业工程的四大职能,详见表2-1。

表2-1 工业工程四大职能细分

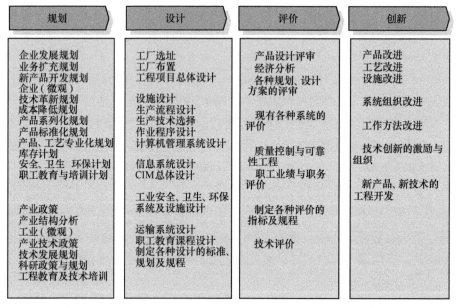

(2) 生产系统、物流系统与信息系统的优化技术 生产系统指生产线的工作台、线边物料架、工装夹具、座椅、人员等组成的系统。物流系统指物料从进料到加工完成的整个物流动线、搬运设备、容器等组成的系统。支撑生产系统和物流系统运作的系统就是信息系统,包括报表、看板、安灯、ERP软件等。要对整个系统进行优化。

(3) 提高企业生产效率和经济效率的重要手段 通过改善提高效率、降低成本、增加财务收益是工业工程的根本。

第 2 章
工业工程的发展及对制造业的影响

（4）提高企业素质与增强竞争力的健身术　通过不断改善，磨炼企业的体质，使企业管理越来越扎实，问题出现得越来越少，应对异常的能力越来越强。IE改善就是增强竞争力的"健身术"。

（5）制定工作标准的科学方法　从小的作业指导书到大的业务流程都是工作标准。工作标准的制定需要对工作进行作业研究，通过改善进行优化，最后以文件的形式把最佳的作业方法固化下来。

（6）企业症结的诊断技术　人吃五谷杂粮要生病，企业经营过程中也会遇到各种各样的问题。问题出现了，首先需要进行诊断。如何诊断呢？比如设备的换模时间长，可以通过IE的流程分析技术，对整个过程进行记录、分析，识别过程中的问题点，进行改善。工业工程有很多诊断工具，价值流分析也是工具之一。

（7）增产节约的挖潜技术　比如增加产量、减少物料损耗等。

2．工业工程的目标（见图2-5）

（1）科学化　什么样的管理比较科学呢？最基本的是职能分工明确、组织架构合理、作业流程标准化等。另一方面就是数据化，无论是生产管理还是运营管理，甚至是战略管理，都需要数据呈现系统的状态，透过现状的数据暴露、挖掘问题，这叫科学化。所以科学化管理等同于数据化。一个企业如果没有数据做支撑，就谈不上管理。

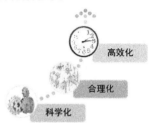

图2-5　工业工程的目标

（2）合理化　不合理的现象用数据呈现出来后，需要进行合理化改善。合理化就是把原来没有做好的事情做好、做完善。比如生产效率80%，就不是一个理想的指标，要进行合理化改善，向100%努力。

（3）高效化　随着竞争的加剧，价格在不断下降，要保持利润水平，就要降低成本，也就是提高效率。比如，产线的日产量经过几轮改善已经做到500台/天，达到比较合理的水平，能不能再挑战、再提高，达到非常卓越的水平。从合理到卓越就是高效化。

通过数据化剖析问题，对问题进行合理化改善，提高效率。通过高效化改善，使企业绩效指标达到卓越的水平。有些企业的IE只做合理化改善，忽视了科学化。数据化管理是系统性的，有些公司虽然也做了数据化，但做得不够系统，是某些局部的数据化，有些公司的数据不真实、不合理，比如有些公司的准时交付率很高，但研究后发现交期的基准是多次与客户协调之后的。这样的数据在实践中起不到应有的作用。

2.1.5 工业工程的四大职能

很多企业对 IE 职能的认识非常浅显，认为工业工程就是测量工时和做指导书。表 2-1 对工业工程的四大职能进行了细分，每个职能都包括很多方面。从规划角度，企业里很多方面都需要规划发展路径，比如企业发展规划、技术革新规划等，都需要 IE 的参与。从设计角度，工厂布局设计、工艺流程设计是 IE 的主业，信息系统设计中的需求分析、流程的匹配、软件使用上的便利性等，都需要 IE 介入。从评价的角度，各种规划设计方案的评审、制定评价指标和评价流程都需要 IE。从创新角度，产品改进、工艺改进、组织架构的改进也需要 IE 的参与。IE 的职能非常广泛，这就是大 IE 的概念，对 IE 职能的认知会影响 IE 工程师的职业发展。从小 IE 做起，心中有大 IE 的格局、大 IE 的方向、大 IE 的目标，不断向其他领域拓展，IE 发挥作用的空间会越来越大。

2.2 工业工程的应用

2.2.1 传统制造业全面 IE 应用架构

IE 屋表达了从科学化、合理化向高效化过渡的改善升级过程，对 IE 的具体应用做了分类，如图 2-6 所示。在 IE 应用不断深化的过程中，企业最好从标准工时数据库构建开始，也就是先把标准工时建立起来，对每个产品每一道工序的作业时间进行测量，就得到一个庞大的标准工时数据库。有了这个数据库，就可以做很多工作。有了标准工时这个最基础的标准，就可以在生产车间推动科学化管理。有标准就可以发现问题，有问题就可以推动合理化改善。这是 IE 第二个层次的任务。比如在异常工时的基础上，做品质改善、线平衡改善等。经过生产车间的合理化改善后，有些问题得到了解决；解决不了的问题通常根源不在生产部门，这个时候，改善活动要进一步延伸，向非生产部门拓展，比如人资与绩效改善、产销系统改善、供应链管理改善等。这就是系统的高效化改善。具体内容在 IE 屋的第三层。IE 屋的指导思想是先把与工时相关的基础工作做起来，然后延伸到车间改善，通过持续的车间现场改善，再发现问题，延伸到其他单位做改善。整个过程要以工业工程思维方法进行教育训练。要不断培训，不断推动，另外要获取高层的参与和支持。IE 的作用会越做越大，IE 屋是大 IE 的全景图。当然这里讲的是通常的路径，比如顾问在咨询过程之中发现某些行业的批量特别小，甚至是单件生产，短时间想建立标准工时数据库就会很困难，需要转换思路。另外，改善的优先顺序在具体环境下还要看企业的主要问题在哪里。

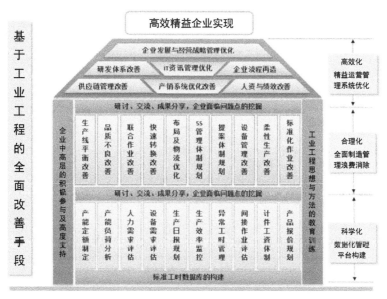

图 2-6　IE 屋

2.2.2　工业工程在企业各职能部门中的改善应用

IE 在各个职能部门中的应用见图 2-7，方向向内的箭头代表信息的回馈，方向向外的箭头代表工具手法的支持。图中所列出的内容也只是部分内容，大体上有三个层面。第一个层面是为其他部门提供数据，比如客户来访或稽核，业务部门接待，需要 IE 提供生产系统的绩效数据。第二个层面是指导其他部门进行业务流程的改善，需要导入 IE 的一些工具方法和理念。第三个层面是 IE 部门内部的一些工作，比如工厂规划等基础 IE 的部分。IE 可以渗透到所有的部门，可以有很大的发挥空间。IE 在制造以外部门的应用在前文已有提及。下面以企业导入 ERP 为例，谈谈 IE 部门介入的必要性。企业导入 ERP 的目的，第一是实现数据化管理，数据化是科学管理的基础。第二是通过信息系统对流程进行固化，实现管理的目的。软件公司的人员有些是软件出身，通常对软件本身非常熟悉，对流程改善、管理优化不见得非常专业。软件本质上也是管理工具，工具作用的发挥依赖于管理思想和业务流程的支撑，同时要和企业特点相结合。ERP 公司通常在导入前做需求分析，梳理流程，收集问题，根据不同部门的需求定制软件的功能。部门经理通常基于自己部门当前的状态提出问题，提出的问题通常比较零散，部门需求的关联性思考得很少。IE 部门工作的特点决定了它接触的部门多，看问题比较全面，可以进行综合考量，且有一定的前瞻性。另外，IE部门对流程改善比较专业，可以防止信息化过程中把不良的流程固化下来，降低导入风险。

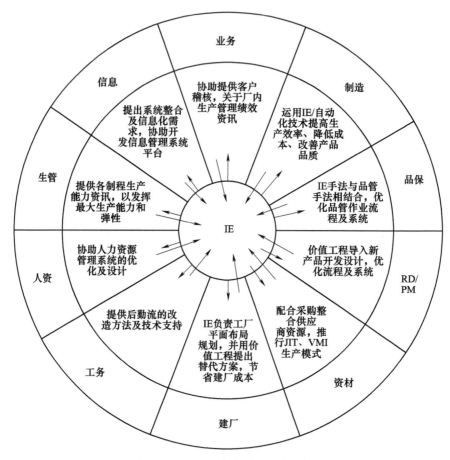

图2-7　工业工程在各职能部门的应用

2.2.3　常见IE方法在制造业的应用时机及效果

表2-2~表2-4按照初级、中级、高级三个层级，对IE方法进行了分类，列出了相关方法的应用时机和应用目的，实际上是对IE屋三个层级改善方法的进一步展开，便于IE工程师对工具的理解，在不同的时机导入不同的工具进行改善。IE方法很多，改善工作不能盲目，方法的选择要精准，一定要弄清企业到底有什么问题、它的瓶颈或者它眼前亟须解决的问题是什么。只有这样，才能精准去做改善，精准做改善一定能够精准出效益，改善工作才容易被认可。

第 2 章
工业工程的发展及对制造业的影响

表 2-2 常见 IE 方法在制造业的应用时机及效果（初级）

阶段	IE 方法	应用时机	应用效果
初阶 IE	标准工时制定	任何生产型企业	管理数据化
	产能标准制定	任何生产型企业	管理合理化
	产能负荷分析	业务接单／生产计划制定／产销会召开	生产平准化
	直接人力评估	负荷计算／招聘计划／绩效管理	人员配置合理化
	间接人力评估	负荷计算／招聘计划／绩效管理	人员配置合理化
	设备需求评估	预算／请购／设施规划	设置投资合理化
	生产日报规划	任何生产型企业	生产管理数据化
	生产效率分析	任何生产型企业	生产管理数据化
	异常工时管理	任何生产型企业	生产管理数据化
	计件工资计算	采用计件制的生产企业	计件标准数据化／合理化
	产品报价计算	任何生产型企业	产品报价数据化／合理化

表 2-3 常见 IE 方法在制造业的应用时机及效果（中级）

阶段	IE 方法	应用时机	应用效果
中阶 IE	生产线平衡改善	采用流水线作业的生产	提升生产效率
	联合作业改善	采用人机或多人联合作业的生产	提升生产效率
	换线换模改善	任何生产型企业（多种少量生产优先）	提升生产效率
	设备异常改善	依赖设备较多的生产	提升生产效率
	品质不良改善	良品率不高的生产	提升产品良率
	物流优化改善	搬运较多的企业	提升生产效率
	标准作业推动	任何生产型企业	管理规范化／合理化
	5S 规划与改善	任何生产型企业（原有体制不佳的情况下）	管理规范化／高效化
	提案改善推动	任何生产型企业（原有体制不佳的情况下）	制造成本降低
	生产方式改善	多种少量的生产／因效率不佳的生产线重整	生产效率／品质／交期提升
	工厂选址与规划	新厂规划／旧厂大改造	生产管理高效化

表 2-4　常见 IE 方法在制造业的应用时机及效果（高级）

阶段	IE 方法	应用时机	应用效果
高阶 IE	标准成本改善	标准成本不清/生产成本过高	制造成本降低
	产销系统改善	交货不准时/库存天数过高	交期提升/库存降低
	资讯管理改善	系统新规划/旧系统运行不佳/数据不安全	库存降低/运营效能提升
	供应链管理改善	供应交期不佳/品质不佳/价格高	供应损失减少/效率提升
	人资管理改善	人员流失高/培训计划拟定	离职率下降
	绩效体制改善	企业运营整体效能不佳	运营效能提升
	研发系统改善	研发周期长/品质不佳/成本高	研发周期缩短/良率提升
	组织流程重组	企业整体效能不佳/组织重定位	运营效能提升
	投资预算评估	非生产物料大额采购/大额投资/新事业发展	投资回报率提高
	经营决策参与	经营会议数据及方案提供/经营决策审议参与	决策失误率降低

2.2.4　中国制造业应用 IE 的成功案例

谈到 IE 在中国应用的成功案例，首先应该感谢一个企业，那就是富士康集团。富士康对工业工程非常重视，带动了中国工业工程的发展，为中国工业工程培养了大量 IE 人才。美的集团，很早就设立了 IE 学院，训练各分工厂成立 IE 改善团队，专门协助生产成本改善。国内各大汽车制造厂，早在 20 世纪 80 年代就学习日本丰田管理，运用 IE 工程师导入精益生产技术，实现企业成本降低，对中国 IE 发展也起到了积极的推动作用。顾问在河北、广东等地辅导的一些企业，也很早就建立了 IE 部门。总体上，IE 成功的案例越来越多，长三角、珠三角地区经常举办各种 IE 改善案例的交流会，客观上也促进了工业工程的发展。

【思考题】

1. 工业工程师需要具备哪些思维意识？
2. 工业工程有哪四个职能？
3. 大 IE 的内涵是什么？
4. IE 屋是如何指引企业改善路径的？

第 3 章

科学管理与精益管理思维

3.1 科学管理发展历程

3.1.1 工业发展过程中先进管理理论及实践

回顾工业发展史,从工业起源发展到工业成熟经历了将近六百年时间。从欧洲的工业文明开始,到 19 世纪末美国的工业规模化,再到现在的工业成熟化,整个过程经历了非常长的时间。真正的规模化过程可以追溯到一百多年前。在此之前,还有四五百年的时间,工业在缓慢地发展,属于工业孕育阶段,并不是真正意义的规模化。蒸汽机、煤炭、钢铁是促成工业革命技术加速发展的三项主要因素。从第一次工业革命开始,产业进入机器时代。1831 年,法拉第发现了电磁感应定律,电的应用开启了第二次工业革命,工业进入了电气化时代。以美国为主体的工业不断发展,形成了规模化。近一百多年来,工业的发展速度和发展规模都是空前的。在工业不断发展的过程中,有众多的管理名人经过大量的实践研究,提出了许多能够推动生产力提升的方法,其中 19 世纪末 20 世纪初泰勒的科学管理思想以及 20 世纪 70 年代左右诞生于日本的丰田生产方式,特别值得 IE 工程师和企业管理者学习。

在第 2 章已经简单介绍过泰勒。泰勒的工作很像现在企业里的 IE 工程师或精益改善工程师,他有很多研究成果,在工业的规模化方面做出了很大的贡献。他主要是通过方法研究推动改善,提升生产力。

另外一位就是在 20 世纪六七十年代来自于丰田的大野耐一。他创立了新的生产方式,被称为精益生产。精益生产根植于经典的 IE 工程,是一种非常有影响力的创新管理模式。精益生产的管理思想不断向制造业以外的领域拓展,比如医院、餐饮、政府等,所以"精益生产"的名称逐渐被"精益管理"所替代。

在近一百多年的时间里,做出重要贡献并值得学习的人很多,比如以色列的高德拉特博士,他创立的 TOC 瓶颈管理理论也具有一定的影响力。图 3-1 所示为先进管理理论发展进程，这里重点介绍泰勒的科学管理和丰田的精益管理。

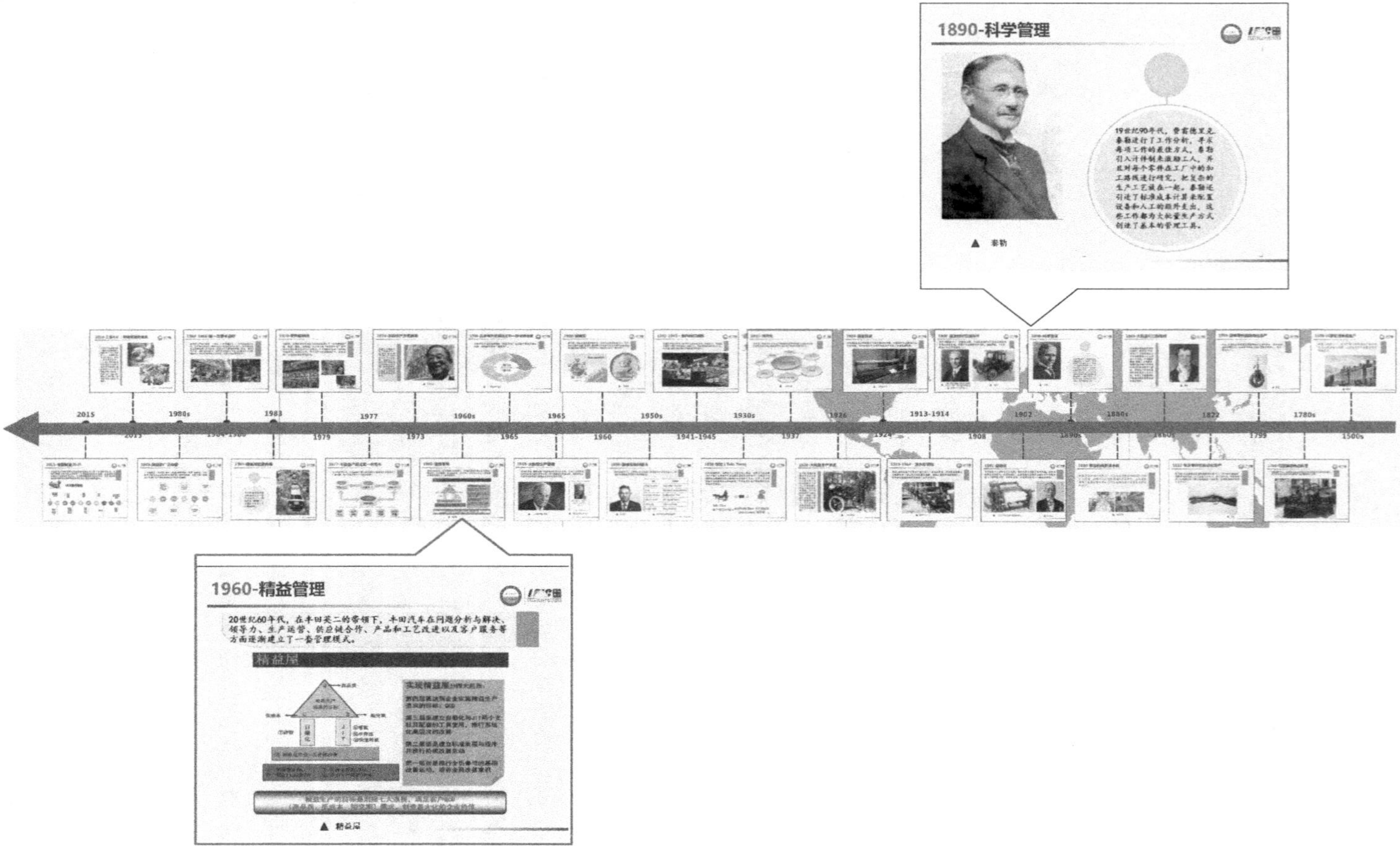

图 3-1 先进管理理论发展进程

3.1.2 科学管理之父——泰勒

泰勒于1856年出生在美国宾夕法尼亚州费城的一个律师家庭。由于家境富裕，泰勒在18岁前游历了整个欧洲。返回美国后，由于视力原因泰勒未能进入哈佛大学学习，转而进入一家液压厂做学徒。22岁时，泰勒加入米德维尔钢铁公司，并从机械工升为管理员、技师、工长、总工程师。1883年，他在新泽里西州蒂文斯技术学院获得机械工程学位。

在米德维尔期间，泰勒开始奠定科学管理的理论基础。1889年，泰勒离开米维德尔，继续从事管理工作。1895年，他的《计件工资制》发表。1898年，泰勒来到伯利恒钢铁公司，开始他著名的改革。他同怀特一起革新工艺流程，对金属切割技术进行了彻底的改革，从而使批量生产的出现成为可能。可惜的是，这些工作并没有完全得到企业领导的认可。1901年，他被公司解雇。

自此，泰勒开始了无偿的咨询工作，进行了一系列的演讲，撰写了很多管理方面的文章。1903年，他的《工厂管理》发表。1906年，泰勒出任美国机械工程师协会主席。1911年，管理史上的里程碑之作《科学管理原理》发表（见图3-2），它标志着一个新的管理时代的到来。此后，泰勒的影响日渐广泛，遍及全球。1914年，泰勒在纽约的演讲吸引了6.9万名听众。1915年，泰勒病逝于费城，终年59岁。在他的墓碑上，刻着"科学管理之父"。

泰勒既不抽烟也不喝酒，虽然为人严肃，却充满了同情心。在实际工作中，他的正直热忱赢得了工人们的尊敬。他的同事曾评价说："死人若能听到他的话，也会充满热情。"在泰勒的晚年和他去世的岁月里，他的为人与工作曾遭到世人的误解，这对于为工人服务的泰勒来说，实在是颇为不公的。

图3-2 泰勒与《科学管理原理》

3.1.3 管理的目标与科学管理的原则

泰勒对工业工程领域做出了杰出的贡献。现在我们经常使用的基础IE的一些方法，比如流水线里涉及的作业分解、工时测量等方法研究和时间研究以及计件工资制，都是泰勒在不断的实践工作中总结出来的。特别是在他的里程碑式的著作《科学管理原理》一书中，泰勒对他在工作改善过程中的想法进行了总结，提出了管理的目标和科学管理的原则。他提出管理追求的目标，首先是让雇主的财富最大化，也就是说企业首先要盈利；之后要让雇员的财富最大化，通俗地讲就是让员工有钱；最终还要使各行各业的财富最大化。这里面其实提出一个非常关键的理论，即首先必须明白企业存在的目的在于盈利，企业不赚钱，员工的利益是没有办法得到保障的。另一方面，企业赚钱了，也要提升员工的收入。这是他非常关键的理论。他还提出要让各行各业的财富最大化，其实就是企业要履行社会责任。除了雇员和雇主要赚钱以外，周边的实体，比如社区，甚至国家和社会等也要有钱。这个目标能实现吗？泰勒做了解释，他认为雇员和雇主之间的利益是一致的，除非实现了雇员的财富最大化，否则不可能永远实现雇主的财富最大化，反之亦然。同时满足工人的高薪酬这一需求和雇主的低产品工时这一目标是可能的。这也是科学管理的基本原则。也就是说，要提升雇员的收入。怎么实现呢？就是要提升工作效率。工作效率能提升吗？经过泰勒的大量实践研究，证明了这是可以达成的。纵观现代的企业管理，企业管理中存在的诸多问题，很多人认为是不可能改善的。可是经过实践，发现其实这些问题都是可以改善的。只要愿意研究，一定可以找到好的方法。

3.1.4　科学管理提出效率低的原因及对策

科学管理提出效率低的原因分为两大类：第一类是方法面，第二类是人性面。所谓的方法面，就是指工作的方法不科学，也就是不会做。如果一个新员工没有被培训，他肯定不会做，或者如果他没有掌握工作技巧，他可能不会很熟练，速度不够快，这就是方法面的问题。其实，方法面的问题不单单指生产现场的员工操作，还有很多方面，包括管理系统、组织系统。比如很多企业职能规划不合理，业务或流程设计不合理，会造成工作方法的不科学，导致员工效率低。另一方面，就是人性面，即磨洋工式的工作态度，不愿意做。现在的企业里肯定有很多人工作积极性不是特别高。这里面可能有多种因素，比如说员工本身的惰性。人的惰性也有可能是因为方法面的问题导致的。在企业里解决效率低的问题或者解决管理问题，要更多关注效率低的原因。要去解决效率低的问题，必须做精准改善。精准改善的前提是什么？必须找出真正的原因。如果是员工人性面的问题，比如员工心态不好，或者说他真的有惰性，教他一些方法就不见得有效。如果员工是因为不会做或者方法有问题，就算给他足够的奖金或者给他一个很好的激励机制，效率也不见得能提高。所以要找准原因。在方法面解决效率问题的方法有很多，可以通过流程分析优化、作业分析优化、动作分析优化、布局分析优化、生产设备优化、组织结构及职能优化等专业技术进行方法面的改善。在人性面，解决效率低的方法有计件工资、绩效考核、晋升机制、个体承包和股权激励等一系列管理手段。

3.2 精益生产的管理哲学

3.2.1 精益生产的由来

精益生产（Lean Production，LP）是美国麻省理工学院数位国际汽车计划组织（IMVP）的专家对日本丰田准时化生产（Just In Time，JIT）方式的赞誉称呼。

二战后，日本的工业不断发展，他们的消费市场呈现出多品种、小批量的需求。另外，日本是一个资源比较缺乏的国家，生产汽车需要很多资源，所以对节俭改善非常重视。日本的汽车工业遭受到资源稀缺和多品种小批量的市场制约，经过丰田公司的大野耐一等人的努力，创新生产方式，解决少量多样和资源限制的问题，到了20世纪60年代才逐渐完善形成了丰田生产方式。精益生产与丰田生产方式本质是一致的，如图3-3所示。

图3-3 精益生产的由来

3.2.2 丰田生产方式的成长过程

二战以后，整个日本的经济百废待兴，但日本的一些企业家立志振兴国家工业。丰田公司在1950年派人去福特学习，他们看到了很多亮点，但是发现福特生产线批量非常大，长时间不需要换线转产。另外，产品的颜色、机型也很少，单一的机型可以生产很长时间。回到国内以后，他们经过研究讨论，认为福特模式是一种典型的大批量生产方式，大批量生产方式就是产线是以大订单这种模式去规划的，可以做到一条线长时间不换线，而且分工非常细致，便于采用高速自动化设备。而日本国内的订单，个性化需求越来越高，属于多种少量的形态，也就是批量要求不大，颜色款式要求多，在这种情况下没有办法照搬福特的做法，他们也没有财力做大量的自动化设备，做多条自动化流水线，因此他们通过不断创新、尝试、研究、改善，探索出混流的生产线，演变成汽车行业的标杆。丰田持续改善的精神是绝对值得学习的。日本人的持续改善，跟美国人的持续改善不一样。美国人的持续改善更多地是一种投资，比如做自动化设备。可是日本人不一样，他们尽可能采用不花钱或花小钱的方式进行改善。

丰田定位的方向为多品种小批量的市场环境。什么是多品种小批量？如果一天之内换一次线，就可以称之为多品种小批量；如果能够做到三天不换线，那就是大批量。大批量的订单模式也并不是没有。比如说，有一家企业在深圳，他们给国家电网做电表，一个订单就是几百万只，做一个月不用换线，可以把一条生产线做得很长，节拍很短。可是大部分企业的订单都是多品种小批量，每做几个小时就要换线，甚至订单在数量上也就是几十个到一两百个不等，这种订单特别多，跟丰田当年定位的多品种小批量模式非常吻合。丰田在60年前就走过这条路。近年来，中国企业发现自己的订单批量变小了，自然要向丰田学习。图3-4所示是丰田公司的两位当家人。

丰田英二

大野耐一

图3-4　丰田英二和大野耐一

3.2.3　丰田生产的管理哲学

丰田生产方式有一些独特的管理特征。丰田的管理哲学一般概括为一个目标、两大支柱和一大基础。一个目标指低成本、高效率、高质量地进行生产，最大限度地满足客户的需求。这样一个目标任何一个企业都可以拿回去用，但是要把低成本和高效率结合起来就不容易了。很多人喜欢买日系的汽车，因为日系车相对来讲比较省油，发动机不容易坏，操控性能比较好，性价比非常高。丰田生产方式的两大支柱，一个叫准时化，一个叫自动化，是丰田管理的核心。准时化的意义在哪里？从下单采购到供应商供货，再到物料在工厂的各工序间

第3章
科学管理与精益管理思维

流转，最后到出货，整个供应链各节点都衔接得非常好。比如说十点钟要生产了，前面工序的物料提前几分钟送过来，这就是刚刚好。如果送得早了，会占地方，产生库存，增加管理成本；送得晚了，会导致生产线停工待料，延误交期。丰田的准时化做得非常出名，有很多的工具方法支撑准时化的实现，例如看板拉动、水蜘蛛物料配送等等。

另一个支柱是自动化。其实丰田的自动化并不是建立在一个非常昂贵的基础上，而是一种低成本的自动化。就是利用一些比较廉价的装置如精益管等实现自动化，能带来的效果是节省工时。另外，设备上增加了一些智能化的提醒装置，比如，一条生产线有多个工位连接在一起，其中有一个工位有机械故障就会报警，也就是有提醒、防错、防呆功能的自动化。这是丰田特别强调的两大支柱（见图3-5）。

图 3-5 准时化与自动化

一大基础就是持续改善。严格来讲，不光是丰田，应该说是大部分的日资企业都特别重视。顾问曾经去深圳的一家东芝电器工厂，看到他们一楼、二楼、三楼的生产车间楼梯口都放着一块看板，看板的内容是一些员工的改善案例。只要有人走过的地方，都会有改善案例的看板。这与国内企业不同，国内很多企业会放一些口号式的宣传标语。

改善活动的一个指标是人均提案件数。广汽丰田2018年人均提案件数是14件。如果一个工厂有员工1万人，一年就有14万个提案。如果说有5万个改善效果明显，就能带来非常大的价值。这些改善都是员工自发提出的，所以动力非常大。

以上是丰田的管理哲学。然而，对很多企业来讲，做到这些非常困难，准时化对很多企业而言都是挑战。在企业里PMC部门对准时化的影响最大。PMC是整个产销结合的调度中心，真正想做好准时化，PMC必须要非常专业，要能站在系统的高度深入理解供应链的异常原因，对系统进行再设计和持续改善才有可能实现。另外，很多IE的改善，都没有涉及PMC的计划，导致准时化做得非常差。很多IE都是在做现场改善，必须认识到PMC也是精益改善的一部分。

3.2.4 理解精益生产

麻省理工学院通过对丰田生产方式的总结，提出了精益生产的理论体系。精益从字面理解，形容无肉或少肉、少脂肪或无脂肪、文体或措辞简练等。如果用精益形容一个人，感觉这个人非常健康，反义词是肥胖、多肉、过重、不结实等。如果一个人非常肥胖，行动笨拙，给人感觉就是反应慢、不健康。从字面意义上讲，精益的企业就是健康的企业。

回归到企业层面，制造型企业每天都在做着重复性的工作，从接单开始，到采购原材料、上线加工、出货、收款，不断重复这个过程。工厂每天都在围绕交付过程展开工作。从企业经营的角度来讲，往往希望交付周期越短越好，这样资金周转快。时间越短，企业的风险越低。可是在企业里，很多原因导致了从接单到出货的时间跨度长，可达一个月甚至二个月，能够在一天内出货的非常少。

有人购买某个品牌的汽车，从订货到交付的时间将近三个月。但是，如今很少有客户愿意等三个月。消费者恨不得今天买，明天就开走，连上牌的时间都不想等。所以站在消费者的角度，他们的诉求是希望快速交付。然而，企业接到订单后，采购原材料需要时间；原材料到达后，物料不配套，可能要在仓库等待一些时间；物料上线后，在车间的流转也要消耗很多时间；完成后可能在仓库还要等待一段时间。导致了整个制造周期非常长。这样长的过程会产生很多浪费，如图3-6所示。站在精益的角度，就是要消除这些浪费，做到快速交货。精益不是单纯地消除浪费，而是以快速交付为目标，同时使浪费最小化。

现在有些企业也可以做到一到两天快速交付，但他们有庞大的库存。这样的快速反应并不是真正的精益。高库存给企业带来高风险。

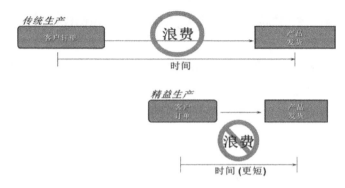

图 3-6 精益生产与传统生产的对比

3.2.5 真精益生产与假精益生产

图 3-7 所示为真精益和伪精益的对比。精益追求高效率、快速反应。有些传统的管理做法虽然也能做到高效率、快速反应，但是存在巨大的风险和负面效应，并不是真正的精益。精益生产要求平衡生产和客户的需求，根据客户的需求组织生产，而不是储存大量的产品，在客户需要的时候发货。精益的思想是安排合适的人员数量，按照需求运行机器，也就是产能与市场需求尽量匹配，而不是让所有的人不停地制造和生产。制造得过多、过早都是浪费。有些企业担心员工没事做，安排工人不停地生产，生产出来的产品却没有市场。

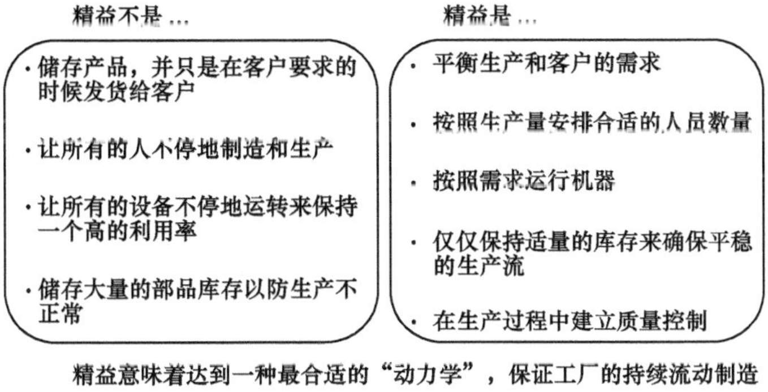

精益不是…
- 储存产品，并只是在客户要求的时候发货给客户
- 让所有的人不停地制造和生产
- 让所有的设备不停地运转来保持一个高的利用率
- 储存大量的部品库存以防生产不正常

精益是…
- 平衡生产和客户的需求
- 按照生产量安排合适的人员数量
- 按照需求运行机器
- 仅仅保持适量的库存来确保平稳的生产流
- 在生产过程中建立质量控制

精益意味着达到一种最合适的"动力学"，保证工厂的持续流动制造

图 3-7 真精益与伪精益的对比

有些企业为了提高设备的运行效率，尤其是当某些设备比较昂贵时，让设备不停地运转。真正的精益生产不是依靠大量库存来实现快速反应的。即使要备库存，也是要保持一定的合理范围。精益意味着达到一种最合适的"动力学"，保证工厂持续地流动制造。这句话表明精益的关键是物料的流动，物料不能停下来，停下来就会产生库存、搬运、等待。

3.2.6 精益生产的五个原则

美国学者经过总结提炼，提出了精益生产的五个原则，如图 3-8 所示。这五个原则反映了精益推动的不同层次，可以作为对精益水准的一种检验标准。

第一个原则称为价值。就是站在客户的立场上，只做有价值的事情。在讲到工业工程思维时，讲过增值和非增值。企业里有很多类型的动作，比如加工、检验、搬运、储存等，除了加工操作其他动作都是没有价值的。对于客户而言，他们是不愿意为了没有价值的动作买单。客户会认为这是管理不善造成的。非增值的工作太多，产品在价格上就没有竞争力，要想办法减少没有价值的工作。

没有价值就是浪费，也就是要尽最大努力减少浪费。

图 3-8　精益生产五原则

第二个原则称为价值流。看价值要从流程开始，从接单到出货的整个流程来看，全流程来识别价值，不要认为没有价值的活动都在生产现场。现场很多时候是发现问题的场景之一。通过价值流分析，从客户下单到内部控制中心到供应商送货，再到生产，最后到出货的整个流程中，会发现很多浪费的地方。

第三个原则称为流动。想快速交付，就要缩短生产周期，要想办法让物料快速流动。如果物料流动慢，放在仓库里停留时间长，资金回笼就会变慢。必须想尽一切办法，让物品从原料进来到半成品，从半成品到成品出货，整个过程不要停顿，连续流动。

第四个原则称为需求拉动，就是按需生产。在精益里，特别强调生产出来的产品有没有需求、有没有超量、生产的时间点是否依据客户的需求，这叫需求拉动。企业里很多的投资行为都应该是基于客户需求而产生的，生产的时间点也是依照客户的需要。在企业里做生产计划一定要看出货日期，再来确定成品组装的日期，倒推出生产加工、原料加工的时间节点，这叫按需生产。

第五个原则称为完美，也就是持续改善的意思。要持续梳理价值流过程中的问题点，持续改善，追求完美。持续改善包括改善提案制度、项目型改善以及大的战略层面的组织变革。改善提案制度对于建立企业文化及改善文化、培养员工归属感是非常重要的。

如果想了解一个企业的精益做到什么水平，可以从以下几个方面着眼：企业做了哪些工作、做到什么水平、流程中有哪些浪费、流程是不是简短的、流动效果如何、是不是按照客户需求拉动生产的。

3.2.7　精益思想：关注流程

精益思想要求关注流程，企业的流程包括：订单处理、采购下单、供应商备料、运输、来料检验、原料存储、搬运和等待、加工制造、检验及返工、成品存储、成品发运、货款回收等环节，如图3-9所示。这是一个完整的过程。企业每天都在重复这个流程，称为交付周期。另外一个叫制造周期，指从来料检验开始，直到成品发运的时间周期。制造周期的长短考验生产制造环节的运营能力。在交付周期中包括了订单处理、采购下单、供应商备料、运输环节。这些环节就是供应环节，类似于供应商的制造周期或称采购周期。完成一个订单，笼统地讲是供应商的制造周期加上工厂的制造周期，中间会有些重叠的部分，比如，有些物料是装配环节才会用到。采购周期和制造周期都是必须关注的。做精益时，经常会从整个内部的制造过程开始推进精益改善。供应链管理的环节也是很重要的。精益改善涵盖面很广，它涵盖的不光是制造环节，还包括供应链管理、计划体系、研发管理等。

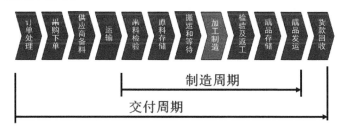

图3-9 交付周期与制造周期

3.2.8 精益思想：从增值比率看改善空间

在整个制造过程中，除了加工制造是增值作业外，其他环节都是非增值的。通过价值流分析，可以得出增值时间占整个制造周期的比例，称为增值比。所谓增值时间是站在客户立场看制造过程中的增值动作的时间，如改变形状、改变性能、组装及包装等。

$$增值比 = \frac{增值时间}{制造周期} \times 100\%$$

事实上，大多数企业的增值比都在10%以下，甚至不到1%。通过增值比的计算，会发现整个制造过程中因为生产方式、异常导致的浪费是非常大的，用来为客户创造价值的时间是非常少的。因此，企业往往还有很大的改善空间。

3.2.9 观念比较

很多精益专家经过总结，归纳了传统思维和精益思维的区别，见表3-1。传统思维由生产者决定价值，偏向于计划经济的手段，对客户需求关注不够，企业根据自身的优势决定生产什么产品、生产多少数量、生产出后如何往市场上进行营销；而精益不一样，精益生产是根据客户的需求，企业需要生产什么产品、什么时候生产、需要多少数量，都由市场用户来决定，所以说生产任务是由客户来决定的。传统生产方式对于分工来讲，流程是支离破碎的，也就是说流程不是连在一起的，而是被切成一段一段的，每个工序之间有大量的半成品；而精益生产追求无间断的流动，所有的工序之间是连贯性生产，称为整流化作业，这样可以避免产生半成品，同时确保生产周期最短。在管理组织上，非精益的企业倾向于多层级的金字塔结构，总经理集权，部门职能化，专业化较强；精益思想主张扁平化结构，按价值流组织团队和生产单元。传统思维按推式组织生产，生产出来的产品放到中间库里或直接往后面的工序送，不考虑后道工序是否需要；而精益生产属于拉式生产，根据后道工序的需求组织生产。传统方式生产工序间存在大量在制品，等待现象严重；精益生产是不间断的单件流动。

表 3-1　传统思维与精益思维对照表

传统思维	精益思维
由生产者决定价值，向用户推销	由最终用户来确定，价值只有满足用户需求才有存在的意义
分工流程支离破碎	流程无间断
层级的金字塔	扁平结构
总经理集权	赋予职能岗位的决策权
部门职能化、专业化	按流程重构的团队或 Cell 线
集中的推式管理	拉式
大批量，等待	不间断的单件流

3.2.10　精益企业之屋

丰田屋是精益专家对丰田生产方式的高度总结，如图 3-10 所示。精益改善就如同盖房子。盖一个结实、美观、舒适的房子是需要满足一定条件的。最基本的条件，就是房屋的地基要打牢，丰田屋的最底层是丰田的经营哲学。做精益改善，首先要改变观念，要抛弃很多传统的思维。尊重人性是指把员工当资产，愿意培养员工，除了工作的稳定性、好的工作待遇，更要让员工感受到工作的价值，不是只喊口号。诸行无常指的是对外界环境变化的清醒认识，用发展的眼光看问题，不能停留在舒适区，故步自封。国内企业学习精益生产更不应照抄照搬，汽车行业的卓越实践在其他行业是否都能适用需要验证和变通。共存共荣指的是企业与员工、社区乃至国家一起发展，比如丰田澳大利亚工厂因市场原因关闭，各级领导出面帮助员工找工作。现地现物指的是到现场考察，解决实际问题。在经营哲学之上是管理系统基本的稳定性，包括平准化、标准作

第3章
科学管理与精益管理思维

业和持续改善。这三个方面可以衍生出很多内容。精益生产本身是一种长期的理念，要不断发现浪费并消除浪费，还要做好流程的分析和改善，做好标准化工作，比如5S、工作教导的标准化方法，还要关注4M变化点管理等。丰田屋的中间部分是两根柱子，一个称为准时化，一个称为自动化。准时化讲的是针对客户的需求，既不提前生产，也不推迟生产。提前生产意味着库存，库存会衍生出很多问题和成本；推迟生产意味着缺货。准时化的核心是周期缩短，操作层面是按节拍生产，单件流动，不能做单件流动的地方按需求拉动。当然为了实现准时化，还需要配套相应的管理工具，比如快速换模、看板等。自动化的核心是对高品质的追求，有异常马上停下来解决，品质问题要控制在工序内部，称为品质内建，零缺陷的核心是根因分析和防错。人与机器的作业尽量分开，才能实现少人化作业，要保证高品质，尽量减少对人的依赖。丰田屋的顶层是丰田的目标，即最高的品质、最低的成本、最短的交期。而做到了高品质和短交期，企业的成本自然就降下来了，低成本是一种结果。

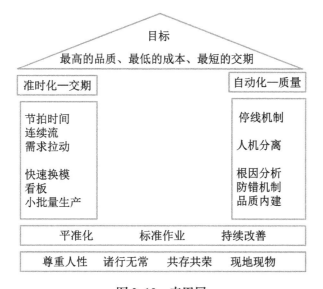

图 3-10　丰田屋

3.2.11　传统工厂与精益工厂

图3-11中，上面表示传统工厂，下面表示精益工厂。在传统工厂里，从生产到出货，物料从左向右流动，属于推动生产，流动过程中没有任何限制，在没有限制的情况下，原材料仓非常大，库存特别高。工序与工序之间也是断开的，工序之间有很大的在制品库存，成品库存也很大，意味着产品要在仓库里停留很久。

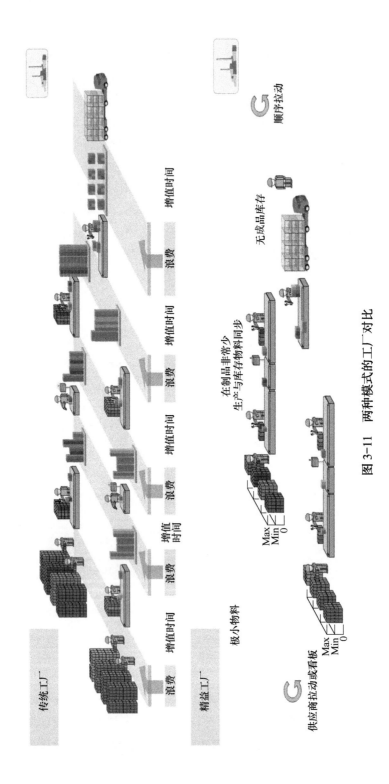

图 3-11 两种模式的工厂对比

第3章
科学管理与精益管理思维

在精益工厂里，原材料的库存有最高、最低的控制标准，或称安全库存，根据消耗的量进行补货。现场的仓库面积小，库存很少。生产的各个工序紧密连在一起，按单件流动的形式组织生产，工序间的在制品很少。成品完成后直接发货。无论原材料进厂，还是物料在车间流转，以及成品发货，PMC都要做好物料的衔接，确保每个节点都是准时化。

在管理学科发展的过程中，科学管理是根本，精益管理是在科学管理上的升华，只有在科学管理的基础上做好精益管理，企业效益才会越来越好，越来越高效，竞争力越来越强。

【思考题】

1. 怎样理解泰勒提出的管理追求的目标？
2. 结合自己公司，举例说明有哪些方法面和人性面的问题影响效率。
3. 丰田生产方式是在什么样的时代背景下产生的？
4. 了解自己公司的制造周期和交付周期是多长时间。

第4章
基于精益价值流分析的浪费识别

4.1 价值流图的基本概念

4.1.1 价值流图的起源与发展

上一章讲过精益生产的五个原则,其中第二个原则就是价值流。什么是价值流呢?价值流就是基于流程看价值。如果想打造快速交付的能力,就必须从接单到出货整个流程来看其中存在的浪费,并且消灭这些浪费。而识别这些浪费的一个最常用的方法就是价值流分析。通过绘制价值流图,发现问题,寻找浪费,找到影响制造周期长的原因,明确精益改善行动,并形成可执行的计划。

价值流图是一种宏观的分析工具。什么是宏观,什么是微观呢?看一个企业,从来料到出货经过很多部门,看整个大流程,就是宏观分析。对每个车间、每个工作站或每个工位的动作进行分析,就是微观分析。在精益改善过程中,要想做到精准改善,就要先从宏观分析入手,从整个大流程看问题,寻找流程的瓶颈,再锁定瓶颈或流程中关键节点展开分析,而不是进到企业,不看流程,不看系统,直接进入流程的某个节点进行改善。有可能这个改善点并不是企业当前最需要改善的。

所有的改善都是基于问题或称为浪费展开的。价值流图就是一个发现问题的工具。它最早起源于丰田的大野耐一、新乡重夫等人,如图 4-1 所示。他们在丰田公司主导了很多改善工作。其中一个重要的工作,就是

大野耐一

新乡重夫

图 4-1 价值流分析的开创者与著作

研究物料和信息的流动过程,开发了这样一个工具,早期称为物与情报流程图。这种流程图经过美国学者约翰·舒克的消化吸收,在《学习观察》(*Learning to See*)这本书里做了详细的阐述,重新命名为价值流图,至此被广为传播。

第 4 章
基于精益价值流分析的浪费识别

4.1.2 认识价值流图析

价值流图析是一个通过用特定的图标绘画来表现整个价值流的过程，包括物流、信息流和过程流，通过寻找流程中的各种浪费，推动精益改善，如图 4-2 所示。

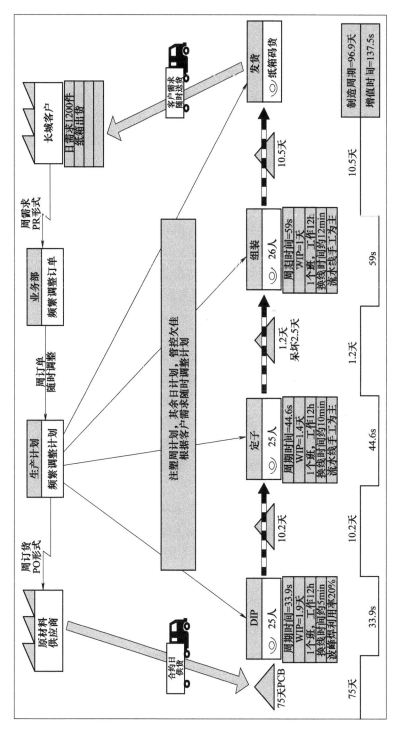

图 4-2 价值流图概貌

37

通过画一张流程图，把订单交付过程的一些关键信息都表现出来，通过这些信息来发现问题，寻找浪费，在这个图的基础上展开改善。价值流图体现了整个交付周期。从图 4-2 看，右上角是长城客户——一个重点客户，每日需求 1200 件，每周用纸箱出货。客户的需求用 PR（采购订单）的形式发给业务部门，业务部门进行订单调整后，发送给生产计划部门。计划部门形成采购订单，发给原材料供应商，供应商按照合同约定的日期送货。此处有个小汽车的图标，表示运输工具。然后送到工厂仓库，三角号表示暂存，说明产品暂存了 75 天，之后送到第一道工序 DIP 进行加工，也就是电子厂的插件车间。车间一共有 25 个作业员，工序名称下面是该车间的关键数据，比如周期时间、在制品数量、每班工作时间、换线时间、波峰焊利用率等等。本车间完成后，暂存 2.5 天送到下一个车间继续加工，再经过暂存，流转到组装车间，最后入库。通过汽车运输的方式在客户需要的时候随时送货。生产计划部门除了发采购信息给供应商（通过采购部）外，还要向各个车间发送周计划或日计划以及发货计划。这就是从订单接收到出货的整个过程，称为透过流程看价值，也就是价值流图。

4.1.3 价值流图析的作用

（1）发现浪费及问题的工具　它从宏观角度出发，从输入到输出的流程上审视业务及制程，可以轻易看到浪费源（过多的库存、重复工作、时间浪费、搬运、检测等），从而为企业进行持续的、系统化的改进提供科学依据。

（2）确定改善优先次序的工具　企业里的问题很多，不可能每个问题都同步去改善，至少要有个优先次序，所以要站在整个流程的角度，寻找那些对流程效率有关键影响的问题点去改善，避免只看局部，"只挑容易的"来改进，使改善的投资回报率最大化。

（3）通用语言　价值流图经过美国精益专家的整理，转化为通用的符号去表达一个企业的整个运营过程，无论在哪里都可以快速交流。价值流图可以作为流程、制程改善的通用语言，使得不同部门间容易沟通。

（4）改善计划编制及实施的基础　通过价值流分析，发掘影响流程效率的一些大的问题点，根据这些问题点可以编制改善计划，确定改善时间和负责人。

4.1.4 价值流的思维方式

在一个公司里，大部分职能部门往往是站在本部门的角度看问题，顶多是了解与本部门直接相关的上道工序和下道工序的工作，这样看问题的格局和视野就比较狭窄。精益生产强调的是提升企业整体的效率，而不是一台机器、一条生产线的效率，如图 4-3 所示。而一个企业的总经理，对各个部门的状况了

第 4 章
基于精益价值流分析的浪费识别

解比较全面,因为他是站在山顶看山下。价值流图就是站在山顶,用总经理的思维看企业的问题,看到的问题就会有很大不同。企业做精益改善,一定要让管理干部通过价值流分析体会流程中的问题。

图 4-3　个体效率与整体效率

4.2　价值流图绘制

4.2.1　价值流图基本框架

如图 4-4 所示,价值流图基本上包含 5 个部分。右上角的 A 区域是客户;左上角 B 区域是供应商;中间 C 区域是信息控制中心;D 区域是车间,是产品的实现过程;E 区域是一些关键的数据,也就是改善的着眼点。

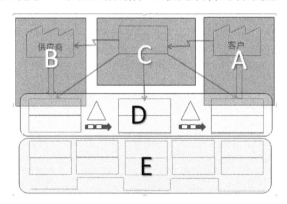

图 4-4　价值流图基本框架

4.2.2　各区域内容说明

价值流图各个区域需要提供哪些信息,列在表 4-1 内。需要说明的是:A 区域也就是客户区域是价值流图绘制的第一步,体现了精益管理的基本思想,一切从客户出发,围绕客户的需求采购原材料,组织生产。B区域是供应商区域,一个企业会有很多供应商,这里要选择关键的供应商,比如关键零部件的供应商,或者决定整个交付周期的供应商,其他次要的供应商可以忽略。区域C是信息流区域,多数情况下由PMC计划部门主导,包括与客户、供应商、内部制造、物流部门沟通传递信息。D区域是作业流和物流区域。E区域是数据区域。

表4-1 价值流图各区域内容说明

区域代码	区域名称	需求信息
A	客户区域	需要了解客户需求量、交货频次、运输方式等
B	供应商区域	需要了解供应商供货方式、交货频次、运输方式等
C	信息流区域	需要了解信息从客户到企业生产计划部门,从计划部门到供应商和内部各厂之间的电子/手工信息传送方式、控制点控制方式、交货需求等信息
D	作业流、物流区域	需要了解原料从供应商开始,经历企业内部各主要生产环节直到做成成品交货的作业流、物流流动的全部步骤,物流停止区域——各在制品、仓库的分布
E	数据及时间框	它是记录A、B、D各区域的相关重要KPI数据,并对于整个生产物流、信息流的运作效率、平衡性、浪费藏匿点做出评价,便于在此基础上进行改善

4.2.3 价值流符号介绍

1. 物料流符号

价值流有一些通用的符号,物料流符号如图4-5所示,信息流符号如图4-6所示。

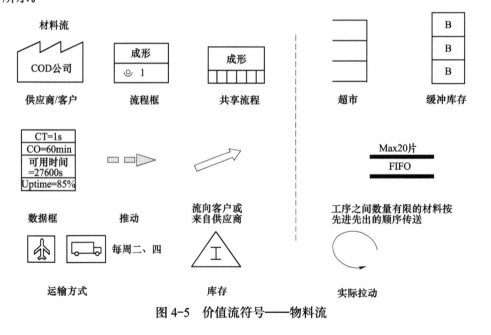

图4-5 价值流符号——物料流

第4章
基于精益价值流分析的浪费识别

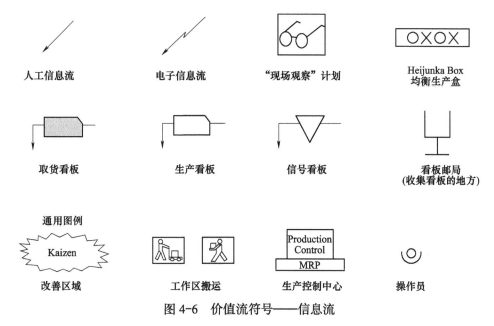

图4-6 价值流符号——信息流

（1）供应商/客户　在价值流图中，一般用带尖的、类似于房屋的图形表示外部资源，也就是供应商和客户。

（2）流程框　一种长方形的框，分上下两个格子，上面写流程的名称，下面写该流程的作业人数。

（3）共享流程　与流程框相似，下面不再是流程的作业人数，变成了一些小格子，表示该流程也生产其他产品族的产品，如果不需特别强调共用，也可以用普通的流程框代替。

（4）数据框　数据框通常放在流程框的下面，与流程框独立，不要连在一起，根据需要数据框可以有多个数据项。

（5）推动　每道工序根据计划生产，生产完成直接往后面工序输送或送到中间库，称为推动。用有一定宽度的虚线箭头表示这种流动方式。

（6）流向客户/来自供应商　一般情况下用有一定宽度的空心箭头表示。有些时候，在不违反大原则的情况下，用带直线的箭头表示也是可以的。

（7）运输方式　用飞机或汽车的图标表示，主要体现供应商和工厂之间、工厂和客户之间的物流过程。实际过程中，可能还有其他运输方式，比如海运或海运加空运，可以用相应的图标表示。

（8）库存　通常用一个三角形表示，像个小山堆。里边有一个大写的英文字母I（Inventory）。

（9）超市　在精益里，超市特指用来放置物料的暂放区。不同于仓库，超

41

市里放置物料的量比较少，种类多，依赖于仓库的补货。通常情况下是一些用精益管搭建的架子，承重面有一定的倾斜度，以实现先进先出，前面出货，后面补货。

（10）缓冲库存　就是常规的库存，比如原材料仓、成品仓等。

（11）FIFO　即先进先出（First In First Out），工序之间物料流转按先进先出原则进行，比如两个工序由一段倾斜的滑道相连，放置的物料数量和传递的顺序已经被滑道限制了，就实现了先进先出。

（12）拉动　前道工序的生产量和生产时间，由后道工序的需求决定，前道工序给后道工序补货，称为拉动。

2. 信息流符号

（1）信息流　信息流符号分为人工信息和电子信息。人工信息用带箭头的直线表示，电子信息用带箭头的折线表示。人工信息指用纸张传递信息，比如PMC发放工单给车间；电子信息指通过电子邮件、ERP软件、传真等方式传递信息，比如给供应商发邮件。随着信息化技术的发展，越来越多的电子信息代替了人工信息。

（2）专用符号　"现场观察计划""均衡生产盒""取货看板""生产看板""看板邮局"等属于丰田特有的运作模式，由于管理水平和汽车行业的特点，其他企业很难模仿，使用较少，不做详解。纸张看板在使用过程中容易丢失，现在的趋势是用信息化的手段传递信息，丰田本身也在应用电子看板，配合扫码系统实现信息传递的目的。

（3）改善区域　在价值流分析过程中，找到了需要改善的问题点，在对应的区域用闪电符号做标记，起到醒目的作用。

（4）工作区搬运　工作区之间的搬运可以是人工搬运，也可能借助手推车、叉车、电瓶车、传送带等工具。服装行业用得比较多的是吊挂线，都可以用比较形象的图标表示出来。

（5）生产控制中心　生产控制中心有多种画法，上面是一个小一点的框，下面是一个扁平的框，写着MRP，表示物料需求展开。生产控制在企业里是围绕PMC展开的，有些时候为了简化，把采购省略掉了，如果认为采购和计划之间有问题，需要分析，可以分开画，以体现两个部门之间的信息传递。

（6）操作员　将一个月牙和一个太阳的图形组合起来，表示操作人员。

4.2.4　常见的数据框资料

在绘制价值流图过程中，工作量最大的部分就是收集数据。数据非常重要，

第 4 章
基于精益价值流分析的浪费识别

没有数据就找不到问题。数据分为三个区域：一个是生产区域，一个是停滞区域，一个是 LT 汇总区域。生产区域指各种车间，比如注塑车间、机加工车间、装配车间等。其中 C/T（Cycle Time）称为循环时间，指机器加工一个零件的标准时间；T/T（Takt Time）称为节拍时间；C/O（Change Over）是换模具的时间，不同的车间指标可能不同，同类的指标，表达方式可能也有差别，比如在加工车间一般称为换模时间，在装配车间称为换线时间。表 4-2 列出了很多范例，在实际应用中，因工艺不同，可能会有不同，主要是选择反映工序状态的关键指标。停止区域指物料停顿的地方，也就是物流区域，通常是指原材料仓库、在制品的临时停放点、成品仓库。其中 WIP 数指物料的数量，有时还要标出物料在仓库或车间里停留了多长时间。收容数指每个容器装的物料数量。LT（Lead Time）汇总区域指在价值流图的右下角有一个区域，用来计算增值时间和总的制造周期，以及增值时间和制造周期之比，称为增值比。增值比反映了整个制造过程中用来为客户创造价值的时间利用程度。增值比越高，说明浪费越少；增值比越低，浪费越大，改善空间越大。

表 4-2 常见的数据框资料

序号	生产区域（作业流中有价值的操作制程区域）	停滞区域（作业流中操作制程间的 WIP 区域）	LT 汇总区域（增值 / 非增值时间汇总区域）
1	C/T 循环时间	WIP 数	VAT 增值时间
2	T/T 节拍时间	在库时间	L/T 周期时间
3	C/O 切换时间、频率	搬运频次	增值比
4	操作人数	每次搬运量	其他……
5	班数及每班时数	收容数	
6	机器（线体）数量	搬运方式	
7	生产效率	搬运距离	
8	OEE 设备综合效率	搬运时间	
9	直通率或报废率	其他……	
10	L/B 生产线平衡率		
11	Batch size（加工批量）		
12	其他……		

4.2.5 绘制现状价值流图的注意事项

价值流图绘制首先从现状图开始，重点关注最准确最有用的信息。企业里信息很多，价值流分析主要是寻找流程中的大问题，所以信息要根据重要性有所取舍。收集数据一定要亲自到现场去测量，不要使用别人提供的"标准"数据，不要依赖别人给的口头数据，因为要得到反映现状的数据，没有经过检验的数据不一定能反映实际情况。要关注正常过程的运行情况，对特别例外的情形可暂不考虑。在绘图之前，要做好准备，对绘图工具、参加人员、绘制过程要有清晰的思路，不要匆忙行事。做好准备之后就可以使用专门的图标开始绘制工作了，一边调查，一边绘制。在此过程中，一般使用铅笔绘图，因为绘制的过程中可能要不断修改已经绘制的图形。图4-7为价值流图绘制示意图。

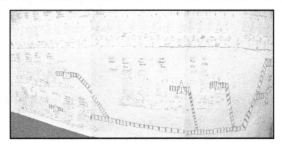

图 4-7　价值流图绘制示意图

4.2.6　选择合适的产品进行绘制分析

价值流绘制从选择产品开始，一般来讲要选择工艺接近的产品或称产品族。如果产品批量比较大，也可以选择单一产品。不可能用一张图把所有的产品流动过程都绘制出来。通常选择单价高、制程繁杂度大、占营业额百分比高、库存居高不下、获利率偏低的产品。选定产品后，要选择关键路径，产品的零部件不是唯一的，就会有多个路径，优先绘制哪条路径要确定好。然后就是走出办公室，到现场调研数据，不能在办公室里闭门造车。需要强调的是不仅仅在现场，还要到很多其他部门调研数据。第一个部门应该去哪里呢？首先要去销售部门，然后去成品发货部门。绘制的过程从客户需求出发，从后往前绘制，也就是说，绘制的过程要从发货端开始向价值流的上游追溯。另外，在绘制时一定先把整个流程走一遍，看一看要绘制的产品是否在加工，是否有些工序已经加工完了，通常先画在纸上，回到办公室后，进一步整理到计算机上，也可以整理到白纸上，方便讨论。

4.2.7　价值流图绘制前准备

价值流图绘制前的准备工作及绘制要点如图4-8所示，此处不再详述。

第4章
基于精益价值流分析的浪费识别

```
要点1：物品、工具准备
现场使用：
1. 秒表（1个）
2. 硬板夹（1个）
3. A3白纸（若干）
4. 铅笔
会议室使用：
1. A0白纸（若干）
2. 30cm塑料直尺（1把）
3. 白板笔（红、蓝、黑色各1支）
```

```
要点2：绘制要点
1. 首先沿着整个门对门的价值流，快速地走上一圈，了解整个流程和各个工序，然后回过头来，收集每个工序的详细数据
2. 应当由发货端开始，朝价值流的上游追溯，而不是从收货端开始朝下游推进
3. 带着你的秒表，不要依赖那些不是你亲自测到的、所谓的标准时间或信息
4. 即便有好几个人一同参加价值流的准备工作，你还是应当独立完成整个价值流图的绘制
5. 到现场用铅笔手工直接绘图
```

图4-8 价值流图绘制前的准备工作及绘制要点

4.2.8 价值流图绘制步骤

价值流图绘制从客户端开始，首先确定客户并收集信息，包括客户名称和地址，每日、每周或每月的产量需求，具体的装运要求，比如每个包装箱内装的产品数量、装运方式等，当前对客户的准时交付率是多少，以及当前对客户的缺陷是多少。收集完这些数据后，将它们和客户图标放在价值流图的右上角。图4-9举例说明了客户相关数据项的价值流图画法。数据越多越好，对全面分析有力。

以某制造公司为例：
➤ 该制造公司主要生产各类叉车用阀门，其重要客户之一COD公司，主要需求两种产品A和B，每月需求量18400，其中A12000，B6400。
➤ 公司为两班制生产。我们就以A和B作为项目绘制价值流图。

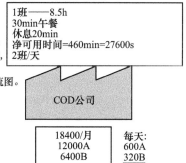

图4-9 绘制客户信息

第二步是记录产品如何发货给客户。发货的部门一般是成品仓，有些厂是物流部负责，有些厂叫运输部，可以用一个流程框画出来。运输部多久发一次货、每次发货数量是多少、通过何种运输方式发货，把这部分内容画在图右侧最后一个生产流程与客户之间，如图4-10所示。

第三步是绘制各工序的流程框。首先要搞清楚流程，先画后工序，再画前工序，这就是说，要搞清产品途经哪些大的工序。如图4-11所示，案例中的工序包括成形、焊接1、焊接2、装配1、装配2，很容易掌握。有些产品复杂一点，有更多的流程，很多产品工艺很简单，简单到只有一个流程，比如有些工厂只

有总装,所有的零件都是从外部采购的。此流程中成形是共享流程,工序名称下面不用写人数,用一些小格子代替。

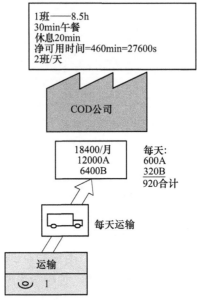

图4-10 发货信息绘制

例如:某公司A与B产品生产流程:
成形–焊接1–焊接2–装配1–装配2,其中成形为共享流程,其余流程的操作员人数均为1人

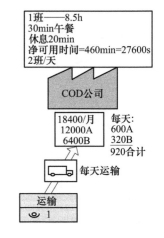

图4-11 绘制流程框

第四步是填写数据框和库存水平,确认哪些数据是需要事先收集的。通过观察,收集尽可能多的数据,包括库存数据记录、库存地点、数量等。流程框下面是数据框,数据框里面的数据是工序的关键指标,如图4-12所示。在成形

第 4 章
基于精益价值流分析的浪费识别

工序前面以及各工序之间有个三角号,三角号下面记录的数字如 4600A、2400B 就是库存的数量。

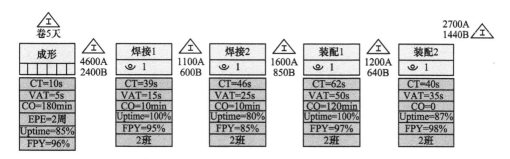

图 4-12 填写数据框和库存水平

第五步是记录供应商的数据,主要是供应商的名称与地址、材料的交付方式、交付频率、交付数量,重点记录最大的供应商(可能有两到三个)。如图 4-13 所示,AOC 钢铁公司,每周二、四用货车送货,每次 500 卷。需要体现在图上的供应商一定是影响整个流程的关键供应商。如果不是关键的供应商,比如说螺钉、垫片等都是标准化零件,在市场上很容易买到,记录是没有多大意义的。

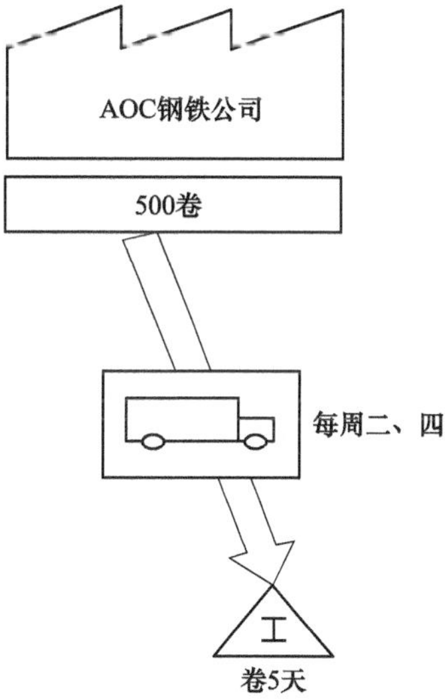

第六步是绘制信息流,以生产控制中心为核心,也就是 PMC 部门。PMC 部门是枢纽,是控制中心、信息中心和指挥中心,COD 公司每月、每两个月、每三个月通过电子信息发给工厂滚动的预测量,同时它每天都会给企业下订单,只要有确定的需求也会给企业下订单。它采用并行的方式下订单。

图 4-13 记录供应商数据

现在很多客户只有一种下单方式,有单就下,没单就不下。如果是长期合作的供应商,管理规范的企业通常会给供应商三个月的滚动预测。预测是给供应商一个参考,并不代表真正的订单,如图 4-14 所示,控制中心通过 MRP 运算,导出物料需求和生产计划。物料需求是 6 周滚动预测,以电子信息发给供应商,每周发传真,确定明确的订单信息,这是一种双向的下单方式,让供应商有所准备。控制中心每周发生产计划给各生产车间,每天发出货计划给运输部门。

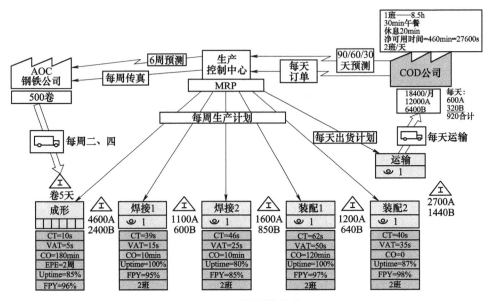

图 4-14 绘制信息流

第七步是绘制物料的流动,就是各流程之间物料是如何流转的。通过手工搬运还是小车搬运,不同的运输搬运方式要使用不同的图标;材料是由下游拉动,还是上游推动;是否要求先进先出。根据材料流动的实际情况,将相应的图标放到相应的位置,图标如图4-15所示。现在的物流形式大部分是推动式的。如果是拉动式的,就不需要给所有车间下达计划了。

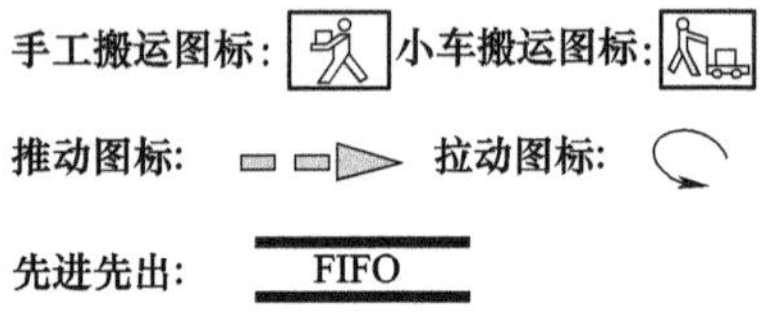

图 4-15 材料流动符号

第八步是绘制表达周期的数据和时间线,这是非常关键的。这个时间线反映工序之间流转的时间表现,也是价值流增值比的计算依据,这里要画几个时间出来,像长城一样一高一低的栏位,如图4-16所示。低的栏位对应的是工序加工时间,高的栏位对应的是物料停留的时间。图中有两个时间,一般情况下画一个时间就可以了。有些画法会有两个时间:CT时间和VAT时间。VAT时间是增值时间,CT时间是循环时间,比如完成一个零件加工需要10s,这个时间是循环时间,在10s里,有4s是搬运物料、检查的时间,这些属于动作浪费,是非增值时间,真正创造价值的时间是6s,这就是一种更严格的算法。不严格的情况下,写循环时间就可以了。另外一个时间就是停顿时间,在某个工序做完了没有马上进行下一道加工,而是放到托盘上或半成品仓,在那里可能等了很长时间,比如7.6天。这个停顿时间要写在折线的上方,后面的工序如果都进行了暂存,就采用同样的画法画出来,整个时间线就完成了。原材料入库和成品在仓库里等待也要表示出来。

第4章
基于精益价值流分析的浪费识别

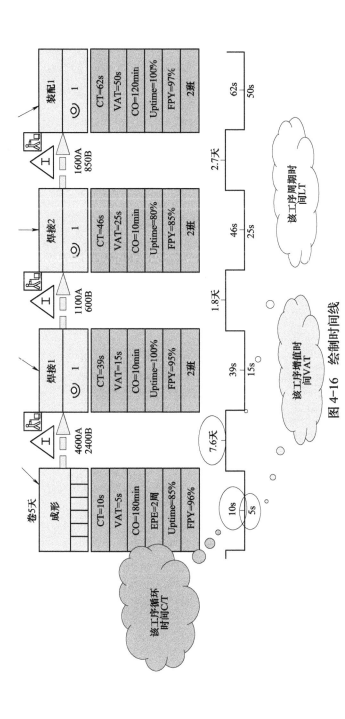

图 4-16 绘制时间线

第九步是数据计算。LT时间代表整个制造周期,就是把时间线上所有时间都加起来,得到23.6天。用CT时间)都加起来,130s,就是增值时间。增值时间除以周期时间得到0.01%,就是增值比,如图4-17所示。案例的价值流图从流程图从一个流程图是一个比较单的图,实际操作中会有很多很复杂的流程。

4.2.9 多工序流并行作业价值流图实例

图 4-18 是多工序并行作业的价值流图实例。比如,电视机等产品会有多种工艺,有注塑,钣金,PCB,甚至有压铸,后面是组装和测试包装,会有很多的分支流程。这种情况下,工序流,数据框拆分开画。时间线总到一起,最后汇总到一起,可以计算每个流程的增值比。如有一条。制造周期取最长的,加工时间取对应制造流程的即可,需要深入分析的时候,有一条。

49

果有外协的情况,把外协画成一个三角号,标明数量和时间就可以了。当然也可以深入研究外协的工序,相当于画外协厂的价值流图了。关键看当前分析的重点。对于多个供应商,前面已经提过,选择对周期影响大的供应商。

价值流图并没有非常严格的要求,稍微有一定图例上的偏差也是没有问题的。只要数据上的表现以及工艺流程的结构不要出问题,就一定能发现很多问题,能带来很多改善思维的冲击以及对整个流程的认知。需要提醒的是,在价值流图绘制过程中,一般来讲是按工作日计算时间。有些公司周六周日上班,另当别论。

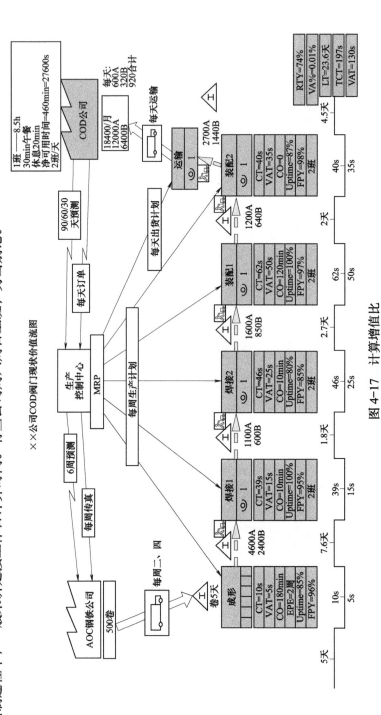

图4-17 计算增值比

第4章
基于精益价值流分析的浪费识别

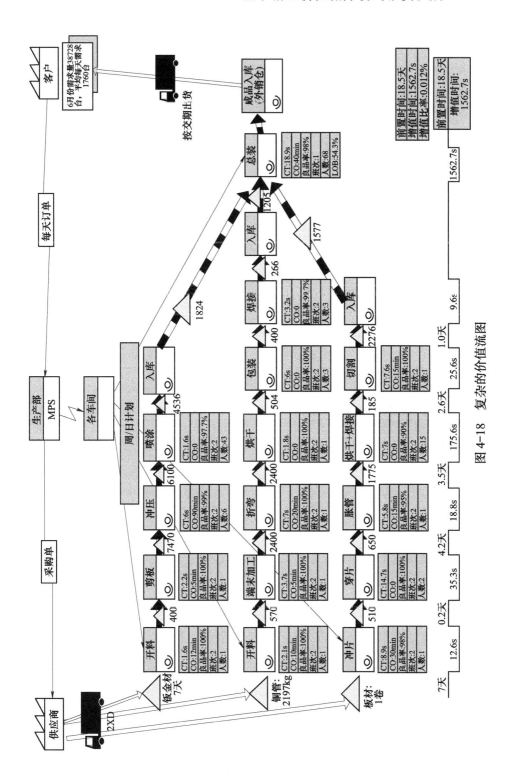

图 4-18 复杂的价值流图

4.2.10 模拟工厂价值流图演练

下面给出一个工厂的相关信息,请根据信息练习绘制价值流图。

客户需求信息:

平均需求量:每月 10080 件,即每天 504 件

4# 冷凝管 6720 件,每天 336 件

6# 冷凝管 3360 件,每天 168 件

每月发运天数:20 天

每箱件数:24

每天箱数:21

供应商信息:

某公司从供应商 ABC 公司每周收到货物 2500 件。

制造过程信息:

可利用时间:每班可利用的总生产时间为 8.5h(510min)。有一次不支付工资 30min 午餐时间和两次 10min 的中间休息时间,合计有 50min 固定的计划停工时间。因此,每班可利用的生产时间是 460min。

工序 6:成品发运:

地点 = 发货储存区域

频率 / 方法 = 每日 / 联合包裹运输

产成品存货 =2000 件

工序 5:打标记:

周期时间 =50s

转换时间 =5min

可利用时间 =27600s

正常运行时间 =99%

操作员人数 =1

在线产品 = 检测与打记号工序之间为 2000 件

打标记与发货之间的间隔时间:4 天

工序 4:检测:

周期时间 =30s

转换时间 =5min

可利用时间 =27600s

第4章
基于精益价值流分析的浪费识别

正常运行时间 =99%

操作员人数 =1

在线产品 = 弯曲与检测工序之间为 2000 件

检测与打标记之间的间隔时间：4 天

工序 3：弯曲：

周期时间 =40s

转换时间 =5min

可利用时间 =27600s

正常运行时间 =99%

操作员人数 =1

班次 =1

在线产品－去毛刺与弯曲工序之间为 2000 件

弯曲与检测之间的间隔时间：4 天

工序 2：去毛刺；

机加工与去毛刺工序之间有一条先进先出（FIFO）通道

周期时间 =5s

转换时间 =0

可利用时间 =27600s

正常运行时间 =100%

操作员人数 =0（必要时机加工操作员也能管理去毛刺工序）

班次 =1

在线产品 = 机加工与去毛刺之间为 3360 件

去毛刺与弯曲之间的间隔时间：7 天

工序 1：机加工：

周期时间 =45s

转换时间 =60min

可利用时间 =27600s

正常运行时间 =87%

操作员人数 =1

班数 =1

在线产品 = 机加工之前为 2500 件

机加工与去毛刺之间的间隔时间：10 天

信息和物资的流动：

与客户和供应商沟通信息全部电子化。

生产控制中心从客户每月一次收到预测信息，并每周一次收到订单。

生产控制中心向供应商每月一次发送预测信息，并每周一次发出订单。

生产控制中心每周一次向生产主任发出计划指令。

每日一次向机加工、弯曲、检测和打标记工序发出指令。

全部物资都是推进式投入，因此，在每个过程之间都有一个推进图标，物流采用叉车运输。

在机加工和去毛刺工序之间有一条先进先出通道。

4.2.11 对前面现状价值流图的分析

完成现状价值流图的绘制之后，要对所绘制的价值流图进行分析，寻找一切可能的改善点，这也是价值流图析的主要目的与作用。通过梳理得到关键的数据指标，见表4-3。从表中可以看出，产品合格率比较低；生产周期23.6天，较长；增值比只有0.01%，说明流程中的浪费很大；在制品库存14.1天，相对较大。这些都是需要改善的地方。

表 4-3 重要指标数据表

重要指标	现状数据
合格率	74%
生产周期 L/T	23.6 天
增值比	0.01%
原料库存天数	5 天
在制品库存天数	14.1 天
成品库存天数	4.5 天
……	……

4.2.12 标注问题点并汇总

问题点和改善点分析确认之后，在价值流图上用黄色的闪电符号在问题点的附近做标示，比如成形的切换时间180min，太长了，设备利用率只有80%，还有过多的库存、过多的搬运等都可以在价值流图上标示出来，如图4-19所示。

第4章
基于精益价值流分析的浪费识别

认识浪费不是目的,关键是消除浪费,这是价值流分析非常关键的目的。绘制好现状图后,传统的做法是绘制未来图。根据顾问个人的经验,未来图并个是非常关键的,如果能够通过现状图发现问题,寻找对策,并把对策落地地执行,未来图自然就形成了。

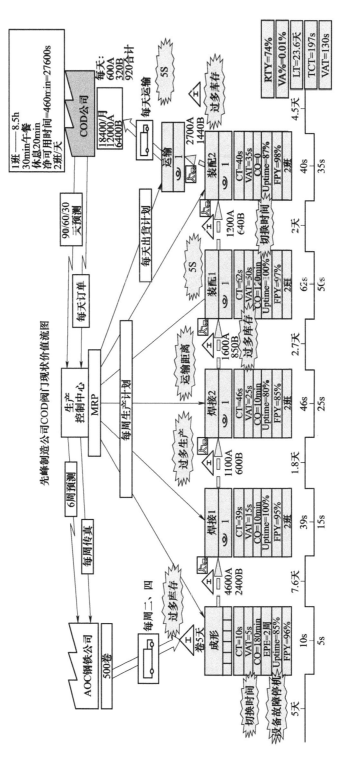

图4-19 在价值流图上确定改善点

4.3 精益生产的七大浪费

在生产现场能发现哪些问题点呢?不外乎七大浪费。这七大浪费是丰田总结出来的,包括不良品浪费、制造过多(过早)、加工浪费、搬运浪费、库存过多、等待浪费、动作浪费等,如图4-20所示。也有人提出八大浪费,加了一个管理浪费。正因为种种的浪费影响企业的利润,必须要减少浪费,减少浪费首先要认识浪费。

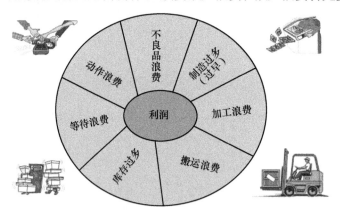

图4-20 七大浪费示意图

4.3.1 制造过多(过早)浪费

什么是制造过多(过早)呢?一般指的是生产大于需求或生产早于需求,也就是说生产多做了或者早做了。它有什么弊端呢?

(1)弊端

1)存货多,管理复杂:因为多做或者早做,一定会变成库存。

2)生产现场问题被掩盖:现场发生异常,比如某个工位停机,因为有库存使用,问题没有被管理者发现或重视。

3)导致品质异常:库存多了,容易造成产品品质出问题。产品磕碰、混装都会导致品质问题。

(2)原因

1)信息缺乏时效性,沟通不够及时。业务需要的时间、计划的时间、生产的时间很多时候是脱节的。时间有变化,沟通上有问题就会造成过早的生产。

2)生产计划的制定依据的是销售预测,而不是客户需求。销售预测很多企业都会有,指的是在没有明确订单的情况下,提前把产品生产出来。如果预测不准,容易造成库存和积压。即使预测准确,提前生产也会产生库存。

第4章
基于精益价值流分析的浪费识别

3）计划做出来后，需要进行跟进和协调，除了计划本身的准确度外，还有很多执行过程中的因素导致计划不能同步化，工序间的衔接会出现异常。

4）为降低制造成本所致的批量生产。有些工厂不想换线或换模，会合并生产，导致提前生产。

4.3.2 库存浪费

库存是不可避免的行为，但是必须要认识到库存的危害性。库存指标是精益改善一个非常关键的指标，但往往容易被忽略的，因为企业更多关注效率，关注交货。库存包括原材料库存、半成品库存、成品库存。如图4-21所示。原材料库存包括已经采购回来，还包括没有交付的，也就是在途库存。库存的成本结构是不一样的。一般来讲，原材料库存对工厂来讲，相对成本会低一些，因为没有产生加工费和管理费。半成品库存产生了一部分加工费和管理费。对于成品而言，所有的料工费都已经产生了。所以在一个企业里，首先要看一看成品库存多不多，再看看半成品库存多不多，最后再看原材料库存。成品库存永远是第一个要衡量的重点。如果做成成品，没办法交付给客户的话，这个损失是非常大的。对于库存来讲，它有什么弊端呢？

图4-21 库存的表现形式

（1）弊端

1）产生不必要的搬运、堆积、放置、防护处理、找寻等浪费。

2）使先进先出作业困难。出货的时候，早期的产品放在里面，搬运工工作量大，不愿意寻找早期生产的产品，喜欢拿最外面的，产品放得太久会发生生锈、变质等问题。另外，如果标示不清楚，也无法区分什么时间生产的。

3）损失利息及管理费用。库存需要管理，就会产生管理费用，搬运、盘点都增加了员工的工作量，管理费用增加，相应的资金占用，损失了相关的利息。

4）物品的价值会降低，变成呆滞品。

5）占用厂房空间，造成多余的厂房、仓库建设投资浪费。

6）没有管理的紧张感，阻碍改进。

7）造成设备能力及人员需求的误差。

（2）库存产生的原因

1）"时代错误"的库存。有些企业到现在还想着企业生产什么，市场就买什么，没有根据市场的需求组织生产，自然会产生库存。

2）"积习难改"的库存。有很多企业坚持大批量、成本思维导向，不希望工人和机器闲置，造成大量库存。

3）"产能不均"的库存。一个产品要经过好多道工序才能加工完成，工序与工序之间不是同一个节奏，速度有快有慢。当快慢不一时，就会产生库存。要么是停机等待，要么是提前生产。

4）"制程集结"的库存。这种集结最典型的是产线或机台按功能布置，这个区域全是注塑机，那个区域全是冲床，一个车间全是这种布置的时候，物料会集结在机器前，形成在制品库存。

5）"消化不良"的库存。前后工序之间不平衡，后工序能力落后于前工序，工序能力过弱，导致消化不良，库存会产生出来。

6）"候鸟作业"的库存。有时由于机器设备的产能很大，一天内仅需生产一两个小时即可满足需要，为了充分运用人力，作业员像候鸟一样，在这里干两小时，又到那里干两小时。无论走到哪里都会产生一堆库存。

7）"讨厌换模"的库存。企业为了节约换线、换模成本，把几个不同时间的订单合并在一起，造成库存。

8）"月底赶货"的库存。因为绩效考核指标的错误引导，企业在月底冲业绩，月底赶货，集中发货，也会造成库存。

9）"基准没改"的库存。有些企业有新的工程变更，没有及时通知，造成了仓库有库存，这些库存处理不掉就变成呆滞。

10）"顾及安全"的库存。企业由于担心缺货而保留的安全库存。

11）"季节变动"的库存。季节变动也会产生库存，旺季备了很多成品，没有销售完，到了淡季，只能堆在仓库。

图 4-22 是三种原因产生的库存示意图。

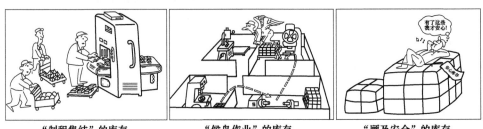

图 4-22　库存产生原因示意图

4.3.3 不良品浪费

不良品浪费是企业发生不良品，造成的质量成本以及由此造成的相关返工返修的浪费。

（1）弊端

1）维修和返工的空间。

2）增加的检验。

3）复杂的生产流程。

4）增加维修及重工的费用。

5）材料的报废。

6）顾客信任度的下降。

（2）原因

1）过程能力不足。过程能力不足可能是工艺设计的问题，也可能是产品设计的问题。

2）生产要素不稳定。有可能是人员的问题、设备的问题、方法的问题或者环境的问题，比如有些电子厂对防尘能力要求特别高，达不到要求的等级就会产生不良品。对于有些行业，比如电子厂、电镀厂、其他表面处理工厂等，不良率特别高，会成为影响企业效率的瓶颈。

3）存货时间长导致产品变质。企业对原材料采购控制不严，以及材料在仓库里保管不当，都会导致存货长时间滞留、变质。

4）测量系统的误差。测量系统不准确或出现故障，上下偏差大会导致配合要求度高的零件无法匹配，形成不良品。

4.3.4 动作浪费

动作浪费，指的是不符合动作经济原则的动作造成的浪费。产生的原因主要是作业未标准化、缺乏培训、机夹具设计不合理、工序布局不合理、作业员个人的习惯所致等。

4.3.5 加工浪费

指多余加工或加工的精度过高，超过标准要求，也即过分精细的加工所造成的一种浪费。弊端是：无尽的精致、多余的批准手续、多余的拷贝/过多的信息、超出客户期望。原因主要是缺乏限度样品或明确的客户规范、新技术的利用不当、盲目追求自动化、对客户的需求判断不准、观念错误（越好越保险，忽视成本与效率观念）、工程更改通知时效性差。

4.3.6 等待浪费

指两个相互依赖的变量不完全同步所造成的浪费。主要是因为人机配置不合理、生产要素的不安定性、管理松散、工作方法的不一致等。

4.3.7 搬运浪费

指未能产生附加价值或成本过高的人为移动物体的活动，包括放置、堆积、移动、整理等浪费现象。搬运是一种浪费，但因地理位置的差异又有存在的合理性，只能尽量去减少搬运的浪费。

它的弊端：额外的搬运设备与空间、距离过长的搬运路线、搬运的效率低下、成本过高、在途库存的增加。原因：运输路线选择错误、运输方式选择不合理、设施布局与规划不合理、运输的保护装置不当、满载率不高等。

4.4 精益生产改善

4.4.1 有效解决各种浪费的精益对策

认识了浪费，还要不断改善、消除浪费。精益改善到底有一些什么样的技法呢？表4-4、表4-5做了系统的分类，针对不同的浪费，采用不同的技法。对应的技法上做了"※"标记。

表4-4 精益改善对策（一）

精益技法	概念上革新			生产					流程配置			操作					
	JIT	浪费之认识	持续性改善	流动生产	单件式生产	后拉系统	平准化生产	混流式生产	U形配置	瓶颈改善	群组技巧	看板	多单元操作	多能工	标准化	少人化	相互支援
1. 等待	※	※	※	※	※					※	※		※	※	※		※
2. 不良品		※	※	※	※							※		※	※		※
3. 搬运	※	※		※	※				※	※	※		※	※	※		
4. 库存	※	※		※	※	※	※	※								※	※
5. 动作		※	※									※	※	※	※	※	※
6. 加工			※						※	※	※						
7. 过多（早）生产	※	※	※			※	※	※				※	※				

第 4 章
基于精益价值流分析的浪费识别

表 4-5 精益改善对策（二）

精益技法	品质管理						目视管理		仓储运输				改善	
	线上自主检查	自动检查	防呆装置	线上停线	全面品管	全面生产保养	5S活动	指示灯号	流程满载安排	混合运送	小量多次交货	标准容器	品管圈	提案改善
1. 等待	※	※	※	※	※	※	※	※		※			※	※
2. 不良品	※	※	※	※	※	※						※		
3. 搬运									※	※				
4. 库存										※				
5. 动作	※	※	※										※	
6. 加工	※	※	※		※			※						
7. 过多（早）生产								※		※	※		※	※

4.4.2 精益改善常关注的指标

精益改善中客户和工厂对改善指标的关注点不同，如图 4-23 所示。客户关注的更多是交货质量、产品的可靠性、准时交货、交付周期、灵活性、价格等。工厂可能会关注材料成本、劳动力成本、生产效率、库存量、质量成本、生产量等。精益改善一定要关注这些指标，要不断评估企业的表现，其实这些指标就是平时讲的 KPI。无论是现场改善还是系统改善，都是基于数据来驱动改善，基于数据分析来驱动改善行动。

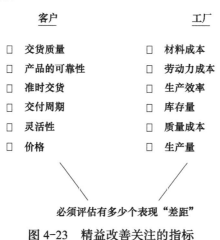

图 4-23 精益改善关注的指标

4.4.3 精益生产体系的培训

要做好精益改善，系统的培训必不可少。根据顾问以往的经验，全组织大约 10% 的人员需要扎实的培训，关键流程的主管和精益推行者需要更进一步的培训。当然，企业中的每个人都应该了解精益生产基本知识。精益变革是一项专业性非常强的工作，企业高层要高度重视培训工作。从基层员工到企业的董事长，都要接受不同程度的培训，岗位不同，对精益知识的要求也不同，要有针对性的安排。

4.4.4 精益改善实施的过程

精益改善主要经历三个过程。第一个过程如图4-24最左侧所示，即危机意识。有了危机意识以后，才有培训的想法，并且组织内部培训。

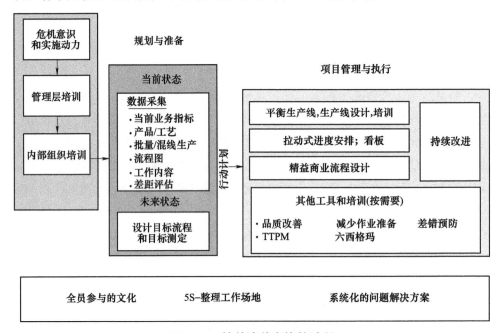

图4-24 精益改善实施的过程

很多企业在经营的过程中，销售额越来越高，成本也越来越高，利润却越来越低，在这个时候，就会萌发精益改善的想法。几乎是百分之八九十的企业都是在遇到危机的时候，才有这种想法。当然也不排除少数企业本身已经做得不错，但是居安思危、未雨绸缪，提前思考导入改善。企业有了思想准备，有了改善意愿，就会导入培训。

认识到精益改善的必要性后，就要进行项目规划。在行动之前，一定要认真进行分析，从发现问题到现状的详细分析，再到未来方案的详细制定和论证等，整个过程都要严谨去做，这就是规划与准备阶段。要把当前的状况描述出来，把当前的问题描述出来，同时把未来的目标设定出来。

第 4 章
基于精益价值流分析的浪费识别

　　方案规划后,就要进行改善。改善过程中要特别注重项目管理与执行力。可能会有不同的单位、车间、对象参与到改善过程当中,这就需要很强的项目管理能力。什么是项目管理?例如企业要上一个自动化项目,要经过很多的过程:项目的提出、项目需求的评审、供应商的寻找、方案的审核、报价、预算费用的确定、审批、采购跟进、安装调试、售后服务等。整个过程都是这个自动化项目的实现过程。精益改善过程中,会有多个类似于这种自动化项目同时上线,项目管控工作一定要非常到位。如果项目管理能力不够强,想做一个大型的精益改善项目,没那么容易成功。另外,再好的方案,如果没有良好的执行力配合,也无法实现。每个工厂的情况不同,改善的方法不一样,精益改善特别要注意全员的参与和系统化地解决问题,这是非常关键的。有些企业将精益改善列入企业发展战略,推动的力度非常大,改善也容易见效。有些企业把改善工作完全丢给工程师去做,改善可能面临很大阻力,步履蹒跚,很难见效。

【思考题】

1. 什么是个体效率?什么是整体效率?
2. 绘制价值流图如何选择产品?
3. 七大浪费的产生原因分别是什么?
4. 降低库存有哪些精益对策?

第 5 章
方法研究之程序分析与改善

工厂的改善方法很多来源于基础工业工程的工作研究。无论是企业现场还是办公场所，甚至家庭里的一些事务，都可以进行工作研究。通过对工作进行分析研究，寻找改善机会。工作研究包括方法研究和时间观测两个大的范畴。其中方法研究又包括程序分析、作业分析和动作分析。

5.1 程序分析

5.1.1 程序分析的定义

程序分析是对产品生产过程的工序状态进行记录、分析和改善的必要的 IE 手法，它是把工艺过程中的物流过程及人的工作流程以符号形式进行记录、设计的方法。通过它可以反映工序或作业整体的状态，从而有效地掌握现有流程的问题点，并研究制定改善对策，以提高现有流程效率。

这里重点强调把工作过程中的物流过程以及人的工作流程用特定的符号进行记录。在企业里面有很多工作过程，一个产品先做哪道工序，再做哪道工序，做到什么程度需要检查、暂存、移动等，要把整个物料的流转过程用流程图的形式记录下来，再进行分析。另外，与人有关的流程，例如换线、换模、领料的过程，甚至一些办公过程，比如请假、报销等，都可以用符号对工作流程进行记录，分析改善。程序分析主要针对的是物和人的作业过程。

5.1.2 程序分析的目的

程序分析的目的主要有两个。第一是用来准确掌握工艺过程的整体状态，比如说工艺流程的顺序；明确工序的总体关系；确认各工序的作业时间；发现总体工序不平衡的状态等等。这里更多是关注工艺流程。例如一条装配线，从第一道工序做到最后一道工序，几十个人在做，把整个流程拿出来做分析，就

第 5 章
方法研究之程序分析与改善

属于工艺过程分析。第二是发现工序的问题点,发现并改进产生浪费的工序,发现工时消耗比较多的工序,重排简化这些工序,减少一些停顿闲余的工序以及合并一些过于细分或重复的工作,也就是说,发现这个流程里面的问题,从而进行重排合并、简化和取消的改善。

5.1.3 程序分析的五个侧重点

程序分析在实务中侧重点在哪里呢?主要有五个方面,如图 5-1 所示。其实这五个方面就是作业活动的五大类型:操作、搬运、检验、储存、等待。在工厂里,所有工序的人员和物的状态都涵盖在这五个部分里边。通过过程分析,明确流程里面到底哪些活动属于操作,哪些属于搬运、储存、检查和等待等。工业工程里把操作和加工类的工序定义为有价值的工序,其他工序像搬运、检验、储存、等待都是不增值的作业,在程序分析里要想办法把不增值的作业提取出来,才有机会改善。

图 5-1 程序分析的五个侧重点

5.1.4 程序分析的技巧——5W1H 提问法

在程序分析过程中需要一些改善的技巧,其中 5W1H 方法经常用到。5W1H 是用五个英文单词的开头命名的,见表 5-1。它是对工作进行科学的分析,就其对象(What)、人员(Who)、场所(Where)、时间(When)、方式(How)以及目的(Why),进行书面描述,并按此描述进行操作,达到完成职务任务的目标。也有学者增加一项花费(How Much),称为 5W2H。

表 5-1 5W1H 分析法

5W1H	现状如何	为什么	能否改善	该怎么改善
对象(What)	生产什么	为什么生产这种产品	能否生产别的产品	到底应该生产什么
目的(Why)	什么目的	为什么是这种目的	有无别的目的	应该是什么目的
场所(Where)	在哪里做	为什么在那里做	能否在别处做	应该在哪里做
时间(When)	何时做	为什么在那个时间做	能否其他时候做	应该什么时候做
人员(Who)	谁来做	为什么是那个人做	能否由其他人做	应该由谁来做
方式(How)	怎么做	为什么那么做	有无其他的方法	应该用什么方法

5.1.5 程序分析的技巧——ECRS 改善原则

另外一个非常经典的改善原则叫 ECRS，也是英文单词的简写，中文为取消、合并、重排和简化。表 5-2 列出了这四种改善的应用条件。

表 5-2 ECRS 改善原则

符号	名称	内容
E	取消（Eliminate）	在经过了"完成了什么""是否必要"及"为什么"等问题的提问后而无满意答复者皆非必要，即予以取消
C	合并（Combine）	对于无法取消而又必要者，看是否能合并，以达到省时简化的目的
R	重排（Rearrange）	经过取消、合并后，可根据"何人""何处""何时"三提问进行重排，使其能有最佳的顺序，除去重复，使作业更加有序
S	简化（Simplify）	经过取消、合并、重排后的必要工作，就可考虑能否采用最简单的方法和设备，以节省人力、时间及费用

某个活动，进行了表中对应的提问，如果没有满意的答复，就可以取消。假设有一个二次加工的工序，可以思考为什么要二次加工、能不能只加工一次、能不能不加工。如果没有一个很好的理由，说明这个步骤价值不大，就可以取消。取消就是去除流程中不必要的节点。

如果前后两个工序都不是特别忙碌，这时就可以合在一起由一个人来做，叫作合并。有时候可以通过增加一些辅助工装，把两个工序合并成一个工序进行。

重排就是把工序顺序重新调整。经过取消与合并的动作之后，原有的工序消失或已不在原来的位置上，人员也可能经过调整，所以要进行重新排布，实现最优的安排。同时，企业里面有很多的作业工序，有一些先做，有一些后做，它是有工艺顺序的。有时候工艺顺序安排得并不是非常合理，会影响品质和效率，可以重新调整工序的先后顺序。比如散热器的水压试验原来在打磨之前，改到打磨之后，现场就会干净许多。

简化是指用前面的三个步骤改善后，还可以考虑另辟蹊径，看看有没有其他更加省时省力的方法。后面章节的双手作业分析、动作分析更多地都是围绕简化作业来展开改善的。

5.1.6 程序分析的图示符号

在程序分析里有很多记号，见表 5-3，这是 IE 的特定符号，在全世界也是通用的。比如加工、操作类的动作，往往用一个圆圈表示，搬运用箭头表示，储存一般是三角号，等待一般是一个像字母D（Delay）一样的形状。储存和等待本质上差别不大。人的等待用D表示。物料的停滞状态一般用倒三角号。最后一个是检查，有两大类：数量检查和质量检查。前者用正方形表示，后者用菱形表示。严格来讲，还有一些组合型的符号，比如说一个正方框里面加一个圆圈，代表一个操作员既做加工，又做数量检查，以数量检查为主。此外，质量检查和加工、质量检查和数量检查也有可能在一起，此处不再详细讲解。绘图时没有特别的要求，不一定要画出组合符号。一般情况下建议在进行程序分析时尽可能把动作拆解成独立的符号，就是单一工作状态，操作就是操作，加工就是加工，等待就等待，尽可能区分开来。

表 5-3 程序分析的图示符号

序号	要素工程	记号名称	记号	意义	备注
1	加工	加工	○	表示原料、材料、零件、在制品形状、性质变化的过程	
2	搬运	搬运	⇨	表示原料、材料、零件、在制品位置变化的过程	
3	储存/等待	储存	▽	通常适用于物流的停滞储存状态	
4		等待	D	通常适用于人员的等待或停留状态	
5	检查	数量检查	□	表示测出原料、材料、零件、在制品的量或者个数，把结果跟基准比较，以测知差异的过程	
6		质量检查	◇	表示试验原料、材料、零件，或者在制品的质量特性，把其结果跟基准比较，藉此判断制品单位合格与否，或者制品优良与否的过程	

5.1.7 程序分析的分类

程序分析在方法研究里是一个大类，可以细分成很多小类，本手册只介绍三个类别，分别是工艺流程分析、作业流程分析和线路图分析，如图5-2所示。

图 5-2 程序分析的三个类别

工艺流程分析研究的重点是产品的实现过程，也就是一个产品经过哪些工序。工艺流程在企业里非常重要，有些企业管理基础差，没有工艺文件，没有标准的作业流程、作业顺序，甚至没有一些相关的工艺参数，很容易出现质量问题。

作业流程分析研究的重点是人的作业过程，比如员工上班的过程、下班的过程、领料的过程、换模的过程等。研究的对象是人的作业过程，目的是提高人的作业效率。

原材料进厂以后开始在车间流动。整个流动过程效率是高还是低，有没有迂回，有没有交叉，可以通过线路图的方式呈现出来。

每一种流程图，分析的目的和侧重点都是不一样的。分析产品的实现过程，一定要用工艺流程分析；分析人的作业过程，一定要用作业流程分析；分析某个物流过程，一定要用线路图分析。如果选错了方法，选错了工具，就会得不到想要的结果。

5.2 工艺流程分析

在企业里，一定会有这样的部门，有些公司叫生技部，有些公司叫 PE 部或工艺部。这个部门负责制定产品的加工工艺，其中有一个文件叫工艺流程图，用来呈现每个产品的工艺过程。通过工艺流程图，可以发现加工过程中的问题点。

5.2.1 工艺流程分析的定义

产品工艺流程分析是对产品经过材料、零件的加工、装配、检验直至完成品为止的工序流程状态，以加工、搬运、检查、停滞、等待等符号进行分析记录，并以线相连表述产品制造流程的方法。产品工艺流程分析的目的是通过流程图来识别过程中不增值的环节，并且通过工艺流程图进行各种产线规划及流程优化。要做产线规划、编排生产计划、进行工厂布局等工作，一定要掌握产品工艺流程，否则就没有依据。

5.2.2 工艺流程图的分类

工艺流程图分为四种类型，分别是直线型、合流型、分歧（流）型和复合型。

直线型：工程内所有上下工序之间以一对一的方式衔接，这种工程绘成的流程图近似一条直线，称之为直线型工程。一个产品是直线型的，一定是非常简单的，A 工序做完做 B 工序，B 工序做完转给 C 工序，没有任何的分支交叉。大部分企业的产品不是这样，一些零部件会有这样的工艺流程。

合流型：大部分的企业产品稍微复杂一些时，工程有两个或两个以上的起点，也就是工程中某一个工序所使用的原材料、零件、制品有多个来源，在此

第 5 章
方法研究之程序分析与改善

之后又汇合成直线型直到工程终了,这种工程称为合流型工程。很多传统的工厂,像电器、五金件、塑胶件还有电子件,流程前端是分开的,有不同的起点,但是到了总装段又合并在一起。合流型的企业特别多。

分歧(流)型:工程中某些工序的制品,要供给两个或两个以上的下工序使用,流程图在此发生分歧并且不再合流,这样的工程称为分歧型工程。有些产品,起点是单一物料,在前面工序加工完以后分到不同的工序来使用,所以前面它具有相同的流程,到后面又分开了,比如羽绒的制备过程,先经过清洗、脱水、烘干等流程,再进行分选的流程,分选之后,形成不同等级的羽绒制品。在冶金行业,钢坯的前段制程是一样的,都要经过配料、炼铁、炼钢等环节。到了轧钢环节,同样的钢坯经过不同的工艺可以做成不同的产品。

复合型:工程中既有分歧,又回归合流的形状,通常称为复合型工程。比如一些共用的部件,首先需要进行组装,然后进入不同的产品线,最终形成不同的成品。

从图 5-3 来看,直线型从开始到结束就是一条直线,没有任何的分支;合流型是前面有不同的起点到后面合在一起;分歧(流)型开始是一个起点,到最后又分开成不同的状态;复合型是前面三种情况的组合。

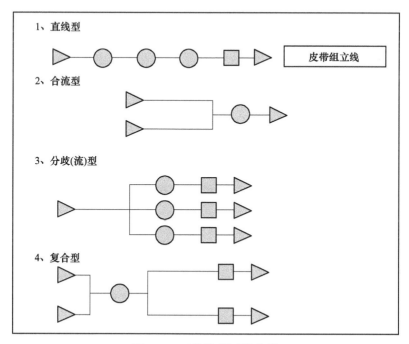

图 5-3　工艺流程图的分类

5.2.3 产品工艺流程图

图5-4是一种小家电装配段的工艺流程图。最上面的工艺流程是典型的合流型,旁边有一些工序流到中间与主线合在一起了。最下面的工艺流程也是一样的,有很多分支的前置加工,完成以后再合流,合流后一直做完。图中圆圈代表操作,箭头代表移动,正方框代表数量检查,正方框里边有圆圈,代表既有检查又有操作,三角号代表物品的停顿。圆圈里面的代码是工序编号,圆圈外面的文字是工序的名称,这样就可以把一个产品的工艺过程体现出来了。如果工艺流程图比较长,可以分段,加上标号,如图5-4中的Ⓐ-Ⓑ、Ⓑ-Ⓒ。

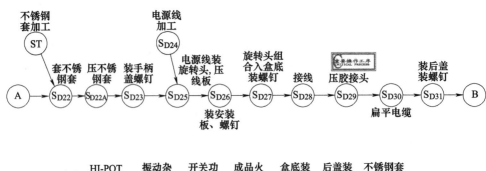

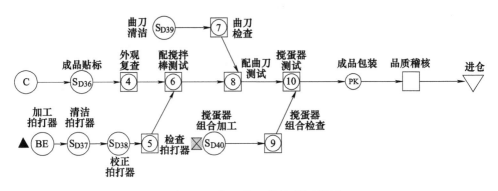

图5-4 常用的工艺流程图举例

有些产品物料不是特别多,可以把物料名称呈现出来,如图5-5所示。第

第 5 章
方法研究之程序分析与改善

一道工序是车床成形做笔头，材料是青铜。第二道工序是笔头与钢珠组立，用到钢珠这样一个物料。圆圈内的符号表示工艺编号。在不同的工序之间，如果有物料进来进行装配，要把物料的编码和名称写出来。当产品比较简单、物料不多时这样绘制更加明确，物料和工艺状态都可以呈现。大部分的企业不太适合添加物料，比如电器厂的物料特别多，放在图里会显得混乱。

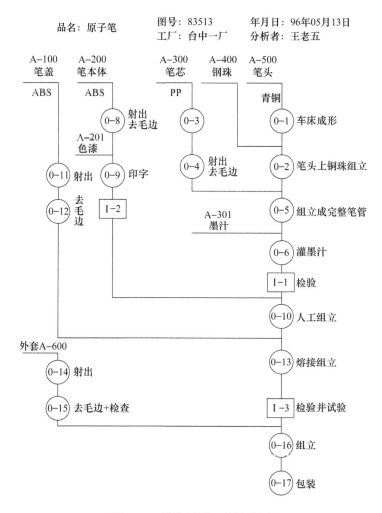

图 5-5 带物料的工艺流程图

工艺流程图是一个受控的文件，所以应该有一定的格式要求，如图 5-6 所示。

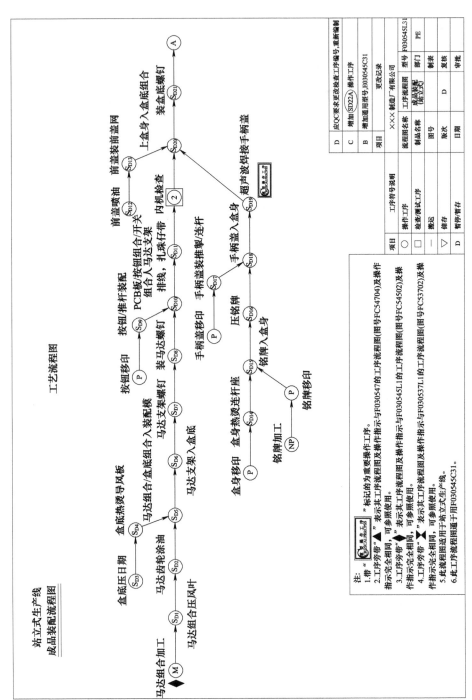

图 5-6 产品工艺流程图规范格式

5.2.4 产品工艺分析检查表

工艺流程从哪里着眼做改善呢？表5-4是产品工艺分析检查表，从取消、合并、简化、标准化以及平均化五个方面给出了一些具体的改善方向。工序平均化指分配给各工序的工作量是否均衡。可以对照检查表，对工艺流程进行分析，寻找改善空间。

表5-4 产品工艺分析检查表

项目	内容	检查 是	检查 否	说明
1. 有无可省略的工序	1. 是否有不必要的工序内容			
	2. 有效利用工装设备省略工序			
	3. 改变作业场地带来的省略			
	4. 调整改善工艺顺序带来的省略			
	5. 通过设计变更从而省略工序			
	6. 零件、材料的规格变更带来的省略			
2. 有无可以与其他工序重新组合的工序	1. 改变作业分工的状态			
	2. 利用工装设备进行重组			
	3. 改变作业场地进行重组			
	4. 调整改变工艺顺序进行重组			
	5. 通过设计变更进行重组			
	6. 零件、材料的规格变更带来的重组			
3. 简化工序	1. 使用工装夹具简化工序			
	2. 产品设计变更简化工序			
	3. 材料的设计变更从而简化工序			
	4. 工序内容再分配			
4. 各工序是否可以标准化	1. 利用工装设备			
	2. 作业内容是否适合			
	3. 修正作业标准书			
	4. 标准时间是否准确			
	5. 有否培训			
5. 工序平均化	1. 工序内容分割			
	2. 工序内容合并			
	3. 工装机械化、自动化			
	4. 集中专人进行作业准备			
	5. 作业方法的培训			
	6. 动作经济原则下的作业简化			

5.3 作业流程分析

5.3.1 作业流程分析的定义

作业流程分析是进一步对生产现场的整个制造程序标出所有的操作、检验、搬运、迟延、储存等全部活动进行研究与分析，特别是分析不合理的搬运距离、迟延、储存等"隐藏成本"的浪费，为设法减少这些非生产时间的消耗提供依据。

5.3.2 作业流程分析的目的与用途

（1）目的

1) 明确操作者的作业程序。
2) 分析作业者的各不同工序的分布状态与时间分配状态。
3) 发现操作者中如空手移动及等待的浪费状态。
4) 明确各工序的作业目的。

（2）用途

1) 用来发现作业者的操作流程问题。
2) 作为流程改善的基础资料的数据使用。
3) 用于制定作业标准。
4) 设定作业改善目标。
5) 作业改善的效果确认。

5.3.3 作业流程分析图例

表5-5是一个简单的作业流程分析。作业类型分成四种，分别是操作、移动、停滞、检验，这里没有明确区分储存和等待，本质上都是停滞。首先记录过程的序号和名称，然后记录作业过程消耗的时间，再根据工序类型，把各个作业连接起来，最后进行数据统计。从统计结果可以看出，作业类型中移动为13次，占总的作业类型数的33%，作业员在第36步暂存待检耗时36000s，占总耗时的61%，浪费的时间很多，需要改善。

第 5 章

方法研究之程序分析与改善

表 5-5 主体盖印刷 6 次的作业流程分析

步骤	作业流程	工序类型				作业员耗时				备注
		操作	移动	停滞	检验	操作	移动	停滞	检验	
22	转产换模	○	⇨	▽	◇	1800				
23	印刷零件（第4遍）	○	⇨	▽	◇	1800				
24	移至烤箱并放入烤箱打记号	○	⇨	▽	◇		60			
25	零件烘烤	○	⇨	▽	◇	0				
26	周转区取料	○	⇨	▽	◇	30				
27	搬运至作业区	○	⇨	▽	◇		25			
28	转产换模	○	⇨	▽	◇	1800				
29	印刷零件（第5遍）	○	⇨	▽	◇	1800				
30	移至烤箱并放入烤箱打记号	○	⇨	▽	◇		60			
31	零件烘烤	○	⇨	▽	◇	0				
32	周转区取料	○	⇨	▽	◇	30				
33	搬运至作业区	○	⇨	▽	◇		25			
34	转产换模	○	⇨	▽	◇	1800				
35	印刷零件（第6遍）	○	⇨	▽	◇	1800				
36	移至烤箱并放入烤箱打记号	○	⇨	▽	◇		60			
37	零件烘烤	○	⇨	▽	◇	0				
38	暂存待检	○	⇨	▽	◇	0		36000		
39	QC抽检	○	⇨	▽	◇	0			600	
40	合格品入库暂存	○	⇨	▽	◇	0				
	合计	24次	13次	2次	1次	21810	560	36000	600	
	比例	60%	33%	5%	3%	37%	1%	61%	1%	

5.3.4 作业流程分析的改善方向

通过作业流程分析表，可以找到浪费时间的作业环节。那具体应该如何改善呢？表 5-6 给出了比较系统的改善方向。

75

表 5-6 作业流程分析的改善方向

项目	内容	检查		说明
		是	否	
1. 是否有替代作业可以达到同样的目的	1. 明确作业目的			
	2. 其他替代手段			
2. 作业 ● 可否省略某些操作 ● 可否减轻作业 ● 可否重组作业	1. 不必要作业的去除			
	2. 调整顺序			
	3. 不同设备的使用			
	4. 改变配置			
	5. 设计变更			
	6. 培训操作员			
3. 移动 ● 省略 ● 减轻 ● 组合	1. 去除某些作业			
	2. 改变物品的保管场地			
	3. 改变配置			
	4. 改变设备			
4. 检查 ● 省略 ● 减轻 ● 组合	1. 消除不必要的检查			
	2. 消除重复检查			
	3. 改变顺序			
	4. 抽验			
	5. 专业知识培训			
5. 等待可否省略	1. 改变作业顺序			
	2. 改变设备			
	3. 改变配置			

5.3.5 作业流程图案例

表 5-7 是用作业流程图分析换模的过程。

第 5 章
方法研究之程序分析与改善

表 5-7 作业流程分析及改善表

作业车间：注塑车间　　作业类别：　　测量日期：2018/7/6　　分析人：

卧式注塑机与立式转盘机组换模过程（2.5 个模具）

步骤	作业内容	现行过程 作业类型					作业耗时/s				移动距离/m	移动方式	改善要点 简化	剔除	合并	重排	改善方法	改善过程 作业类型					作业耗时/s				移动距离/m	移动方式	备注
		操作	移动	储存	等待	检验	操作	移动	储存	等待								操作	移动	储存	等待	检验	操作	移动	储存	等待			
31	上定位杆螺钉	○	→	△	D	□	73											○	→	△	D	□							
32	锁正面码铁	○	→	△	D	□	97											○	→	△	D	□	357						
33	拆下吊环并移开吊车	○	→	△	D	□	47											○	→	△	D	□	39						
34	锁紧背面码铁	○	→	△	D	□	97											○	→	△	D	□	42						
35	接入水路	○	→	△	D	□	108									●	使用快速接头	○	→	△	D	□	30						
36	移回两个模具	○	→	△	D	□	37											○	→	△	D	□	124						
37	调整模具试验并合模	○	→	△	D	□	66											○	→	△	D	□	292						
38	找布	○	→	△	D	□				33					●		提前准备	○	→	△	D	□	168						
39	清理模具油污	○	→	△	D	□	61											○	→	△	D	□	138						
40	调整料管，调整工艺参数，调整机械手	○	→	△	D	□	357											○	→	△	D	□	95						
41	立式转盘机停机开升模	○	→	△	D	□	39											○	→	△	D	□	153						
42	两个模具喷防锈油	○	→	△	D	□	42											○	→	△	D	□	38						
43	拆水路	○	→	△	D	□	118									●	使用快速接头	○	→	△	D	□	40						
44	拆卸两个模具	○	→	△	D	□	292											○	→	△	D	□	173						
45	拉模具到模具放置区	○	→	△	D	□		62			30	步行						○	→	△	D	□	201						
46	用气枪吹车模具内水分	○	→	△	D	□	33								●			○	→	△	D	□	192						
47	找放置位置和放到模具架上	○	→	△	D	□	115										转移到外部操作	○	→	△	D	□	251						
48	叉车叉起模具	○	→	△	D	□	39											○	→	△	D	□	139						外部时间
49	找倒板模具	○	→	△	D	□	43								●		提前准备	○	→	△	D	□	48						
50	拉模具到机台上	○	→	△	D	□	51				30	步行			●		提前准备 安装定位置	○	→	△	D	□	115						
51	找铜排	○	→	△	D	□		32							●		提前准备	○	→	△	D	□	112					30	步行
53	调整模具对准注咀	○	→	△	D	□	124								●														
54	锁上模	○	→	△	D	□	548										剔除												
55	处理旁边胶管	○	→	△	D	□	138								●														
56	调整模具放置位置	○	→	△	D	□	16								●														
57	锁下模	○	→	△	D	□	95																						
58	安装水管	○	→	△	D	□	153									●	使用快速接头												
59	将另半模至转盘机上	○	→	△	D	□	38																						
60	调整位置	○	→	△	D	□	40								●														
61	锁紧模具	○	→	△	D	□	173																						
62	找到码模铁	○	→	△	D	□	231								●		提前准备												
63	其他事情	○	→	△	D	□	201								●		剔除												
64	找到码模和码模垫片	○	→	△	D	□	214																						
65	调机	○	→	△	D	□	192																						
66	清除工具	○	→	△	D	□	251																						
	合计/min						94	14		139												77.8						
	比率					107.6																38%							
																	合计/min						内部时间 66.1				外部时间 11.7		
																	节省时间比率						63%						

77

首先把换模的所有过程全部列出来。换模时间比较长，步骤多，要列得非常细。然后将操作、移动、检查、等待、储存等不同的作业类型用不同的符号在表中标记出来，再用箭头把这些标记连起来，呈现整个流程。表格中间部分是作业耗时，就是把各种作业花费的时间列出来，如果流程里面有移动的活动类型，把移动距离也写出来，反映多长时间移动了多少距离。要把不同的移动方式体现出来，比如步行，还是乘车。这就是整个现状的作业过程。然后对现状的作业过程进行分析改善，也就是剔除、合并、重排、简化（ECRS），看看流程里哪些步骤可以通过 ECRS 的方式进行改善。把能改善的作业都标示出来，后面写上具体的方法。"改善方法"左边称为现状分析和方案研究。

改善后也采用同样的表现方式，把新的作业流程呈现出来。通过这样的分析过程，可以把改善前后时间上的表现进行对比。作业流程图是一个非常经典、使用频率非常高的分析方法。它不仅适用于生产工作，也适用于日常生活以及社会公共服务层面。

5.4 线路图分析

作业流程图可以把作业过程经过哪些节点表现出来，进而分析过程时间，但是没有办法体现移动的具体路径。路径分析需要用线路图来表现。

5.4.1 线路图的定义

线路图是流程图的一种特殊形式，它以比例缩尺绘制工厂的简图或车间平面布置，用线条或符号表示材料与人员流动的路线，以记录分析车间、仓库等设备位置、距离、机器设备安排布置的方式，以及管理人员工作地点等全部状况的分布。打个比方，线路图相当于车辆的导航图，可以把人和物移动的整个路线全部记录下来，用线条的方式来表现移动是从哪里到哪里，到底花了多少时间。

5.4.2 线路图的特点

线路图主要用于"搬运"或"移动"路线的分析，因此不记迟延。用流程路线的箭头表示搬运，用操作符号表示加工地点。线路图一般与作业流程图同时使用，可清楚地发现不必要的搬运及不合理的环节，从而改进线路图，避免交叉与迂回搬运，为改进工作地的布置提供分析资料。

比如换模分析，有一个技术员负责注塑机的换模调机，换模过程一定会有不同的作业节点，对应不同的时间。另外还有不同的行走路径。除了从停机那一刻起到把模具转换好生产出下一款产品这个大的过程。他中间有很多移动过程，比如去拉模具、去找工具、在机器四周的移动等。将作业过程图和线路图结合起来，能非常直观地看出这个过程里边的问题。

5.4.3 线路图的绘制要点

绘制线路图最常见的工具是 AutoCAD，它可以依照比例来画，图样形象直观。如果对这个软件不熟悉，也可以选用 Excel、Visio 等软件。

1）按比例绘出工作地的平面布置图。

2）将流程图上的各项工作标示在图上，即在该项工作发生的位置绘制相应的符号，然后再以搬运和移动线将其连接。

3）线与线的交叉处，应以半圆形线表示避开。

4）在制的产品较多时，可采用实线、虚线、点画线及不同颜色表示各在制品的移动方向，用短箭头重叠于各线之上。

5）遇到立体移动时，宜利用三维空间表示立体线路图。

5.4.4 线路图图例

图 5-7 是改善前后的平面线路图。从原料出库开始，原料送到剪切机有 2m 的距离，剪切机做完以后，移动到划线台，距离 60m。划线完成后到锯床，有 2m 的距离。从锯床到打磨机又是 2m，再到第五工序倒角机，有 58m 远，倒角机加工后又到打蜡机，有 55m，打蜡机加工后送到停滞区，移动 75m。通过这样一个图可以看清楚布局的现状，可以发现移动路线非常长。加工一个产品要经过几百米的距离才能实现。可以发现很多问题，比如布局不合理、搬运过多过远，可以进行相应的改善。从改善后的线路图可以看出，路线平顺，没有迂回交叉。整个移动距离加起来只有 30m 左右，移动距离减少了很多，搬运距离的减少最终会体现在耗时减少、效率提升上。

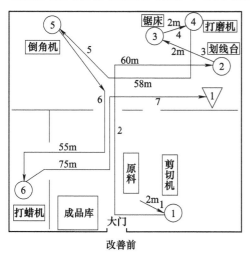
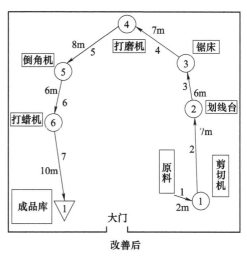

图 5-7　线路图图例——平面楼层图

立体线路图由多个平面图整合在一起而成，如图5-8所示，移动过程从三楼到一楼，产品在储存台做完以后，用车运27m到升降机，通过升降机下降5m到二楼。到了二楼以后用车移动13m到钻床，又用18m的输送带运到铣床，加工完成后又用车运21.3m到车床……直至运到一楼完成整个加工过程。有了这样一个立体图就能容易地看到整个过程的移动表现。

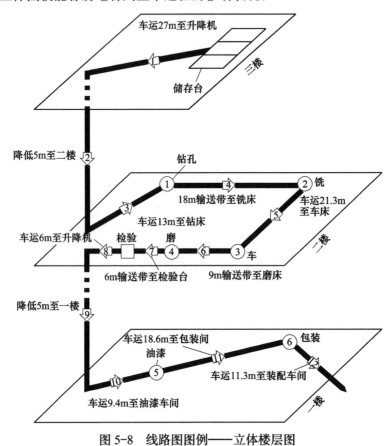

图5-8　线路图图例——立体楼层图

【思考题】

1. 程序分析的三个工具分别适用于什么情况？
2. 结合工厂实际，练习ECRS四大原则的使用。
3. 尝试绘制自己工厂产品的工艺流程图。
4. 尝试用作业分析表分析物料员一天的工作。
5. 线路图分析的作用是什么？

第 6 章
方法研究之作业分析与改善

6.1 作业分析

作业分析的关注点是流程中的单个工作站,包括人的双手作业分析、设备操作的人机作业分析以及多人共同作业的联合作业分析。通过作业分析,可以提高单个工作站的效率,最终实现产线整体效率的提升。作业分析是经典工业工程方法研究里最重要的分析与改善方法之一,用途广泛。

6.1.1 作业分析的定义

作业分析又称操作分析,是通过对包括在内的主要工序进行详细研究,通过操作者、对象、操作工具三者的科学组合、合理布置与安排,达到工序结构合理、减轻劳动强度、减少作业工时消耗、提高产品质量和产量的目的。作业分析的主要研究对象就是以人为主的工序。

6.1.2 作业分析的意义及特点

1)针对某一个特定的人或工作站的作业予以分析,其中包括三种类型。第一种是针对单一工程的人员操作,称为双手作业分析。在工厂里面有很多工序是靠人的双手进行作业的,比如装配线上手工作业的一些工序。另外一种就是人与机器的共同作业,在工厂里经常会看到一些工序,像注塑、压铸等工序,产能取决于设备,又依靠人的辅助作业。这种作业分析通常称为人机作业分析。还有一种作业是多人同时进行的单工程作业,称为共同作业,比如说有一个工序,它必须由两个甚至更多的人员来完成,人与人之间的作业有相互的依赖关系,会互相影响,针对这样的作业进行分析称为共同作业分析,也称为联合作业分析。

2)无论是双手作业分析、人机作业分析还是共同作业分析,都是在检讨作业时间是否浪费。要关注人与机器配合是否均衡，是否顺畅，多人配合时是否能更省人或更有效率。

3）学会作业分割。例如有一个员工在某个工位操作，可把他的作业分为不同的步骤，有些工厂叫工步。一步一步的作业过程连在一起就形成了整个工序的作业，这一步一步的分割过程称为作业分割。在作业分析里，要学会对作业进行分割，与流程分析道理相同，分割得越细越好，便于发现浪费。

6.1.3 作业分析的图示符号

作业分析也有一些专门的图例符号，见表6-1，与程序分析类似，此处不再详述。

表 6-1 作业分析的图例符号

序号	要素工程	记号名称	记号	意义	备注
1	加工	加工	○	表示原料、材料、零件、制品形状、性质变化的过程	
2	搬运	搬运	⇨	表示原料、材料、零件、制品位置变化的过程	
3	储存/等待	储存	▽	通常适用于物料的停滞储存状态	
4		等待	D	通常适用于人员的等待或停留状态	
5	检查	数量检查	□	表示测出原料、材料、零件、制品量或者个数，把结果跟基准比较，以测知差异的过程	
6		质量检查	◇	表示试验原料、材料、零件，或者制品的质量特性，把其结果跟基准比较，藉此判断制品单位合格与否，或者制品优良与否的过程	

6.2 双手作业分析

6.2.1 双手作业分析的定义及特点

双手作业（见图6-1）分析是对由一名操作者所承担的要素作业进行记录和分析的技术。这句话反映出双手作业分析的对象是一个人的双手，要分析两只手在作业过程中的表现。

双手作业分析的研究重点是操作者的操作方法和步骤是否合理；左、右手分工是否恰当；是否存在多余和笨拙的动作需要改进；工作地物料的摆放、工作地布置是否合理。工作地的布置直接影响作业动作。

第 6 章
方法研究之作业分析与改善

图 6-1 双手作业示意图

6.2.2 双手作业分析的目的

双手作业分析的目的是排除作业中存在的不经济、不均衡和不合理的现象，减少不必要的等待作业，减少移动作业的次数和距离，合理化作业顺序和工作地布置，减轻劳动强度，提高作业效率。

6.2.3 案例：用开瓶器开启瓶盖

在日常生活中，用开瓶器开启瓶盖是一个非常简单的动作。站在工业工程角度，很多人的动作并不合理，如图 6-2 所示。首先是开瓶人左手等待，右手伸向开瓶器，然后取开瓶器，之后右手移到前身，再持住（拿着不动），这个过程花费时间 4s，也就是左手闲置 4s。右手拿到开瓶器时，开始等待。之后左手开始伸出，伸到放瓶子的地方取瓶子，取到后移到身前持住，这个过程用时 4s，之后右手移到瓶子顶部，用开瓶器打开瓶盖，用时 3s。这是一个非常典型的开启瓶盖的过程，大部分人习惯这样操作。整个作业过程用时 11s。

在这个过程中，右手忙时，左手空闲，左手忙时，右手空闲，无论是空手等待还是手里拿着东西不动，都属等待，都是空闲。这是改善前的现状，这种情形经常出现在手工作业中。

改善后的方案如图 6-3 所示。左右手同时伸出，左手伸到瓶子处，右手伸到开瓶器处；左手取瓶，右手取开瓶器；左手移到身前，右手移到瓶顶部；左手持住瓶子，右手打开瓶盖。这样一个过程虽然说左右手都有移动，都有一些操作，左手也有持住，但是整个过程双手同时伸出，同时结束。这就是一个典型的双手同时作业。整个过程用时 6s，改善前 11s，改善前的作业数量是 11，改善后的作业数量是 8，作业数量减少了 27%，作业时间降低了 45%。这是一个非常简单的动作改善，没有花一分钱，效率提高了 45%。这不是微不足道的事情，在工厂里，在生产线上，有大量类似的浪费每天都在发生着。

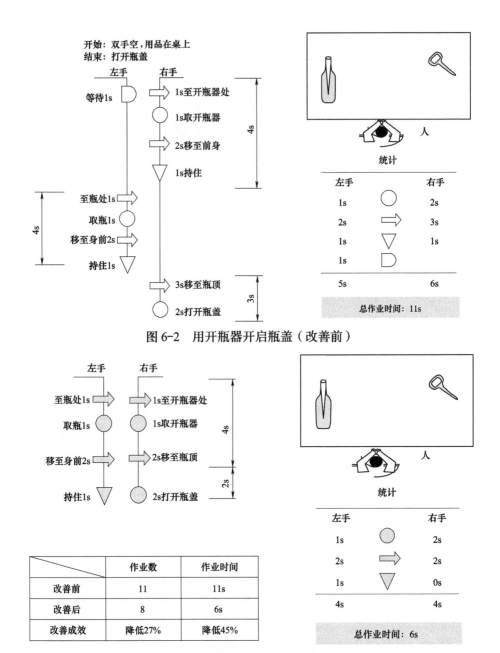

图 6-2 用开瓶器开启瓶盖（改善前）

图 6-3 用开瓶器开启瓶盖（改善后）

6.2.4 生产案例分析

如图 6-4 所示，改善前，螺钉放在比较大的塑胶筐里，作业员需要转身单手从筐内取螺钉，然后螺钉拿在左手，右手从左手取螺钉，一颗一颗地放入设备里。改善后，盒子改小，便于放在身前，双手同时取螺钉，同时摆螺钉，效

第6章 方法研究之作业分析与改善

率提高了25%。表6-2把改善前的双手作业过程列了出来，改善方法列在"改善建议"里，改善后的方案请读者自行整理练习。

图6-4 装螺钉双手作业改善

表6-2 双手作业动作分析及改善表（改善前）

分析对象基本资料						分析对象布置简图					
车间	×××装配车间										
产品	ABCDEF										
工序	支架装配										

| 左手作业内容 | 作业类型 | | | | 工时/s | 改善建议 | 右手作业内容 | 作业类型 | | | | 工时/s | 改善建议 |
	操作	移动	空闲	持住				操作	移动	空闲	持住		
取螺母	○	→	D	▽	3	合并1、2，物料就近放置，双手同时开始，同时结束	空闲	○	→	D	▽	3	合并1、2，物料就近放置，双手同时开始，同时结束
手持螺母	○	→	D	▽	37		放螺母入治具	○	→	D	▽	37	
放支架1入治具	○	→	D	▽	20	按方向摆放支架，双手同时取放	放支架1入治具	○	→	D	▽	20	按方向摆放支架，双手同时取放
放支架2入治具	○	→	D	▽	15	将物料放在前面，前工序物料按顺序摆放	放支架2入治具	○	→	D	▽	15	将物料放在前面，前工序物料按顺序摆放
放支架3入治具	○	→	D	▽	27	将物料放在前面，前工序物料按顺序摆放	放支架3入治具	○	→	D	▽	27	将物料放在前面，前工序物料按顺序摆放
取螺钉	○	→	D	▽	3	合并6、7、8，物料就近放置，左手取螺钉，右手装螺钉	空闲	○	→	D	▽	3	合并6、7、8，物料就近放置，左手取螺钉，右手装螺钉
手持螺钉	○	→	D	▽	60		放螺钉入支架	○	→	D	▽	60	
装螺钉	○	→	D	▽	24		空闲	○	→	D	▽	24	
取放完成品	○	→	D	▽	5		取放完成品	○	→	D	▽	5	
合计工时：					194	/	合计工时：					194	/
操作工时：					89	/	操作工时：					159	/
价值比率：					46%	/	价值比率：					82%	/

分析人： 日期：

6.3 人机作业分析

6.3.1 人机作业分析的定义及特点

人机作业分析是记录机器和作业者在同一作业生产循环内的工作情况，分析相互时间的关系，寻求合理作业方法的一种分析技术。

人机作业分析的研究重点是机器运转与作业者操作的时间配合关系，人员、机器的作业效率，多机台看管的可行性。

有时候员工在车间不是很忙碌、有多少空闲时间、是否可以看更多的机台，都需要用数据进行分析评估，需要用到人机作业分析。

6.3.2 人机作业分析的目的

减少人员或机器的闲置、等待，以提高生产率（量），使机器与人员的作业负荷均等，人员所负责的机械台数最适度，减少机器的数量，确保规定生产量。

6.3.3 人机作业分析的记号

人机作业分析一定是分析作业者和机器的关系，对象有两个。一般把作业者的时间分为单独作业时间、人机共同时间和空闲时间。设备的时间也分为三种类型：自动作业时间、人机共同作业时间和空闲时间。单独作业时间就是指与机器没有任何关系的作业员的作业时间。比如一台注塑机，注塑工序完成后，作业员必须把机器里面的料拿出来，这个时候，设备要停，人要去拿，需要两个对象的互相配合才能完成，这一时间称为人机共同作业时间。

对于机器来讲，自动作业时间就是指它在不需要任何人为干涉的情况下自动操作的时间。在人机作业分析里，根据人和机器的不同状态用不同的符号区分开来。习惯上，空闲时间用空白表示，人机共同作业用45°斜线表示，单独作业或自动作业用菱形的网格线表示，见表6-3。

6.3.4 案例：一人两机作业分析与改善

图6-5是一人两机的作业分析和改善案例。作业员操作A、B两台机器，非常忙碌，时间不够用，导致机器产生闲置的现象。希望通过调查分析减少机器闲置现象，提高机器运转率，就需要用专业的人机分析图表，把人员和设备工作的忙碌和空闲状态体现出来。

第 6 章
方法研究之作业分析与改善

表 6-3 人机作业分析记号

作业者		机器	
░	单独作业	░	自动作业
░	就时间方面来说，乃是指跟机械，以及其他作业者无关的工作，作业者单独作业	░	机械自动加工与其他作业者无关
▨	人机共同作业	▨	人机共同作业
▨	跟机械或者其他作业者一起工作，时间方面会受到任何一方限制的作业	▨	时间受制于程序中安装、卸除、徒手作业活动的作业
	空闲等待		空闲等待
	由于机械以及其他作业者在工作，最容易引起的「无所事事」（等待）		等待作业者配合

图 6-5　一人两机作业分析与改善现场图

6.3.5　人机分析（改善前）

由表 6-4 可见，分析的对象有三个，分别是作业员和机器 A、B，最上方用来体现分析的对象，有几个对象就有几列。左侧是时间刻度值，用来给分析对象分配时间。作业员和机器对应的内容都有两个栏位，一栏是工序名称的描述，一栏是要填写的时间。一名作业员，要去操作 A、B 两台机器。两台机器都是数控设备，安装零件后启动机器，作业员就可以离开了。作业员先到机器 A 把加工完的零件取下来，装上待加工件，花了 3min。在此过程中，机器 A 要配合作业员，所以这就是人机共同作业的 3min。等到作业员把机器 A 的零件装完以后，他就离开了。从 A 走到 B，花了 0.1min，走过去之后，作业员对机器B进行零件拆装,花了5min,这5min也是共同作业时间。两列的图标是一致的。刚才作业员离开机器A以后,A已经在加工。A花了2min。这2min属于自动加工时间,加工完以后,作业人员还没有回来,因为作业员已经移动到机器B了,在机器B处花了5min,可是机器A 2min就做完了,空闲3.2min(0.1min+5min+0.1min–2min)。这样就把机器A的状态表现出来了。

当作业员对机器B进行拆装完以后,他又走到机器A。A开始第二个循环,装卸零件花3min,那么对机器B来讲,加工时间还剩2.4min(2.5min–0.1min),等到作业员回来,期间机器B等待3min+0.1min–2.4min,共计0.7min。这个过程分析就把作业员和机器A、B的状态都体现出来。作业员非常忙碌,没有任何空闲时间,空闲率是0,机器A有3.2min等待,39%的等待空闲,B机器有9%的空闲。经过人机作业分析,可以得出如下结论:作业员很忙,机器A很闲,机器B也有少量空闲。

表6-4 人机分析(改善前)

时间(分)	作业员		机器			
	甲	时间	A	时间	B	时间
1	A机器零件加工拆装	3.0	零件转入机器	3.0	加工	2.4
2						
3	A-B	0.1				0.7
4	B机器零件加工拆装		加工	2.0	更换工程阶段	5.0
5						
6						
7			空闲	3.2		
8						
	R-A	0.1			加工	0.1
周期时间:		8.2	/	8.2	/	8.2
空闲时间:		0	/	3.2	/	0.7
空闲率:		0%	/	39%	/	9%

6.3.6 人机改善的着眼点

就以上例子,表6-5给出了四种情况下的改善方向。如果作业员空闲,可以考虑把机器运转时间缩短或者给作业员安排更多的工作。

第 6 章
方法研究之作业分析与改善

表 6-5 人机改善的着眼点

分析结果	着眼点
1. 作业员有等待的情况	自动运转时间的缩短、高速化,以及机器的改善等
2. 机器有空闲的情况	① 缩短作业员单独作业的时间 ② 改善必须动手做的作业,以及徒手作业的自动化
3. 作业员、机器均有空闲的情况	重新编制作业次序
4. 作业员、机器都没有等待及空闲的情况	改善作业员及机器的作业

如果机器空闲,需要缩短人的作业时间,尝试把人的手动作业过程自动化。如果机器和人都有很多空闲,说明原来的作业安排非常不合理,需要做大的调整,要重新安排工作,编排作业顺序。当人机都不空闲时,也可以进一步尝试缩短人机各自的作业时间。

6.3.7 人机分析(改善后)

人机分析后进行了改善,见表 6-6,把机器 B 的零件拆装时间减少了,由原来的 5min 变成现在的 3min。整体的生产周期从原来的 8.2min 变成现在的 6.2min,改善后机器 A 的空闲率为 12%,而改善前为 39%。生产周期缩短,产量就会提高。通过缩短员工作业时间,没有改善任何设备就可以减少设备的等待,提高设备的利用率,产能自然就会提升。

表 6-6 人机分析(改善后)

时间 (分)	作业员		机器			
	甲	时间	A	时间	B	时间
1 2	A 机器零件加工拆装	3.0	零件转入机器	3.0	加工	2.4
3	A-B	0.1				0.7
4	B 机器零件		加工	2.0	更换工程阶段	
5		3.0				3.0
6			空闲	1.2		
7	B-A	0.1			加工	0.1
8						
	周期时间:	6.2	/	6.2	/	6.2
	空闲时间:	0	/	1.2	/	0.7
	空闲率:	0%	/	19%	/	11%

6.4 共同作业分析

6.4.1 共同作业分析的定义及特点

共同作业分析又称为联合作业分析。共同作业分析是应用于多人共同作业的一种分析技术，记录和考察作业者之间在同一循环时间内的作业内容及相互之间的关系。

从定义上看，共同作业分析的对象至少应是两个人以上。共同作业分析的研究重点是研究不干涉作业实施并行操作的可能性；寻求合理的作业循环方法；使作业者之间的配合更加协调，以提高联合作业的工作效率。

6.4.2 共同作业分析的目的

1）减少人员或机器的闲置、等待，以提高生产率。
2）改善作业分配，减少作业人员。
3）进行并行操作，缩短总的作业时间。
4）确定最合适的作业组合人员和设备数量。

6.4.3 案例：他们在干什么？

图6-6所示的画面经常出现在电视上。这是方程式赛车进站更换轮胎的照片。整个过程用时非常短，6s左右，完成六件事情：停车、加油、换轮胎（四个轮胎）、补充高压空气、擦拭安全帽、起步。这里有很多的步骤，却可以在很短的时间内完成，靠的是什么？靠的就是多人共同作业的良好发挥。

图6-6 方程式赛车共同作业

6.4.4 赛车进站作业内容

赛车每一次停站，都需要22位工作人员的参与。

1）12位技师负责换轮胎（每一轮三位：一位负责拿气动扳手拆、锁螺钉，一位负责拆旧轮胎，一位负责装上新轮胎）。

2）1位负责操作前千斤顶。

3）1位负责操作后千斤顶。

4）1位负责在赛车前鼻翼受损必须更换时操作特别千斤顶。

5）1位负责检查发动机气门的气动回复装置所需的高压力瓶，必要时必须补充高压空气。

6）1位负责持加油枪，这通常由车队中最强壮的技师担任。

7）1位协助扶着油管。

8）1位负责加油机。

9）1位负责持灭火器待命。

10）1位称负责持写有"Brakes"（刹车）和"Gear"（入档）的指示板，当牌子举起，即表示赛车可以离开维修区了。而他也是这22人中唯一配备了用来与车手通话的无线电话的。

11）最后还有一位负责擦拭车手安全帽。

6.4.5 联合作业分析案例

图6-7所示是一个为了销售产品而进行的装车作业。在这一作业中，有挂包人员A、B两人，车上卸包人员C一人，吊车司机D一人，四人共同作业，但作业的现状是各自待工较多，要通过对现状的调查来改善作业，使作业变得更加高效。首先要把这四个人的工作状态表现出来。使用的表格和人机分析表非常相似，左边是时间刻度值，上面是分析对象，下面是工序的名称和对应的时间。根据他们四人各自的工作内容和相互的配合关系整理成表6-7。

图6-7 联合作业分析案例现场

表 6-7 联合作业分析（改善前）

时间/min	挂起重钩者 A	时间	挂起重钩者 B	时间	卸起重钩者 C	时间	起重转驾驶手 D	时间	时间/min
1	挂起重钩	2.5	挂起重钩	2.5	等待	3.0	等待	2.5	1
2									2
3	制品检视	1.5	等待	2.5	卸起重钩	1.5	搬运	0.5	3
4							等待	1.5	4
5	等待	1.0			等待	0.5	移动	0.5	5

6.4.6 联合作业分析图表

作业员 A 和 B 这两个人共同做的一件事情叫"挂起重钩"，两个人一起把一个钩子挂在吊装设备的绳环上，用时 2.5min，挂完以后作业员 B 就没事了，作业员 A 还要进行制品检视。也就是说挂完起重钩之后，他还要继续盯着货物，看管货物的移动过程，所以又持续了 1.5min，他看了一段时间以后随着货物的移动，也没事干了。因为作业还没有完成，所以他又等了 1min，这是作业员 A 和作业员 B 的状况。A 比 B 作业时间要长一点，B 时间非常空。再来看作业员 D。D 是吊车司机。A 和 B 把钩子挂好以后，吊车司机就进行移动搬运的动作，把物品移到车上面，花了 0.5min，之后，站在车上面的 C 作业员就开始卸下重钩，卸好后，D 把吊车移走。

通过研究这样一个过程就可以看出四个人的作业状态，A 和 B 有同步的工作，C、D 之间有先后顺序。A、B 做完才是 D。而 C 是在 D 完成第一步动作之后行动。通过分析，可以看出 C、D 空余时间很多，其次是 B，A 空余时间最少。相关统计数据列于表 6-8 中。重点看"待工"这一行的数据。

表 6-8 联合作业分析数据汇总表（改善前）

	挂包者 A		挂包者 B		卸包者 C		吊车司机 D		合计	
	时间	%	时间	%	时间	%	时间	%	时间	%
单独	1.5	30	0	0	1.5	30	1.0	20	4.0	20
联合	2.5	50	2.5	50	0	0	0	0	5.0	25
待工	1.0	20	2.5	50	3.5	70	4.0	80	11.0	55
合计	5.0	100	5.0	100	5.0	100	5.0	100	20.0	100

第 6 章
方法研究之作业分析与改善

6.4.7 联合作业改善的着眼点

做好了联合作业分析如何改善呢？表 6-9 给出了联合作业改善思路。分别从合计待工很多、待工集中于一部分人以及待工不多三种情况给出思考方向。

表 6-9 联合作业改善的着眼点

分析结果	着眼点
1. 合计待工很多的情况	□ 是否可以减员 （通过改变作业分配等方法） □ 是否可以缩短总作业时间 （通过改变作业顺序或进行并行操作等）
2. 待工集中在某一部分人的情况	□ 是否可以减去待工的人 （通过将待工太多的作业分配给其他人） □ 对作业负荷太大的作业优先进行改善
3. 待工存在不多的情况	□ 讨论各作业的改善 （通过作业人员工序分析和动作分析等手段）

6.4.8 联合作业分析图表（改善后）

根据表 6-9 的指导原则，作业员 C、D 空闲程度大，考虑取消一个作业员，需要将相关工作合并到其他作业员的工作上去。结合实际的限制条件，比如吊车司机需要有对应的技能，将 B 和 D 的工作合并由一个人完成。得到改善后的联合作业分析表 6-10，改善绩效详见表 6-11。改善降低了人员空闲率，平均待工时间减少 15%，在周期不变的情况下，减少了一名作业员。

表 6-10 联合作业分析（改善后）

时间/min	挂起重钩者		挂起重钩兼驾驶		卸起重钩者				时间/min
	A	时间	B	时间	C	时间		时间	
1 2	挂起重钩	2.5	挂超重钩	2.5	等待	3.0			1 2
3 4	制品检视	1.5	搬运	0.5	卸起重钩	1.5			3 4
			等待	1.5					
5	等待	1.0	移动	0.5	等待	0.5			5

表 6-11 联合作业分析数据汇总表（改善后）

		挂起重钩 A		挂起重钩 B		挂起重钩 C		起重机驾驶员 D		合计	
		时间 /min	%	时间 /min	%	时间 /min	%	时间 /min	%	时间 /min	%
单独	现状	1.5	30	0	0	1.5	30	1.0	20	4.0	20
	改善案	1.5	30	1.0	20	1.5	30	—	—	4.0	27
联合	现状	2.5	50	2.5	50	0	0	0	0	5.0	25
	改善案	2.5	50	2.5	50	0	0	—	—	5.0	33
等待	现状	1.0	20	2.5	50	3.5	70	4.0	80	11.0	55
	改善案	1.0	20	1.5	30	3.5	70	—	—	6.0	40
合计	现状	5.0	100	5.0	100	5.0	100	5.0	100	20.0	100
	改善案	5.0	100	5.0	100	5.0	100	—	—	15.0	100

【思考题】

1. 比较三种作业分析方法图表的差异。
2. 人机作业分析改善着眼点是什么？
3. 结合生产现场进行三种类型的作业分析。

第 7 章
方法研究之动作分析与改善

7.1 动作分析简介

动作分析是最微观最基础的工作研究。微观动作往往也是浪费最多的地方，需要想方设法消除不增值的动作。任何有人作业的地方，都会因人体部位的运用、工位的布局或者工装治具的设计不当造成动作的浪费，最终影响作业效率。动作分析是经典工业工程微观面最重要的改善技法，用途广泛。

7.1.1 认识动作

在生产活动中，动作是指构成作业行为的一个个具体的运动。如图 7-1 所示，在日常生活中，从早上起床、洗脸、更衣、看报、吃早餐到上班的整个过程中，任何一个大的活动都由很多细小的动作组成。比如起床，第一个动作是睁开双眼，然后伸个懒腰，之后下床，再把被子叠好。此处只是举例说明。在诸多动作中，哪些动作是有价值的，哪些是浪费，是研究的重点。

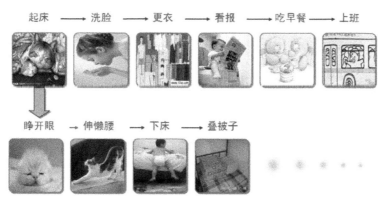

图 7-1 生活中的动作

7.1.2 动作分析的定义与目标

动作分析可以说是挖掘动作的要领，故首先要把每个工序的作业分解成"要素作业"及"动作要素"，同时还必须对步行数及部件移动的距离、身体的姿势等做定量的分析。把这种分析的方法称为"动作分析"。

动作分析的目标是如实把握作业人员身体各部位进行的动作顺序、方法，明确动作中是否存在不经济、不均衡和不合理的现象，观察身体的整体动作是否平衡。

7.1.3 动作分析之父的"砌砖故事"

动作分析的奠基人是吉尔布雷斯夫妇，他们采用两种方法进行动作研究：一种是把动作拆成17种基本动作，称为动作要素，简称动素；另一种是把动作拍成影片进行分析。

1885年，吉尔布雷斯才17岁，受雇于一家建筑公司，他发现工人盖房子砌砖时，采用的工作方法以及工作速度的快慢都不相同。究竟怎样的方法才是最经济有效的呢？

吉尔布雷斯分析工人砌砖时的动作。他发现工人每次砌一块砖，先要弯腰用左手取一块砖，然后反转砖块，找到最好的一面，在堆砌的时候，让最好的一面朝外。然后右手铲起泥灰，把泥灰抹到要砌砖的地方，左手再把砖块放在上面，右手用铲泥灰的工具在砖块上敲几下，这样砖块便固定好了。这就是一个完整的砌砖动作循环，图7-2是吉尔布雷斯和他的砌砖故事。

图7-2　吉尔布雷斯和他的砌砖故事

吉尔布雷斯把这一过程拍成影片，细心研究，发现很多问题，比如，工人弯腰取砖会增加疲劳；左手取砖的时候，右手是空闲的；最后敲砖的固定动作也是多余的。经过多次试验，最终形成了一套新的砌砖方法。

第 7 章
方法研究之动作分析与改善

新的砌砖方法是这样的：当砖块被运送到工作场地的时候，先让普通工人（有别于砌砖工人，工资较低）对砖块进行挑选，并放到一个木框中，每个木框可以盛放 90 块砖，并且把最好的一面朝向统一方向，这个木框装满砖块后就悬挂在工人的左边身旁，工人左手取砖的同时，用右手取泥灰。他同时还对泥灰的浓度进行了改善，使得砖块放上时，不需要敲击即可以固定。

经过这样的改善之后，工人的工作效率大大提高。每砌一块砖的动作次数由 18 次减少至 5 次，原来每小时只可以砌 120 块砖，用新的方法可以砌 350 块，工作效率提高近 200%。

经过吉尔布雷斯的动作分析，确定了最好的砌砖方法。这种分析方法最终发展成日后的动作研究。

7.1.4　动作分析的方法

动作分析有三种方式，如图 7-3 所示，分别是影像分析、动素分析和目视分析。吉尔布雷斯当年对砌砖的过程进行分析就采用了影像分析法。现在的影像分析更加便捷，可以用手机拍摄视频，放到计算机上反复观看。目视分析就是在工作现场盯着员工的动作看，查找并记录动作浪费。此方式操作简单，但不够准确。动素分析是把动作拆成最小的动作单元，并对这些动作单元进行标准化，用这些动作单元记录整个动作过程并加以分析。

图 7-3　动作分析的三种方法

7.2　动作要素分解

7.2.1　沙布利克（Therblig）简介

生产现场的多数动作是靠手来完成的。吉尔布雷斯在研究动作的初期阶段，就把以手部为中心的作业（包括眼睛的动作），细分为 17 个动作，并以不同的记号加以标识。他把这些动作称为"动作要素",用它们对动作进行分解。这种分析方法科学有效,为后人广为引用。后人把吉尔布雷斯(Gilbreth)的名字倒过来成为 Therblig,来命名这种分析方法,称为沙布利克分析。沙布利克分析可以使动作分析变得简单明了,是动作分析的基本工具。这里面要区分清楚两个概念:要素作业是连续做动作的一个作业的单位,比如从取出一个零部件及工具开始到对其安装或使用结束的一连串的动作;动作要素是构成要素作业动作的最小单位,可以细化到"一举手一投足",比如喝水是一个动作,喝水的过程又可以细分成一些小的动作,比如手伸向水杯、握住杯子、移到身前、喝水、移回原处、松手,这些小的动作就叫动素。动作分析的质量决定着动作改善的质量。

7.2.2 动作要素分类

吉尔布雷斯一共总结了17种动素,并把这些动作要素分成三个类别:第一类是进行作业时必要的动作,一般称为有效动素,指的是取出作业对象(如零部件、材料等),对其进行加工、装配、检验等作业,以及作业完成后必要的整理;第二类是阻碍第一类动作进行的动作,称为辅助动素,如果工作现场缺乏整理整顿,材料、工具摆放零乱,往往要在工作时花时间进行寻找,这一类动作会使第一类动作变得迟缓;第三类是未进行作业的动作,指的是因为各种原因导致动作无法持续进行,处于等待的状态,也称无效动素。

7.2.3 动作要素符号

表7-1列出了17种动素对应的名称、文字符号、象形符号,以及对象形符号的解释。下面以拿起桌子上的铅笔写字来解释各种动素的使用。手伸向铅笔放置的地方,动素为"伸手";握住铅笔,动素为"握取";把铅笔拿过来为"移物";放下铅笔为"放手";把笔尖放到特定的位置上为"定位";套上铅笔帽为"装配";写字的过程为"使用";摘掉笔帽为"拆卸";用眼睛找铅笔在什么地方为"寻找";从数支铅笔中选出一支合适的,为"选择";检查字写得如何,为"检查";调整握笔的姿势,以便容易书写,为"预定位";考虑写什么字,是思考,也就是"计划";拿着铅笔不动,为"持住";因停电而无法写字,手拿着笔等待,为"迟延",一般指作业者自身无法避免的延迟;为消除疲劳而休息,为"休息";左顾右盼,没有写字,为"故延",一般指可以避免的延迟。在生产现场,有很多第二类、第三类的动作一定要做改善。比如,在一个工具箱里寻找合适的

第 7 章
方法研究之动作分析与改善

扳手,就是第二类动素"寻找",左手抓取一把螺钉不动,给另一只手提供螺钉,就是"持住"。要想办法减少这两类动素。就第一类动素而言,也是有改善空间的,比如伸手去取零件的动作。伸手的距离远,可以想办法改得近些。

表 7-1 动作要素符号

类别	序号	名称	文字符号	Therblig 符号 象形符号	注释	例子:拿起桌子上的铅笔写字
第一类	1	伸手(Transport Empty)	TE	⌣	绞盘的形状	伸出手(伸向放铅笔的地方)
	2	握取(Grasp)	G	∩	抓住物品的形状	握住铅笔
	3	移物(Transport Loaded)	TL	⌢	在盘里放东西的形状	把铅笔拿过来
	4	放手(Release Load)	RL	⌒	把盘翻过来的形状	放下铅笔
	5	定位(Position)	P	9	物品搁在手指尖的形状	把笔尖放在特定的位置上
	6	装配(Assemble)	A	#	组合的形状	套上铅笔帽
	7	使用(Use)	U	U	杯口朝上放置的形状	写字(使用铅笔)
	8	拆卸(Disassemble)	DA	⊥	从组合物上取下一根的形状	摘掉笔帽
第二类	9	寻找(Search)	SH	∞	用眼寻找物品的形状	找一个铅笔在什么地方
	10	选择(Select)	ST	→	指明所选物品的形状	从数支铅笔中选出一支合适的
	11	检查(Inspect)	I	○	凸透镜的形状	查看一下字写得如何
	12	预定位(Pre-Position)	PP	8	立着的保龄球的形状	调整握笔的姿势,以便容易书写
	13	计划(Plan)	PN	久	手托着脑袋思考的形状	考虑写什么样的字
第三类	14	持住(Hold)	H	∩	物品被磁石吸住的形状	一直拿着铅笔
	15	迟延(Unavoidable Delay)	UD	⌒	像人跌倒的样子	因停电而无法写字,手闲住等待
	16	休息(Rest)	RE	⊥	人坐在椅子上的样子	为恢复疲劳而休息
	17	故延(Avoidable Delay)	AD	⌒	人睡着了的形状	左顾右盼,没有写字

7.2.4　17 个动素详解

1. 伸手(Transport Empty,用 TE 表示)

定义:空手移动,伸向目标,又称为运空。

起点：当手开始伸出的瞬间开始。

终点：当手刚触及目的物的瞬间终了。

分析：

1）伸手是指空手。

2）此动素前常接"放手"，后跟"握取"。

3）此动素不能取消，但可缩短距离。

4）移动距离是指动素的实际路径，而非两点间直线距离。

5）在其他条件不变时，手移动长距离比短距离需要的时间较多。

6）熟练的操作者在重复性工作的周程内，手的移动几乎经过完全相同的路线。

7）伸手通常包括下列三种过程：

① 由静止开始，加速到最大。

② 以后即以此速度等速前进。

③ 最后减速到完全停止。

8）手移动时，必须以眼引导手，故眼的移动次数及距离长短常对操作有影响。

改善：

1）能否缩短其距离。

2）能否减少其方向的多变，尤其是突变。

3）能否使工具物件移向手边。

4）手移动的种类，按其所需时间的多少，顺序如下（应选择所需时间较少的移动）：

① 伸手至一固定位置的物件或地点。

② 伸手至每次位置均略有变动的物件（此时需用眼寻找）。

③ 伸手至一堆混杂物中选取，或伸手至甚小的物件。

2. 握取（Grasp，用 G 表示）

定义：利用手指充分控制物体。

起点：当手指或手掌环绕一物体，欲控制该物体的瞬间开始。

终点：当物体已被充分控制的瞬间结束。

注意：当物体已被充分控制后的握取称为持住（即已不是握取了）。

分析：

1）此动素不能取消，但可以改善。

2）此动素的定义重点在以手指围绕物，如用任何工具夹物，则不能称为握取。

第7章
方法研究之动作分析与改善

3）握取常发生在"运空"与"运实"之间，其后常跟"持住"。

改善：

1）是否可一次握取多件或减少握取次数。

2）是否可在容器端开　缺口，以便握取。尤其是较小零件，是否可以改善容器的边缘，以利握取。

3）工具、物件能否预先放好，以利握取。

4）前一工位的操作者放下工件的位置以及工具等放置的位置，能否使下一位操作者简化握取。

5）是否能用其他工具代替手的握取。

6）工具、物件能否预先放于回转盘内，以利握取。

3. 移物（Transport Loaded，用 TL 表示）

定义：手持物从一处移至另一处的动作称为移物，又称为运实。

起点：手有所负荷并开始向目的地移动的瞬间开始。

终点：有所负荷的手抵达目的地的瞬间结束。

分析：

1）运送的物件可能为手或手指携带，亦可能由一地点滑送、拖送、推送等。

2）此动素所需时间，依其距离、重量及移动种类而定，故可缩短距离、减轻重量及改良移动种类，以达到改善。

3）运实途中常发生"预对"。

4）此动素前常接"握取"，后跟"对准"及"放手"。

改善：

1）能否减少其重置。

2）是否可应用合适的器具，如输送、容器、盛具、镊子、钳子及夹具等。

3）是否使用身体的合适部位，如手指、手腕、前臂、肩等。

4）能否用重力来滑运或坠送。

5）搬运设备能否用脚来操纵。

6）是否因物料的搬运或程序的往返而增加搬动时间。

7）是否可因增加一小工具或将搬运物靠近作用点而取消搬运。

8）搬运方向的突变是否可以取消。各种障碍物能否搬去。

9）常用物料是否已放置于使用点。

10）是否已用合适的手具、小盒子等，且其操作是否按装配顺序排列。

11）是否根据搬运物的重量，使用身体最合适的部位而达到最快的搬运速度。

12）是否有些身体的动作可以取消。

13）双手的动作能否同时、对称而又反方向。

14）能否由提送改为滑进。

15）眼的动作能否与手的动作相协调。

4. 放手（Release Load，多用 RL 表示）

定义：从手中放掉东西，称为放手或放开。

起点：手指开始脱离物体的瞬间。

终点：手指完全脱离物体的瞬间。

注意：考虑放手的终点是否为下一动素开始的最佳位置。

分析：

1）此动素为所有动素需时最少者。

2）实际测时，常与前一动素合并计时。

改善：

1）能否取消此动素。

2）能否就在工作完成处放手，用坠送法收集物件。

3）能否在运送途中放手。

4）是否必须要极小心地放手，能否避免。

5）容器或盛具是否经过特殊设计，以便能接纳放手后的物件。

6）放手后，手或运送的位置是否对下一动作或下一次移动最为有利。

7）能否一次放手多件物件。

5. 定位（Position，用 P 表示）

定义：以将物体放置于所需的正确位置为目的而进行的动作，又称为对准。

起点：开始放置物体至一定方位的瞬间。

终点：物体已被安置于正确方位的瞬间。

分析：

1）此动素前常为移动，后常跟"放手"。

2）很多情况下此动素常可能发生在"运实"途中。

3）此动素所需时间常按下列情形而定：

①对称的物件或任何方向均可放置的物件，所需时间最少。

②半对称的物件，即能有数个位置可以放置，所需时间较对称物件多，较不对称物件少。

③不对称物件，仅有一个位置可以放置，所需时间最多。

第 7 章
方法研究之动作分析与改善

改善:
1）是否必须对准。
2）能否用量具以利对准。
3）松紧度能否放宽。
4）手臂能否有依靠，使手能放稳而减少对准的时间。
5）物件的握取是否容易对准。
6）能否利用脚操作的夹具。

6. 装配（Assemble，用 A 表示）

定义：为了两个以上的物件的组合而做的动作。
起点：两个物件开始接触的瞬间。
终点：两个物件完全配合的瞬间。
分析：
1）此动素的改善多于取消。
2）此动素前常有"对准"或"预对"，后常跟"放手"。
改善：
1）能否用夹具或固定器。
2）能否使用自动设备。
3）能否同时装配数件。
4）工具是否已达最有效的速度。
5）是否可用动力工具，以减少人的装配时间。

7. 使用（Use，用 U 表示）

定义：利用器具或装置所做的动作，称为使用或应用。
起点：开始控制工具进行工作的瞬间。
终点：工具使用完毕的瞬间。
分析：
1）此动素常可获得改善，不但可节省时间，更可节省物料。
2）在某种操作内，常可连续发生多次的"使用"。
3）以手代替工具工作时，亦属此动素，如用手裁纸，即属手在"应用"。
改善：
1）能否用夹具或固定器。
2）能否使用自动设备。
3）能否同时使用数件。

4）工具是否已达最有效的速度。

5）是否可用动力工具，以减少人的使用时间。

8. 拆卸（Disassemble，多用 DA 表示）

定义：对两个以上组合的物体做分解动作。

起点：两个物体开始分离的瞬间。

终点：两个物体完全分离的瞬间。

注意：尽量使用工具，以减少时间。

分析：

1）此动素常可获得改善。

2）此动素前常为"握取"，后常跟"运实"或"放手"。

3）此动素所需时间常与两物件的连接情况及松紧程度有关。

改善：

1）能否用夹具或固定器。

2）能否使用自动设备。

3）能否降低前面装配的松紧度。

4）工具是否已达最有效的速度。

5）是否可用动力工具，以减少人的时间。

9. 寻找（Search，多用 SH 表示）

定义：确定目的物的位置的动作。

起点：眼睛开始致力于寻找的瞬间。

终点：眼睛找到目的物的瞬间。

分析：

1）新手及不熟练者此动素较多，训练有素及工作熟练者则费时极少。

2）如工具、零件、物料各有定所，工作现场布置合适，则此动素费时极少。且此亦为取消此动素的最有效的方法。

3）如能取消此动素为好。

4）操作越复杂、越需记忆、越不稳定或物件越精细，此动素费时越多。

改善：

1）物件给予特别标示（用标签或涂颜色）。

2）良好的工作场所布置。

3）是否需要特殊的灯光。

4）物件、工具有固定位置，并放置于正常工作范围内。

第 7 章
方法研究之动作分析与改善

5）操作人员应培训，使之成为习惯性的动作，而取消此动素。

10. 选择（Select，用 ST 表示）

定义：在同类物件中，选取其中一个。

起点：寻找的终点即选择的起点。

终点：物件被选出。

分析：

1）实际上常将"寻找"与"选择"合并来计时。

2）物件越精细，规格越严格，此动素的时间越长。

3）物件分类放置，避免混杂在一起，以及有效的现场布置，常可取消此动素。

改善：

1）是否可取消此动素。

2）工具物件能否标准化和互换使用。

3）能否改善安排，而使选择较容易或可以取消。

4）能否当前一操作完毕时，即将零件（物料）放于下一操作的预放位置。

5）能否涂上颜色，以利选择。

11. 检查（Inspect，多用 I 表示）

定义：将产品和所制定的标准进行比较的动作，叫检查或检验。

起点：开始检验物体的瞬间。

终点：产品质量的优劣被决定的瞬间。

分析：

1）此动素为眼注视一物，而脑正在判断是否合格。

2）此动素的重点是心理上的反应。

3）检验时，按操作情况需用视觉、听觉、触觉、嗅觉、味觉等器官。

4）此动素所需时间常因下列因素而定：

① 个人的反应快慢；

② 标准的精确度；

③ 物料的误差；

④ 视力等感官的好坏。

5）如其他条件相同，则人对声音的反应比对光的反应快，而对触觉的反应比对声与光的反应更快。人对声的反应时间为 0.185s；人对光的反应时间为 0.225s；人对触觉的反应时间为 0.175s。

改善：

1）能否取消或与其他操作合并。

2）能否同时使用多种量具或多用途的量具。

3）增加亮度或改善灯光的布置是否可减少检验的时间。

4）检验物与检验者眼睛的距离是否合适。

5）检验物的数量是否足够采用电动自动检验。

12. 预定位（Pre-Position，多用 PP 表示）

定义：物体定位前，先将物体安置到预定位置。

起点：开始放置物体至一定方位的瞬间。

终点：物体已被安置于正确方位的瞬间。

分析：

1）此动素常与其他动素混合在一起，最常见的情况是与"运实"一起发生。

2）所谓预定位，必须能将物件放置于合适的位置上，方便以后的再次取用。将用完的笔放置于倾斜竖起的笔架上，此处宜用"预定位"，因为下次从笔架上拿笔时，握取时就能采用已使用时的姿势。

改善：

1）物件能否在运送途中预先对正。

2）工具的设计是否能使放下后的手柄保持向上，以利下次使用。

3）工具能否悬挂起来，以便一伸手即可拿到。

4）物体的设计能否使每一面（边）均相同。

13. 计划（Plan，用 PN 表示）

定义：在操作进行中，为决定下一步骤所做的考虑。

起点：开始考虑的瞬间。

终点：决定行动的瞬间。

分析：

1）此动素完全为心理的思考时间，而非手的动作时间。

2）操作中由于操作者的犹疑，即发生此动素。

3）操作越熟练，此动素时间越短。

改善：

1）是否可以改善工作方法，简化动作。

2）是否可改善工具、设备，使操作简单容易。

3）操作人员是否已培训，使其熟练而减少或消除此动素。

第 7 章

方法研究之动作分析与改善

14. 持住（Hold，用 H 表示）

定义：手握物并保持静止状态，又称为拿住。

起点：用手开始将物体定置于某一方位的瞬间。

终点：当物体不必再定置于某一方位上为止的瞬间。

分析：

1）此动素常发生在装配工作及手动机器的操作中，前为握取，后为放手。

2）手绝对不是有效的持物工具，而是成本最高的夹持工具。

3）应设法利用各种夹具来代替手持物。

4）能否于操作中取消此动素。

改善：

1）能否用夹具来持物。

2）能否运用摩擦力或黏着力。

3）能否应用磁铁。

4）如持住不能取消，则是否已设"手靠""手垫"以减轻手的疲劳。

15. 迟延（Unavoidable Delay，用 UD 表示）

定义：不可避免的停顿。

起点：开始等候的瞬间。

终点：连续开始工作的瞬间。

分析：

1）当程序发生故障或中断时，即为迟延。

2）由于程序的需要，而等待机器或他人的工作，或等待检验、待热、待冷等。

改善：此动素的发生非操作者所能控制，必须在管理及工作方法上做某些改善。

16. 休息（Rest，多用 R 代表）

定义：因疲劳而停止工作。

起点：停止工作的瞬间。

终点：恢复工作的瞬间。

分析：

1）此动素所需时间的长短，视工作性质及操作者的体力而定。

2）此动素通常都在工作周期中发生。

3）改善工作环境及动作等级可减少或消除此动素。

改善：

1）肌肉的运用及人体动作的等级是否合适。

2）温度、湿度、通风、噪声、光线、颜色以及其他工作环境是否合适。

3）工作台的高度是否合适。

4）操作者是否坐立均可。

5）操作者是否有高度合适的座椅。

6）重物是否用机械装卸。

7）工作时间长短是否合适。

17. 故延（Avoidable Delay，用 AD 表示）

定义：可以避免的停顿。

起点：开始停顿的瞬间。

终点：开始工作的瞬间。

分析：

1）这是由于操作者的疏忽而产生的，可以避免。

2）如能建立一个有工作意愿、有纪律、有效率的工作团体，此动素即可避免。

改善：

1）改善管理方法、规章、制度、政策，使操作者毫无抱怨。

2）改善工作环境，提供一个合适、健康、愉快而有效的生产现场。

3）改善工作方法，降低劳动强度等。

7.3 动作经济原则

7.3.1 动作经济原则的定义

动作经济原则又称"省工原则"，是使作业（动作的组成）能以最少的"工"的投入，产生最有效率的效果，达成作业目的的原则。动作的改善基本上可以以"四项基本原则"作为基本思路，也就是减少动作数量、同时使用双手、缩短移动距离、轻松地做动作。

7.3.2 动作经济原则的类别

在动作改善的范围内，最具有逻辑系统的改善构思方向，首推动作经济原则。该原则先由布尔吉雷斯提出，后由美国人巴恩斯整理归纳，区分为三大类，

第 7 章
方法研究之动作分析与改善

共计 22 种。第一类是关于人体部位的运用，当进行工作站改善时，首先要考虑两只手的配合度，能双手就不用单手，能用低等级的手动作去做，就不用高等级的身体动作去完成。第二类是关于工作场所的布置，现场布局不合理，工位摆放不科学，需要转身、弯腰等动作，都是需要改善的。第三类是关于工具与设备的设计，工具和设备设计不到位会导致动作的增加。

7.3.3 动作经济原则——人体运用方面

（1）两手同时开始及完成动作　如果能同时进行可形成自然之平衡，且富有节奏感，较不易疲劳。一手作业，一手闲置，为保持身体平衡，易产生平衡疲劳。如图 7-4 所示，左边是单手作业，一只手处于静止状态，一只手处于运动状态，从人因工程角度，对人的身体是不利的，从效率上讲也是低效。工位的物料布局，摆放方式要能方便两只手进行同时作业。

用一只手的方法插销子　　　　用两只手的方法插销子

❖ 用一只手：插完30只销子需30s
❖ 用双手：插完30只销子只需23s，节约时间29%

图 7-4　单手作业与双手作业对比

（2）尽可能利用物体"动能"或"冲力"工作　应充分运用自然产生的动能来改进工作。比如工人挥动大铁锤的方法，其最佳效果的效率为 9.4%，如果能借助铁锤挥动的动能，后面挥上，前面打下，肌肉不易疲劳，其效率可达 20.2%。

（3）除休息外，两手不应同时空闲　双手同时动作可创造更高的效率，也建议多运用左手。左、右手经训练后其能力比约为 9:10。

（4）两臂的动作应反向且对称　基于生理因素，必须对称及反向动作才能得到最佳配合。

双手同时对称的动作能适合人体的结构，使动作得以相互平衡，不易疲劳。如果只有一只手运动，则身体肌肉必须一方面维持静态，而另一方面保持动态，肌肉无法休息，故易疲劳。如图7-5所示，左边作业员侧身工作，长时间工作容易导致疲劳和对健康有不利影响，效率也会下降，建议按照右边作业员正向对称工作。

单手作业　　　　　　　　　　　双手对称反向作业

图7-5　单手作业与双手对称反向作业对比

（5）尽可能用最低级动作完成　在动作研究中，把人体的动作分为五个等级，见表7-2。动作等级越低，所需时间越短，所耗体力越小。第5级动作是最不经济的动作，需要身体的整体运动才能完成。比如，搬运工的搬运动作，需要使出全身的力量来完成，劳动强度是非常高的。尽量不要使用第5级的动作。第1级（手指）动作是最简单的，但也不是在任何操作中最省力、最有效的动作。在许多情况下，第3级动作被认为是最有效的动作，就是利用手指、手腕和小臂。

表7-2　五级动作分类

级别	运动枢轴	人体运动部位
1	指节	手指
2	手腕	手指及手腕
3	肘	手指、手腕及小臂
4	肩	手指、手腕、小臂及大臂
5	身体	手指、手腕、小臂、大臂及肩

例如：

1）旧式开关操作时有一根绳子，需上下拉动，属第3级动作，新式开关只

第 7 章
方法研究之动作分析与改善

需用手指压下,属第 1 级动作,如图 7-6 所示。

改善前:动作为3级
需用到手指、手腕、前臂

改善后:动作为1级
只需用到手指的动作

图 7-6　两种关灯的动作等级对比

2)抛砖瓦的工作,工作时身体移动越多,体力消耗越大,越易疲劳。

(6)连续曲线动作较方向突变的直线运动为佳　直线方向的突变运动,须肌肉用力前推,产生加速度前进。每到方向突变位置的前面,必须用肌肉制止运动,而使速度为零。转向新方向时又必须用力前推,产生加速度前进。由于不断产生加速与减速,肌肉一推一拉,容易疲劳,同时因必须停止才能转变方向,时间上也产生延迟。连续曲线运动,除开始时产生加速度外,其他各点均不用速度减为零停止,所以运动圆滑快速,省力而不疲劳,如图 7-7 所示。如果是开车沿直线行驶,要急转时,必须进行刹车,转过弯后再加速,人的动作要是经常这样的话,对身体是非常不利的。如果路线平滑,肌肉可以保持比较平稳的状态,不易疲劳。

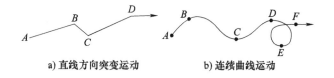

a) 直线方向突变运动　　　b) 连线曲线运动

图 7-7　直线与曲线运动

(7)弹道式运动较轻松　根据生理学的研究,人手(手与身体)的运动是由两组肌肉控制的,一组是推向前,另一组是拉向后,此两组肌肉互相协调,推前与拉后的力量相等时,即达到平衡,手就停止不动。

所谓弹道式运动,就是在前推(或后拉)时不再运用后拉(或前推)的肌肉,即节省了一半的力量。在弹道式运动中，一经用力后就不加限制，而利用其产生的动能来工作。所以在可能的情况下，建议将动作直线的走向改成曲线或弹道式走向。

例如锻工使用锤子时，有经验的老工人常常仅当锤子举起或刚下落时用力，锤子行至半途即放松肌肉，使其自然下落（依靠自然产生的势能）以求省力。

（8）动作轻松有节拍　节奏能使动作流利自发，自然节奏是人类的习惯与天性。大多数从事重复性操作的人，都喜欢把操作安排得流畅、轻松地从一个动作过渡到另一个动作，并且按节拍进行，因为这样会得到提高效率、减少疲劳的效果。在工厂里，很多熟练的工人速度是很快的，节奏自然，效率也高，人体机能适应了这个节奏，这样的员工做事情并不觉得很累。有些员工不够熟练，工作没有节奏感，当流水线的线平衡做得不好时，一会闲一会忙，非常消耗员工的体能。最好让员工保持一个匀速的节奏感。

7.3.4　动作经济原则——工作场所的布置与环境

（1）工具物料应置放固定处所　在17个动素中，寻找是属于非生产性的浪费动素，应设法予以消除或减少。在操作中，如果工具和物料没有固定的位置，则操作者势必在每一操作周期中都要浪费部分时间去寻找，耗费精力。而工具和物料有明确而又固定的存放地点时，可以促使人养成习惯和迅速的反应。实际上，当要用手去拿某物料（或工具）之前，总是用眼睛指引手伸向目标。如果工具和物料有明确而固定的地点，则不需用眼睛注视，手就会自动地找到正确的位置。图7-8表示对零件和工具进行定置摆放。

 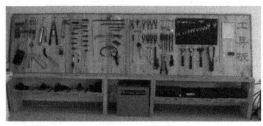

图7-8　零件与工具的定置摆放

（2）工具物料装置应依工作顺序排列并置于近处　物料工具放置的地方应保证员工不要有大幅度的动作，在伸手可及的地方。图7-9左图表示在作业员没有转身动作时，双手可及的范围。应根据物料和工具使用的频率放置

第 7 章
方法研究之动作分析与改善

在最佳的、正常的、最大的作业范围内。超过这个范围，就会产生弯腰、侧身、身体前倾等多余的动作，浪费时间，并消耗更多体力。物料种类多的时候，员工需要操作的零件可能比较多，多种零件要按一定顺序摆放，可以从中间往两边或从两边往中间，从左至右或从右往左，总之与装配的顺序要有对应性，避免凌乱。

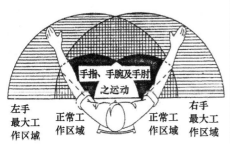 

图 7-9 物料、工具摆放示意

（3）利用重力坠送 利用重力喂料时越近越佳。在加工的时候，为了节省取放物料的时间，最好是物料处于作业者比较近的位置。如图 7-10 所示，采用有一定倾角的流利条搭建的物料传递装置，可以借助重力把物料传递到操作者手边，既节省了拿取的时间，又减轻了体力消耗。

（4）工作台、座椅高度和样式应适当舒适 工厂企业广泛使用的工作台、工作椅必须与使用者的各部位尺寸相吻合。合适的座椅应使坐者的重量压在臀部和骨架上，座椅的高度应稍低于小腿高。桌面的高度应与肘高相平，且桌面高度应与座椅高度相适应，这样作业者会感到舒适，可提高工效。无论是站姿还是坐姿，工作台、座椅的高度和样式，要符合人体工效学的基本原理，如图 7-11 所示。

图 7-10 利用重力原则的传递装置

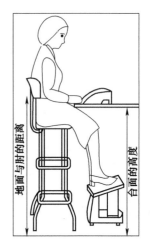

图 7-11 人体工效学的应用

（5）适当的照明　适当的照明可改善精细工作的视力疲劳。如某工厂原来装配一只电能表需 45min，因为有些零件很小，需靠近才能看清，使眼睛过度疲劳而影响效率。照明设备经改善后，效率大为提高。还有一些外观检查，灯光亮度不够也会影响检查质量和效率。

7.3.5　动作经济原则——工具与设备的设计

（1）尽量以足踏/夹具替代手的作业　在操作过程中，常发生手在做持住的工作，把时间和力量用在非生产性的动作中。应设计出适当的工装夹具，以代替手去执行持住的动作，让双手去做其他生产性的动作。图 7-12、图 7-13 通过工装、机构的优化，减少了手的工作。

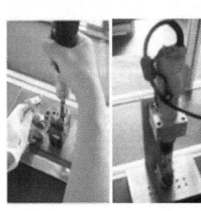

图 7-12　用工装和脚踏的方式改善手的使用

第7章
方法研究之动作分析与改善

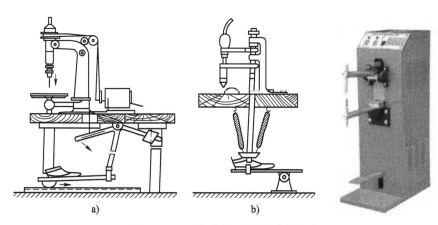

图 7-13 用脚踏装置替代手的作业

（2）尽可能将两种工具合并 在工位上如果需要两种工具，在用完一种工具后，要使用另一种工具，一定需要转换的过程，先放下第一种工具，再取第二种工具，多了一次取放的动作，所以希望合并工具。此原则应用范围相当广泛，且极受欢迎。将两端各有一种用途的手工工具掉头使用，总比放下手中的工具，再去寻找握取另一工具省时省力。在日常生活中，红蓝铅笔（两色笔）、带橡胶头铅笔，就是明显的例子。在生产中，能敲能拔的钳锤、双口扳手都是例子。所有装配用的工具，均应考虑此原则。

（3）工具物料预放在工作位置 事前定位是指把物料放到预先确定的位置上，以便要用时能在使用它的地方拿到。有人做过试验，将工具放置的位置分为"未预放""半预放"和"完全预放"三种，若"完全预放"需用时用100来表示，则"半预放"为123，"未预放"为146。可见，"完全预放"与"未预放"效率相差达50%。如图7-14所示，电烙铁经过预放，提高了效率。

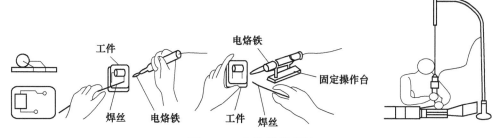

图 7-14 电烙铁的预放

（4）依手指负荷能力分配工作 一般情况下，人们都习惯用右手，认为右手比左手不易疲劳，且更灵巧。实际上，右手与左手能力相差不大（约10:9），所以可以训练双手工作。每个手指的能力有一定的差别，各手指的能力以右手食指为强，左手小指为最弱，其能力顺序见表 7-3。在设计工具或设备时，应尽量利用双手，并且考虑每个手指的能力。

表 7-3 各手指能力顺序

手指	左手				右手			
	小指	无名指	中指	食指	食指	中指	无名指	小指
能力顺序	8	7	5	3	1	2	4	6

（5）手柄接触面尽可能加大　用手操作，所需用的力量都由手的接触处传至工具或机器。手的接触面积越大，单位面积上所受的力越小。在设计工装夹具时，如果需要收发力，尽可能让手掌接触的面积大些。

（6）操作杆应尽可能少变更姿势　机器上的操作杆、十字杆及手轮的位置，应能使操作者少变动其姿势，因为在操纵机器时，如要变动姿势，必是第 5 级动作。所以，机器设计时，应使操作者伸手可及地完成所需动作，使操作方便省力，不致发生弯腰、转身、走动甚至爬高等 5 级动作。

【思考题】

1. 动素分析可以分为几个类别？如何改善？
2. 结合现场某工序，练习动素分析。
3. 动作经济四原则是什么？
4. 举例说明重力原则如何使用。

第8章

科学化标准工时的观测与制定

8.1 标准工时概述

8.1.1 标准工时的意义

标准工时在企业里具有非常重要的意义。制定合理的标准工时是科学管理最基本也是最重要的工作。没有标准就没有管理,标准工时是最基本的管理标准,标准工时的应用使参与工作的全部人员都可以客观准确地计划、实施并评价工作结果。一家企业打算推动精益生产,实现"短交期、低库存、零不良",没有标准工时的应用作为基础是不可能实现的。

8.1.2 标准工时的影响力

一家企业如果没有制定客观、合理、科学的标准工时,随时都有可能存在如下风险:

1)报价没有准确的依据。业务报价太高,影响接单命中率;业务报价太低,接单后产生亏损。

2)无法准确地评价生产负荷和实际产能。生产负荷过高,生产延误影响出货;生产负荷过低,造成人员、设备、场地浪费。

3)无法准确评价生产绩效。生产实绩不清,无法体现过程效率,生产效率过低,原因责任无法归结。虽有推动改善,却无从评价效益。

4)工价制定缺乏准确的依据。

8.1.3 标准工时的用途

1)新产品研发出来,对客户订单进行估价和报价,需要了解相关制造成本,这些都与工时有关。

2)业务接单要确认交期,需要进行产能负荷分析,产能负荷分析的基础就是标准工时。

3）工厂编制生产计划，要根据产品的标准工时换算出产能，确定可以安排的生产数量。

4）工厂招聘新员工、购买新设备，需要根据负荷与标准工时做需求计算。

5）不同作业者的工作表现、不同供货商的效率成本、不同作业方法优劣的评价都要以标准工时为依据。

6）用于制造产品的人工成本控制与管理，包括计件工资的基准。工价的基础就是标准工时。

7）企业 ERP 系统的基础数据支持，如 MRP 运算、成本核算、APS、MES 等的运转都需要工时数据。

8）革新与改善的成绩评估需要有工时作基准，改善的数据分析都需要使用工时数据。

标准工时用途非常广泛，工厂规划、生产工艺的分配、作业指导书的制定，也与工时密切相关。

8.1.4 标准工时的特性

（1）客观性　对应于某一通过动作方法研究且标准化了的作业操作，其标准时间是不以人们意志转移的客观存在的一个量值。它是大多数人能实现和必须遵守的标准。

（2）可测性　所有的工时都应该是可测量的，测量的过程就是衡量标准化程度的一种方式。如果作业没有标准化，每个人做法都不一样，就无法测量。如果作业的手法、顺序都被标准化了，每个动作都可以被衡量。不管是生产人员还是非生产人员的工作都是可以量化的，但前提就是在测量之前对作业进行标准化。

（3）适用性　标准工时应该是易于被大多数人所接受的，不强调以十分敏捷的动作或极端缓慢的动作进行作业，或将机器参数调至不正常的状况而完成某项操作的时间。工时制定不能过于严格，严格到工人非常努力也达不到目标是没有意义的。工时制定过于宽松，不用努力就可以达成，也是不合理的。

在作业标准化之后制定标准工时，应先利用程序分析、作业分析和动作分析等方法获取最佳程序和方法，然后再利用作业测定的方法将所有作业制定出标准时间。最佳的作业方法才是制定工时的依据，所以要先利用各种改善技法优化作业过程。

第8章
科学化标准工时的观测与制定

8.1.5 标准工时制定时机

工时制定的时间每个企业不太一样。有的企业甚至已经量产几个批次，还没有出工时，是不应该的。生产线排位、人力需求制定都没有科学依据。工时测量应从新品打样就开始了，如图8-1所示。

（1）新产品打样　IE参与样品制作过程，完成新产品的第一版次标准工时，此时的标准工时可能会有20%左右的误差，主要用于报价、生产线规划等。

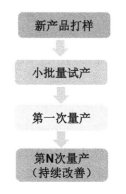

图8-1　工时测量的时机

（2）小批量试产　IE将有机会根据实际生产状况进行工时修正，但因为批量尚不大，故无法使工时准确度修正至合理，但参考的数据将会接近客观，对于量产阶段的产能规划起到一定的作用。

（3）第一次量产　IE完全有条件根据实际的生产将标准工时修正至最佳客观状态，此时的标准工时可以作为生产绩效评估的依据。

（4）第N次量产（持续改善阶段）　工艺的不断改良及IE针对作业方法的不断调整优化，使个别工序的标准工时逐渐缩减。

8.1.6 标准工时制定方向的必要思考

如图8-2所示，两幅图中都有三条线，红色线（线3）代表标准工时，紫色线（线2）代表实际产能，蓝色线（线1）代表生产效率。

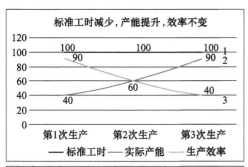

生产阶段	标准工时/s	标准产能/(件/h)	实际产能/(件/h)	生产效率(%)	异常工时	说明
第1次	90	40	40	100	无	如果标准工时经常变化，那么效率数据就会被拉平，制程能力水平就无法表现，异常工时被掩盖
第2次	60	60	60	100	无	
第3次	40	90	90	100	无	

生产阶段	标准工时/s	标准产能/(件/h)	实际产能/(件/h)	生产效率(%)	异常工时	说明
第1次	40	90	40	40	有	当标准工时一致时，生产过程能力的变化会通过效率数据的变化而显现，从而提醒我们应当要去改善
第2次	40	90	60	67	有	
第3次	40	90	90	100	无	

图8-2　标准工时制定的两种思路

左图是工时减少，产能提升，效率不变。在相当多的企业里，IE 在测工时的时候，作业员不太熟练，做得比较慢，测出的时间比较长，相对而言工时是比较宽松的，这个时候对产能来讲，产出速度是比较小的，如图 8-2 左图所示，这个时候产出只有 40 件/h，生产效率 100%。随着熟练度的提升，产出越来越大，IE 测得的工时越来越小，这个时候因为工时缩短，计算的效率仍然是 100%，没有变化。这是一种制定标准工时的方式，工厂的标准工时是不断在变化的。还有一种方式，如右图所示，标准工时不变，产能提升，效率也提升。开始的时候就把标准工时制定得非常严格，不管是新产品打样还是试产。通过各种方法把标准工时制定得和量产时一致，所以标准工时是不变的，随着产出量越来越大，效率数值也会越来越高。这种工时的变化不是工艺改变导致的，而是由于作业员的熟练度提升。从问题识别的角度，前者把问题掩盖了，后者会把问题显现出来。除非生产工艺或作业方法发生较大的变化，否则设定一个不变的标准工时是企业追求的目标，标准工时不应当因为员工的熟练度提升而不断减少，那样将无法突显过程能力的实际表现。不过，如何能够一开始就设定一个客观准确的工时，对标准工时的测定人员是一个较大的挑战。严格来讲，标准工时是建立在标准作业基础上的，标准的作业方法、标准速度的掌控是对 IE 人员最大的挑战。

8.1.7　标准工时的定义

标准工时是指经过训练合格，具有平均水准的操作人员在正常的作业环境及状态下，用合适的操作方法，按普通熟练工人正常速度操作而完成合格的某工序或产品所需要的时间。

8.1.8　标准工时的五大因素

（1）正常的操作条件　工具条件及环境条件都符合作业内容要求并且不易引起疲劳，如女工的搬运重量不超过 4.5kg 可视为正常条件。如果某个工序正常情况下使用电动螺丝刀，因为出现故障，临时改用手动螺丝刀，这种情况下的工时是不能作为标准工时的。

（2）熟练程度　即大多数中等偏上水平作业者的熟练程度。作业员要了解流程，懂得机器和工具的操作与使用。至于中等偏上水平如何界定，一般由车间的班组长把握。

（3）作业方法　作业标准规定的方法。相关文件包括工艺流程图、作业指导书。如果在测量时,工位没有作业指导书,IE人员至少要与班组长确认该作业方法是否正确,也可以根据经验判断作业方法是否合理。

(4)劳动强度与速度 适合大多数普通作业者的强度与速度。也就是说强度不能过高,速度不能过快。

(5)质量标准 产品需要达到质量标准,基本原则是操作者通过自检及互检完成。

8.1.9 标准工时的构成

标准工时由三部分组成,分别是基本操作时间(即观察时间)、评比系数和宽放时间,如图8-3所示。基本操作时间指员工在工位上操作所有的动作过程耗用的时间。作业员作业的过程是现场实际的过程,并不一定是最合适的过程,作业员的速度不见得是工业工程师认定的标准速度,这个时候要进行时间评比,评比系数是对观测时间的修订。比如遇到的员工做得非常快,测得的时间就会比较短,大多数员工是达不到那个水平的,所以要把时间拉长一些。反之,如果遇到一个员工做得比较慢,观测到的时间就会比较长,就需要把时间缩短一些,以适应大部分员工的水平。用一个系数来体现,就是评比系数。宽放时间是考虑作业员作业过程中的某些需要,给予一定的宽裕时间。有人参与的工作一定要给予适当宽放。科学的标准工时数据必须由上述三部分构成。

图 8-3 标准工时的构成

8.1.10 标准工时的计算方法

标准工时的计算可以参照下面的公式进行。图8-4重点反映了评比系数的应用。如果以100作为标准速度,评比结果在100以下是比标准做得慢,工时要缩短。如果评比结果在100以上,说明做得比标准快,工时要加长。

标准工时 = 观测时间 × 评比系数 ×（1+ 宽放率）
       = 正常时间 ×（1+ 宽放率）

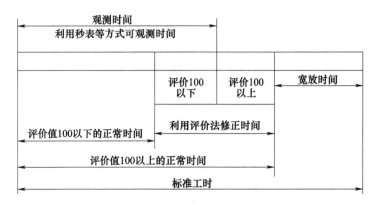

图 8-4　标准工时的计算

8.2 标准工时测定

8.2.1 标准工时的测定方法

标准工时测定方法如图 8-5 所示，分为直接测定方法和间接测定方法。标 * 部分为企业较常用的观测方法，包括秒表法和摄影法。机械转动分析法，指根据机械的转动换算作业时间的方法，比如车床、三角卡盘每转动一圈，刀具有一个进给量，根据车削的距离和卡盘转动的时间就可以计算完成切削的时间。预定时间标准法是把动作拆成基本动作，根据基本动作的时间汇总出总的动作时间。经验估计法就是根据经验估计，对作业时间有个大致的把握。实绩资料法是根据历史的资料，比如过去多长时间做了多少个产品，换算出生产一个产品的时间。机械时间算出法指一些数控设备，如注塑机、数控车床、贴片机内部有程序设置了时间，可以通过读取这些时间计算整个过程时间。标准资料法是事先对标准动作确定时间标准，形成数据库，之后对类似的标准动作直接调用工时数据即可。在企业里用得最多的还是秒表法。

8.2.2 时间观测的定义

时间观测一般指测量人员通过秒表或摄像机等工具，对生产现场实际作业过程观察分析后，将每一个作业过程的时间记录于表单上的数值。通常这些数

第 8 章
科学化标准工时的观测与制定

值需要进行再"修饰"后,方可演算为可被使用的标准工时数据。观测时间不能作为标准工时来用,一定要做修正,一个是评比系数,一个是宽放。

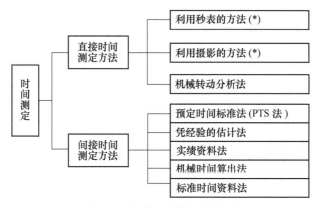

图 8-5　标准工时的测定方法

8.2.3　时间观测及分析时的注意事项

1)现场生产第一优先原则。就是在测工时的过程中,不要影响生产。

2)测工时尽量远离作业工位,但须能够清楚观察,不要正面面对作业员,减少作业员的心理波动,以得到客观的数据表现。

3)良好的职业形象及姿态保持。IE 工程师一定要注意职业形象,重视着装和举止,展示专业风范。

4)根据生产状况尽可能观测多组数据,力求数据的准确性,当然也要考虑测量的时间成本,如果 2～3 组数据都比较稳定,波动不大,就不用多测了。

5)提取的观测时间须以最佳作业方法形成。标准工时是建立在标准作业基础上的,一定要注意作业员是否在标准作业的状态下作业。

8.2.4　时间观测的工具

时间观测的工具包括秒表、观测板、记录用笔、时间观测表格、计算器(必要时)、相机或摄像机(必要时)等。随着时代的发展,手机已经在很多方面代替了某些测量工具。

8.2.5　时间观测的一般步骤

1)熟悉必要的产品知识。包括工艺、结构、客户、品质要求、制程、使用设备等,这些知识在没有去现场之前就要尽可能地了解,到现场后,更要确认这些信息。特别是新产品,一定要了解它的要求。

2）了解制程的完整工艺流程并记录，确保无工序漏掉。漏工序是一种低级错误，IE工程师到现场不要急于测工时，首先要对全部工序进行确认。有些工序会提前做，可能会漏掉。

3）选择开始观测的起点工序。对工艺流程和工作进展清楚之后，就可以选择合适的起点工序进行测量。

4）认真对作业过程进行分析观察。识别作业是否是最佳状态、作业过程是否符合标准、员工的作业速度是否正常。

5）利用秒表将完成一道工序的过程时间测量并做好记录。特别要留意工序起始的选择点，一般的起始点是伸手到伸手或放手到放手，连续两个相邻的动作过程构成一个循环周期。比如从手接触到零件的时刻到加工下一个工件时手接触到零件的时刻，这个点要选准，不是一个工序从开始到结束。

6）重复第5）步完成多组数据观测。通常为5～10组数据。

7）对于整组数据中最大及最小的数据要进行检讨。一般数据间偏离不应超过25%，否则将视为异常数值不使用。

8）重复步骤4）～7）完成其他工序的时间观测。

9）观测后的数据再完成汇总及平均值计算。

10）完成后的观测工时需要再转换为标准工时方可使用。

8.2.6 观测结果的记录

在测时过程中，要使用观测表，见表8-1。观测表由序号、工序名称、实测数据、合计以及平均值等组成。这里记录了10组数据。在测时前准备好记录表格，一般要夹在板夹上，方便填写。测时完成后，根据数据做计算或把数据整理到计算机上。

8.2.7 时间观测异常值分析

统计数据时，要注意异常值的剔除。比较简单的方法是将数值由小到大排列，若最小最大数值较隔壁的数值小或大25%，都可视为异常值，应予剔除。如图8-6所示，最小值5，最大值19，排序后与相邻数据的差值都在25%以上，两个数据都要舍弃，用剩下的数据进行平均。对于特别短的时间数据，不要轻易放过，要去研究一下时间为什么那么短、是否作业员有更好的作业方法，可能会发现改善机会。上述方法是比较简单的做法，主要优点是处理简单。更为严谨的方法是求取测量数据的标准差，以正负三倍标准差作为合格数据的标准，在三倍标准差之外的数据视为异常值，此处不做深入讲解。

第8章
科学化标准工时的观测与制定

表8-1 观测表

×××电子现场时间观测表　　观测时间：2012年10月26日

机种	PCS1UVCA01800-0009		规格	18.0×8.1×3.5×0.14						产能	835	生产组别	0703
No.		1	2	3	4	5	6	7	8	9	10	合计	平均	状况
1	★套橡皮圈	6.68	6.28	6.14	5.9	6.08	5.63	6.39	6.62	6.12	6.64	62.48	6.248	
2	★内全贴	5.25	4.95	5.23	5.23	4.98	5.22	5.15	4.71	5.03	5.52	51.27	5.127	
3	●作定位记号	2.67	3.69	3.39	4.13	3.59	2.87	3.11	2.99	3.01	3.39	32.84	3.284	
4	●◆烙铁、退模	3.59	2.25	2.34	3.06	2.95	3.64	3.57	3.06	3.28	3.25	30.99	3.099	
5	◆冲孔	5.06	5.78	5.62	5.66	5.24	4.79	5.03	5.14	5.38	5.51	53.21	5.321	
6	套BOBBIN（相当丁套管）	2.51	2.36	2.61	2.43	2.33	2.56	2.74	2.7	2.64	2.39	25.47	2.547	
7	绕线	3.46	3.43	3.11	3.4	3.28	3.38	3.25	3	3.93	3.2	33.44	3.344	
8	■整线	5.45	5.04	5.83	5.08	5.22	5.28	5.97	5.77	5.35	5.82	54.81	5.481	
9	■涂胶、作正极记号、前工程检查	5.61	5.04	5.31	4.92	5.45	6.27	5.12	5.39	5.01	4.98	53.1	5.31	
10	▲沾剥离剂	2.45	2.94	2.59	2.54	2.47	2.64	2.46	2.77	2.59	2.44	25.89	2.589	
11	▲擦剥离剂	3.34	3.97	3.8	3.88	3.46	3.82	3.69	3.46	3.63	3.22	36.27	3.627	
12	导线焊接	6.2	6.73	6.1	6.73	6.29	6.44	6.68	6.5	6.61	6.73	65.01	6.501	
13	导线定位	7.01	7.53	7.78	7.42	7.05	7.82	7.34	7.18	7.05	7.53	73.71	7.371	
14	※涂蓝胶、锦丝线尾端沾墨水	6.1	6.09	6.48	6.55	6.3	6.5	6.09	6.29	6.38	6.7	63.48	6.348	
15	※○烙铁压纸	2.09	2.83	2.24	2.46	2.53	2.44	2.49	2.37	2.44	2.37	24.26	2.426	
16	◎完成检查、退模、排放音圈	5.65	4.62	2.35	5.65	4.97	4.19	4.46	5.04	4.5	4.89	46.32	4.632	

备注：

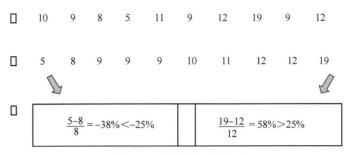

图 8-6　观测数据的剔除

8.2.8　录像分析的优点

录像的优点在于可以同时进行多组动作分析，对肉眼难以观察到的复杂作业及联合作业，可以多次反复播放，以减少遗漏及错觉。比如，有个工序几人同时作业，对于这种联合作业，用秒表很难抓取时间，不太可能同时观察几个人，可以拍摄下来，慢慢分析。有些产品批量特别小，在现场生产 1～2h 就结束了，这个时候用秒表很难测完。这种情况下，就需要先拍下来，再分析，形成观测值。摄影法可以得到比秒表测时精度高很多的时间值，提高准确性。有些动作时间非常短，比如 3～5s，秒表的按键也需要时间，这个时候测得的时间值误差会比较大。可以拍成视频，采用慢放的方式抓取时间。设定标准工时时，摄影法对于作业时间的评价更趋于客观，尤其是对于计件的模式，为了避免争议，可以拍成视频。如有人认为工时不合理，可以用视频进行说明，对现场生产作业改善更具有说服力。

录像法也有一些局限，镜头对准的区域是有限的，有时候会局限在作业员的手脚，作业员的脸和周边环境有可能拍不到。如作业员的动作受限于周边环境，这种情况就没办法反映出来，影响工时分析的客观性。

8.2.9　标准资料法实例

举例说明，装 M5×10 螺钉可以分解为拿起螺钉放到指定位置、拿起气动螺丝刀、对准螺钉下压等动作，可能有 5～10s 的时间，这个过程就是一个标准的作业过程。可以把这个作业过程标准化，通过对作业方法、零件规格进行描述，对作业时间进行观测，就形成一个标准时间，进而形成工时数据库。在生产类似的产品时，直接使用对应的工时数据，就是标准资料分析法。示例见表 8-2。

第8章 科学化标准工时的观测与制定

表8-2 标准资料法举例

动素代码	动素名称	动素详细作业描述	工具	隶属工位	观测工时/s 1	2	3	4	5	6	7	8	9	10	最大值	最小值	R值	平均时间/s	适用机种	备注
SPAZT001	1. 装饰片	右手取饰片组装		脚座装饰片	1.41	1.20	1.16	1.55	1.45	1.38	1.33	1.34	1.53	1.11	1.55	1.11	0.45	1.35		
SPAZT002	2. 锁固定螺钉*2	左手取螺钉，右手握电试电笔固定螺钉		脚座装饰片	6.10	5.19	5.60	5.72	6.30	5.61	5.94	6.09	5.52	5.74	6.30	5.19	1.11	5.78		
SPAZT003	3. 脚座组合主体	左手取主体，右手取脚座组合		脚座装饰片	2.76	2.75	2.94	2.44	2.27	2.54	2.26	2.04	2.45	2.14	2.94	2.04	0.90	2.46		
SPAZT004	4. 锁脚座螺钉*1	左手取螺钉，右手握电试电笔固定螺钉		脚座装饰片	3.69	2.55	3.28	3.75	4.04	4.08	3.41	3.30	3.20	4.02	4.08	2.55	1.53	3.53		
SPAZT005	5. 压支撑板	手压台压反撑板（使螺孔与塑胶柱吻合）		脚座装饰片	2.69	2.36	2.45	2.89	2.60	2.79	2.19	2.88	2.54	2.46	2.89	2.19	0.70	2.58		
SPAZT006	6. 装袋	取装袋套在脚座上		脚座装饰片	7.20	4.99	5.15	7.34	5.84	6.13	7.26	4.64	7.16	5.72	7.34	4.64	2.70	6.14		
SPAZT007	7. 锁支撑板固定螺钉*1	左手取螺钉，右手握电试电笔固定螺钉		脚座装饰片	5.30	5.08	4.81	4.90	4.51	4.85	4.86	4.67	5.12	4.94	5.30	4.51	0.75	4.90		
SPAZT008	8. 从台面上取料件	从台面上取料件去掉主盖		装制动片	1.12	1.24	1.64	1.88	1.54	1.55	1.78	1.37	1.33	1.86	1.88	1.12	0.76	1.53		
SPAZT009	9. 装制动片	右手取制动片组装		装制动片	4.43	1.91	3.35	3.18	3.78	2.69	3.57	2.34	3.99	3.37	4.43	1.91	2.52	3.26		
SPAZT010	10. 装弹簧	右手取弹簧组装		装制动片	2.44	4.88	3.61	3.61	2.75	3.29	2.80	4.21	3.02	2.78	4.88	2.44	2.44	3.34		
SPAZT011	11. 螺钉固定*1	左手取螺钉，右手握电试电笔固定螺钉		装制动片	3.17	4.13	3.98	3.98	3.56	3.82	3.56	3.12	4.34	4.17	4.34	3.12	1.22	3.78		
SPAZT012	12. 放于台面上	将完成品组合好，放于台面上		装制动片	1.06	1.38	1.33	1.33	1.19	1.27	1.19	1.04	1.45	1.39	1.45	1.04	0.41	1.26		
SPAZT013	13. 产品取/放于流水线上	产品或取/或放于流水线上/台面上		装制动片	0.60	0.65	0.59	0.59	0.58	0.61	0.64	0.55	0.58	0.61	0.65	0.55	0.10	0.60		

（续）

动素代码	动素名称	动素详细作业描述	工具	装属工位	观测工时 /s										最大值	最小值	R值	平均时间/s	适用机种	备注
					1	2	3	4	5	6	7	8	9	10						
SPAZT014	14. 拔弹簧	右手直接或使用手将弹簧扣到制动片上		装反动杆	1.96	2.13	2.18	2.19	2.00	1.99	1.66	1.84	1.77	1.92	2.19	1.66	0.53	1.96		
SPAZT015	15. 装反动钮（开关）尾部	右手取反动钮扣于主体		装反动杆	1.65	2.53	2.26	1.71	2.06	2.23	2.20	2.61	1.71	2.67	2.67	1.65	1.02	2.16		
SPAZT016	16. 装反动制动片	右手取制动片对准主体及反动钮定位柱子装入		装反动杆	4.46	3.30	5.16	4.06	3.32	3.26	3.48	3.90	4.07	3.07	5.16	3.07	2.09	3.81		
SPAZT017	17. 装反动钮扣片	右手取反动钮扣片沾黄油扣入反动钮		装反动杆	2.93	3.11	3.27	2.74	3.16	3.19	3.38	3.70	2.91	3.61	3.70	2.74	0.97	3.20		
SPAZT018	18. 装主轴承	右手取轴承组装		装反动杆	1.67	2.15	2.30	1.92	1.88	1.41	1.77	2.06	1.64	1.65	2.30	1.41	0.89	1.84		
SPAZT019	19. 插入反动杆	右手取反动杆组装		装反动杆	1.96	2.05	2.69	2.64	2.17	2.05	2.50	2.48	2.40	2.68	2.69	1.96	0.73	2.36		
SPAZT020	20. 取弹片沾黄油，装弹片	右手取弹片沾黄油，组装		装反动杆	2.53	2.71	2.87	2.34	2.76	2.79	2.98	3.30	2.51	3.21	3.30	2.34	0.97	2.80		
SPAZT021	21. 小锤将弹片敲到位	右手握小锤敲弹片到位		装反动杆	0.92	0.83	0.90	0.96	0.75	1.23	1.45	1.01	1.50	0.92	1.50	0.75	0.75	1.05		
SPAZT022	22. 取产地标，贴于脚座上	左手握主体，右手产地标，贴于脚座上		装反动杆	2.71	2.88	3.19	4.70	3.61	3.49	3.53	4.23	4.46	3.12	4.70	2.71	1.99	3.59		
SPAZT023	23. 弹片组合反动杆	左手取弹片沾黄油，在与反动杆组合		装反动杆	4.78	3.81	3.91	4.01	4.88	4.34	3.81	4.76	3.56	5.13	5.13	3.56	1.57	4.30		
SPAZT024	24. 装反动钮、反动杆	左手取反动钮，反动杆组合右手主体上		装反动杆	4.13	3.73	5.79	5.27	4.18	3.98	3.68	3.66	4.60	4.78	5.79	3.66	2.13	4.38		
SPAZT025	25. 固定螺钉	左手握电试电笔，固定螺钉		装反动杆	2.83	3.06	2.08	1.73	1.94	1.82	1.98	1.82	1.89	2.30	3.06	1.73	1.33	2.14		

8.3 标准工时评比、宽放及注意事项

8.3.1 工时评比的定义

工时评比是一种判断与评价的技术,其目的在于把实际作业时间修正到合理的作业速度下的时间,消除被测量人个人的工作态度、熟练度及环境因素对观测时间的影响。

8.3.2 影响作业速度的因素

影响作业速度的因素如图 8-7 所示,可以分为三个方面:作业条件、努力度、熟练度。每个方面又包括几种因素。作业条件比如光线不好、温度太高或太低、噪声太大等都会影响作业速度。人际关系比较差,工作就会消极。经济条件差可能会非常努力。有些员工对工位不适应、培训不到位等都会影响作业的速度。这么多影响作业时间的因素如果不能够定量评估,会极大影响标准工时的客观性与适用性。在现场测量工时,要注意这些因素。

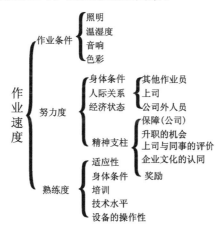

图 8-7 影响作业速度的因素

8.3.3 平均化时间评比法

平均化时间评比法从熟练、努力、作业条件和一致性四个方面评价作业速度。

(1)熟练 作业动作流畅性及熟练度,主要体现在动作的韵律及节奏感上。观察作业员时,要注意作业动作是否流畅,有没有节奏感。比如新员工作业时就会做做停停,没有节奏感。

(2)努力 作业者的劳动欲望,反映了作业者在精神上的努力度与身体状态,与熟练度有直接关系,因此两者等级不应相差太远。

（3）条件（环境因素） 对作业者产生影响的环境因素，例如作业员在车间作业时，周围的温湿度、光线、色彩是不是合适。大部分企业都是可以的，视为平均值。可以不考虑这个因素。

（4）一致性（稳定性） 对周期作业时间的稳定性的评价。若偏差超过±25%，评价为欠佳，基本正常作业可视为平均。

8.3.4 评价等级系数表

努力度及熟练度对作业时间影响最大。特别是当公司有新的产品投产时，员工开始时一般是无法做到标准时间的作业速度的，经过一段时间后，普遍会提高30%～40%，此时已达到或超过标准时间的速度，因此现场评比时如无特殊情况可忽略环境因素及一致性（稳定性）的影响，只评价努力度与熟练度即可。具体熟练度与努力度的评价基准参考表8-3。每个因素都有6个级别，分别是超佳、优、良、平均、可以、欠佳，代号从A到F。平均水平为0，平均水平之外每个级别再细分为2个等级，如A1、A2。平均水平以上为正，以下为负。

表8-3 熟练度与努力度评价基准

熟练系数			努力系数		
超佳	A1	0.15	超佳	A1	0.13
	A2	0.13		A2	0.12
优	B1	0.11	优	B1	0.1
	B2	0.08		B2	0.08
良	C1	0.06	良	C1	0.05
	C2	0.03		C2	0.02
平均	D	0	平均	D	0
可以	E1	−0.15	可以	E1	−0.04
	E2	−0.1		E2	−0.18
欠佳	F1	−0.16	欠佳	F1	−0.12
	F2	−0.22		F2	−0.17

8.3.5 熟练度与努力度评价基准表

对于上述六个等级的判定可参照表8-4，根据作业员相应的表现，确定熟练度和努力度的等级。比如：观察到作业员操作很快，动作娴熟，对改进工作很热心，则努力程度可判定为优，对应表8-3中的B1、B2，再考虑选择一项，如果认为非常优秀就选择B1，取0.1。评比系数用来修正作业员的速度，在工时测量的过程中，员工的速度可能过快或过慢，不可能与标准速度一致。在实务上，评比法需要一定的实际经验，对作业速度快慢要有一定的把握能力，当一个工序由多个作业员完成时，要对作业员的作业方法进行对比，选择最优作业方法制定标准工时。

表 8-4 熟练度和努力度评价基准示例

熟练的评价		努力的评价	
1. 欠佳	4. 良	1. 欠佳	4. 良
	能够胜任高精度的工作	时间浪费多	工作有节奏性
对工作未能熟悉,不能得心应手	可以指导他人提高操作熟练程度	对工作缺乏兴趣	甚少浪费时间
动作显得笨手笨脚	非常熟悉	工作显得迟缓懒散	对工作有兴趣且负责
不具有工作的适应性	几乎不需要接受指导	有多余动作	很乐意接受建议
工作犹豫,没有信心	完全不犹豫	工作地布置紊乱	工作地布置井然有序
常常失败	相当稳定的速度工作	使用不适当的工具	使用适当的工具
	动作相当迅速	工作处于摸索阶段	
2. 可以	5. 优	2. 可以	5. 优
对机器设备用法相当熟悉	对所担任的工作有高度的适应性		
可以事先安排大致的工作计划	能够正确地工作而不需要检查	勉强接受建议	动作很快
对工作还不具有充分的信心	工作顺序相当正确	工作时注意力不太集中	工作方法很系统
不适宜长时间的工作	十分有效地使用机器设备	受到生活不正常的影响	各个动作都很熟练
偶尔发生失败,浪费时间	动作很快且正确	工作处于摸索阶段	对改进工作很有热心
通常不会有所犹豫	动作节奏快		
3. 平均	6. 超佳	3. 平均	6. 超佳
对工作具有信心	有高度的技术	显得有些保守	
工作速度迟缓	动作极为迅速,衔接顺滑	虽接受建议但不实施	很卖力地工作,甚至忽视健康
对工作熟悉	动作犹如机器作业	工作上有良好的安排	这种工作速度不能持续一整天
能够得心应手	熟练度最高	自己拟定工作计划	
工作成果好		按良好的工作方法进行工作	

8.3.6 评价系数计算案例

表 8-5 是某员工的评价系数。

表 8-5 员工评价系数

评比系数	等级	符号	系数
熟练	良	C1	+0.06
努力	良	C2	+0.02
环境条件	平均	D	0
一致性	平均	D	0

评比系数 = 熟练 + 努力 + 环境 + 一致性
         = 0.06+0.02+0+0
         = 0.08

当观测的作业时间为 15s 时,正常作业时间为:

正常作业时间 = 观测时间 ×（1+ 评比系数）
            =15×（1+0.08）s
            =16.2s

8.3.7 时间宽放的定义

作业时间中除了净作业时间外,由于"作业者的生理需要""作业方法的问题""管理需要"等原因,经常会造成作业中断,产生作业时间以外的时间,这种不可避免的必要的时间增加,即时间宽放。

作业员在日常工作中不可能保持一直忙碌的状态,需要适当的休息。当然这种休息不是非常明显的,比如短暂的喘息、擦汗、去洗手间等。还有管理上的宽放,也会导致工作的短暂停滞。

8.3.8 宽放的构成

宽放一般分为两大类,一类是一般宽放,一类是特殊宽放。每个大类又包含几个小类。如图 8-8 所示。

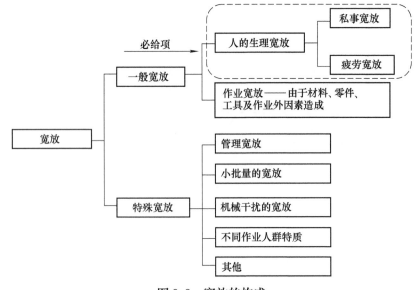

图 8-8 宽放的构成

第8章 科学化标准工时的观测与制定

8.3.9 宽放的分类

（1）私事宽放　是指疲劳以外作业者在生理上的需要，如喝水、上厕所、擦汗等。一般私事宽放的标准为：对于轻松工作，为正常时间的2%～5%；对于较重工作（或环境不良）为5%～7%；对于很重的工作（或恶劣环境）为7%。

（2）疲劳宽放　由于作业造成的精神及肉体上的负荷所带来的劳动机能衰退及速度减慢称为疲劳。它是客观存在于人体的自然现象，所以必须给予时间宽放，以消除这种时间的迟延。

（3）作业宽放　作业宽放主要是由于材料、零件、机械、工具等生产相关物品造成的非周期性、不规则的准备或清扫等作业，一般在15min内完成，超过15min的不计入作业宽放之内。

（4）管理宽放　由于行政管理上的原因，主动或被动中断正常作业，而进行一些无关作业单元的其他工作，如早会、晚会、填写生产工作报表、停机接受制程品管人员的询问或协助检验。

（5）特殊宽放　根据产品的工艺特点或生产计划周期的长短，不同的产品、不同的生产线根据具体情况可以设定特殊宽放。比如，小批量宽放是因为有些企业的产品工时是大批量环境下制定的，做小批量时，产能达不到平均水平，特别是计件制的工厂，批量小，宽放要多给一点。还有机器干扰的宽放，作业过程中，受限于机器作业的影响。特殊作业人员的宽放，有些企业会招聘一些老年人或残疾人，对于这种人群，给的宽放时间要多一点。无特别原因不可以乱加特殊宽放，那样将失去标准时间的客观性与准确性。

8.3.10 不同类别的宽放国际标准

表 8-6 给出了通用的宽放标准，实务上可根据表格对号入座进行选择。特殊情况，特殊制定。因为宽放的条件有很多，所以一个车间不同工序的宽放应该是不一样的。有些公司为了简便，把同一车间的所有工序设定为相同的宽放率，有时候是不妥的。

表 8-6　宽放国际标准

宽放类别	评价项目	内容	标准宽放率(%)
1. 私事宽放	—	1. 工作较为轻松	2～4
	—	2. 工作较重（在不良环境中工作）	4～6
	—	3. 工作特别重（在恶劣环境中工作）	6～7

（续）

宽放类别	评价项目	内容	标准宽放率（%）
2. 疲劳宽放	1. 努力度	1. 较轻松坐式作业	0
		2. 拿轻物上下	1
		3. 重劳动、拿重物、移动、偶尔休息	1.5
		4. 超重劳动无休息	1.75
	2. 姿势	1. 稳定的坐式作业	0
		2. 普通步行并携带物品	0.3
		3. 注意力集中的干干停停，姿势不自然	1
		4. 急速停止、起动、无法休息	1.5
	3. 特殊的作业服装与工具	1. 无特别处	0
		2. 口罩、长筒靴、手套等劳保用品有时用	0.2
		3. 基本需配戴上述用品，但偶尔可以拿下	0.6
		4. 不间断使用	0.75
	4. 细致程度与眼部疲劳	1. 需要细致作业	0
		2. 偶尔需谨慎细致	0.3
		3. 需要小心细致	0.4
		4. 经常需高度小心细致	0.7
	5. 重复动作与紧张度	1. 几乎很少有重复	0
		2. 偶尔忙碌，需要重复动作	0.3
		3. 繁忙且无变化的反复动作	0.4
		4. 强烈反复枯燥重复	0.7
	6. 单调性	1. 有一定兴趣并非反复动作	0
		2. 一定程度的反复动作	0.3
		3. 很单调但偶尔休息一下	0.4
		4. 不停的、连续单调不能休息的状态	0.7
	7. 创造性注意力	1. 不需要	0
		2. 需要一点	0.3
		3. 必须具有	0.4
		4. 高度必要	0.7
	8. 对责任与危险注意度	1. 不需要	0
		2. 对他人的安全及责任需给予普通程度的留意	0.3
		3. 对自身及他人的安全责任需特别注意	0.4
		4. 超级危险作业需特别注意自己及他人安全	0.7
	9. 环境相关因素	详见各生产单位疲劳宽放率参照表（环境相关）	—
3. 作业宽放	—	特别说明	待定
4. 管理宽放	—	特别说明	待定
5. 特殊宽放	—	特别说明	待定

8.3.11 宽放设定实例

表8-7是根据环境情况制定的宽放标准，也就是表8-6第2点的第9小点"环境相关因素"，供参考。

第8章 科学化标准工时的观测与制定

表 8-7 环境相关宽放参照表

××××厂各生产车间疲劳宽放率参照表（环境相关）

评价项目	内容	标准宽放率(%)	素材开料	喷涂(5楼)	喷涂(6楼)	冲压	钣金	1车间	3车间(机加)	3车间(下料)	4车间	5车间	6车间	道间	2车间(非标)
1. 环境	1. 环境清洁	0													
	2. 有少许烟尘和臭味的污染	0.2	0.2			0.2								0.2	
	3. 烟、污物、臭气、灰尘很多	0.25		0.25				0.25		0.25					0.25
	4. 上述污染非常严重	0.4			0.3		0.4								
2. 噪声	1. 没有噪声	0													
	2. 少许噪声	0.2	0.2								0.2	0.2	0.2	0.2	
	3. 有噪声，但有间歇	0.25	0.25	0.25	0.25			0.25	0.25						0.25
	4. 持续不断噪声	0.4				0.4	0.4								
3. 温度	1. 温度正常	0													
	2. 普通的温度变化	0.2	0.2	0.25	0.2	0.2	0.2	0.2	0.2	0.2	0.2	0.2	0.2	0.2	
	3. 温度变化较大	0.25	0.25		0.25					0.25					
	4. 温度极大，对人不利	0.4	0.4												
4. 光照度	1. 光照度在标准之内	0													
	2. 正常照明水平	0.2	0.2	0.2	0.2	0.2	0.2	0.2	0.2	0.2	0.2	0.2	0.2	0.2	
	3. 光线弱或过强，影响人的情绪	0.25	0.25												
	4. 非常弱的光线并目明暗变化剧烈，严重影响情绪	0.4	0.4												
5. 地面	1. 地面光洁	0													
	2. 普通状态地面	0.2	0.2												
	3. 潮湿不干净	0.25	0.25	0.25	0.25		0.25		0.25	0.25					0.25
	4. 潮湿容易滑倒的地面	0.4	0.4												
合计：			1.1	1.2	1.25	1.2	1.3	1.1	1.15	1.15	1	1	1	1	1.2

8.3.12 常见人机作业加工类工序的产能计算

标准工时算出来后，还要把工时转化成产能。对于设备加工类的工序，作业时间包括单独手工作业时间、单独机器作业时间、人机共同作业时间，几种作业时间与单独机器作业时间中的最大值，测完后，得计算出单独手人机共同作业时间（循环时间等于标准工时可以进一步算出标准产能、有效产能、理论人员数量、实际人员数量，最后计算出人员的工作负荷，详见表8-8。

135

表8-8 设备加工类产能计算实例

某电机车间转子生产标准工时计算表（偏设备加工）

产品型号：×××××××

No.	工序名称	设备名称	单独手作业	单独机器作业	人机共同作业	循环时间	标准工时	标准产能/(件/h)	可用机台数	有效产能	理论人员需求	实际人数	工作负荷	备注
1	心轴入矽钢片	油压机		14	15	15	15	240	1	240	1.00	1.0	100%	
2	插绝缘槽纸	卧式绝缘槽纸插入机			3	17	17	212	1	212	0.18	0.50	35%	
3	压垫片	气压机			8	8	8	450	1	450	1.00	1.0	100%	
4	压整流子	油压机		30	9	9	9	400	1	400	1.00	1.0	100%	
5	整流子切沟	数控开槽机		55	5	35	35	103	2	206	0.14	0.5	29%	
6	绕线	双飞叉绕线机		11	6	61	61	59	3	177	0.10	0.5	20%	
7	绝缘线及插绝缘端板	绝缘片插入机	8	10	3	14	14	257	1	257	0.79	1.0	79%	
8	整流子清刷	整流子清刷机		40	4	14	14	257	1	257	0.29	0.5	57%	
9	点焊	变频式点焊机			5	45	45	80	2	160	0.11	0.5	22%	
10	前段测试	综合测试机	5	6	9	15	15	240	1	240	0.93	1.0	93%	
11	滴注凡立水	凡立水机		14	3	17	17	212	1	212	0.18	0.4	44%	
12	矽钢片车削	数控车床	4	10	3	13	13	277	1	277	0.54	0.6	90%	
13	整流子精车	整流子专用机	2	8	3	11	11	327	1	327	0.45	0.5	91%	
14	压风叶	油压机		6	10	10	10	360	1	360	1.00	1.0	100%	
15	整流子清刷	整流子清刷机		6	4	10	10	360	1	360	0.40	0.5	80%	
16	二工位去重校平衡	重动平衡机	7	42.5	11	53.5	53.5	67	3	202	0.34	0.5	67%	
17	后段测试	综合测试机	15	12	5	20	20	180	1	180	1.00	1.0	100%	
							合计		23	/	9.45	12.00	79%	

第 8 章
科学化标准工时的观测与制定

8.3.13 常见流水作业工序的产能计算

流水线的产能计算也是先测量各工序的工时，经过宽放后得出每道工序的标准工时，再转化成流水线平衡后的工时。首先根据每天的计划产量和生产时间，求出目标节拍时间，根据节拍时间和标准工时，就可以算出流水线的理论人数；根据理论人数可以给出实际的人数；根据实际的人数和每道工序的工时，就可以计算出每人平均的工时。在各个工序中，人均时间最长的工序就是瓶颈工序，瓶颈工序的工时乘以总的人数就得出生产一个产品的标准工时。由标准工时可以换算出标准产能。产线编排的合理性用生产线平衡率衡量。生产线平衡率等于各工序工时之和除以流水线的实际工时（瓶颈工序工时乘以总人数）。一般的流水线平衡率在 85% 以上，如果低于 85% 说明流水线编排不合理，需要重排，详见表 8-9。

表 8-9 流水线产能计算实例

产品标准工时表

				生效日期	
				页次	
				版次	

产品型号		每日计划产量/件	10000	每日最大产量/件	9844	生产线平衡率
产品名称	自动扣—打磁铁	每日工作时间/h	10	每时最大产量/件	984	87.7%
相关产品	通用	目标周期时间/s	3.60	标准工时总计/s	35.30	标准工时/h
生产单元	包装一组	最长周期时间/s	3.66	使用人数总计	11	0.01117

工序代码	工序名称	观测时间/s	宽放率(%)	标准工时/s	计算机建议人数	分配使用人数	每人均分工时/s	每小时总产量/件	每日总产量/件	工作量	备注
1	擦扣	12.0	6.0%	12.72	3.53	4.0	3.18	1132	11321	88%	
2	上磁铁	3.2	6.0%	3.39	0.94	1.0	3.39	1061	10613	94%	
3	装插销及跳板	6.9	6.0%	7.31	2.03	2.0	3.66	984	9844	102%	
4	打后夹	6.4	6.0%	6.78	1.88	2.0	3.39	1061	10613	94%	
5	包装	4.8	6.0%	5.09	1.41	2.0	2.54	1415	14151	71%	

线平衡图例：

（柱状图：擦扣 88%，上磁铁 94%，装插销及跳板 102%，打后夹 94%，包装 71%）

8.3.14　标准工时设定注意事项

必须设定一个能依赖的标准时间。太过于马虎的标准时间，无法作为管理参考；过度严格的标准工时，则会招致不平、不满，甚至会对 IE 手法产生误解。标准工时的设定人员，一定要具备作业分析、时间观测、设定宽放率等专业技术。在设定标准工时以前，必须实施作业的标准化，一旦作业方法、作业条件改变，就要重新设定标准工时。

【思考题】

1. 标准工时制定的意义是什么？
2. 标准工时由哪几部分构成？
3. 尝试利用秒表法和摄影法练习标准工时制定。

第 9 章

标准工时在管理中的全面应用

9.1 标准工时应用于产品报价

9.1.1 产品报价中的过程盲点

产品报价是企业销售过程中一个非常重要的环节。客户在购买之前会询价，决定价格的因素里有一个非常关键的部分，就是人力成本，这个环节与工时有非常大的关联。管理粗放的企业通常没有数据支持，靠经验估算，因为不清楚产品的标准成本是多少，报价误差大，也容易遗漏工序，有时报价过低，修正困难，失去利润，有时报价过高，客户不接受，错失商机。

9.1.2 标准工时在产品报价中的作用

在产品报价过程中，应用标准工时能够客观反映完整的产品工艺过程，明确人力、设备需求对象，能够客观反映实际生产过程时间，明确人力、设备需求数量，避免产品报价中人力成本过高，导致客户抱怨，同时避免产品报价中人力成本过低，导致企业亏损，可以给业务部门提供灵活调价的参考，准确把握利润率。也就是说业务部门在谈单时，对产品的成本非常清楚，赚多赚少，有一个清晰的把握。

9.1.3 人力成本报价应用案例

人力成本报价通常分为三个步骤。首先是依工艺制定标准工时，由 IE 部门负责。第二步是根据标准工时计算人力成本。根据月基本工资和每月标准上班小时数可以算出员工的小时工资。如图 9-1 所示，1500 元 /176h=8.52 元 /h，这个工资水平是比较低的，是很早的数据了。用每个工段的总人数乘以小时工资除以瓶颈工序的小时产量，得到该工段的单个产品的平均人力成本为 27×8.52 元 /279.5=0.82 元，是单机的组装成本。同理，包装段的单机成本为 0.44 元。把所有工段的单个产品的人力成本加起来就得到这个产品整体的人力成本为 0.82 元 +0.44 元 =1.26 元。

人力成本评估：		
正常上班时间 /h	176.00	以标准每月 22 天×8h 标准
基本人力成本	1500.00	以东莞月基本工资 1500 元
每小时工资	8.52	小时单位基本工资 8.52 元
组装段员工	27.00	全线总人数
组装段 UPH	279.5	瓶颈产能
组装单机成本	0.82	员工数×小时工资 /UPH
包装段员工	19.00	全线总人数
包装段 UPH	364.0	瓶颈产能
包装单机成本	0.44	员工数×小时工资 /UPH
单台人力成本合计 / 元	1.27	组装成本＋包装成本

图 9-1　人力成本计算

第三步是计算产品的总成本，把分摊的各种成本如设备成本、消耗性成本（如原材料成本）、管理成本加起来，得到产品的总成本。考虑利润为成本的 15%，推算产品的售价。如图 9-2 所示，总成本为 4.06 元 / 台，含税价为 5.46 元。

××××成本评估	
◆产品型号	R620
◆产品分类	手持终端
◆产品状态	未正式量产
◆项目经理	暂无
◆报告内容：	
人力成本 / 元	1.27
设备成本 / 元	1.77
消耗性成本 / 元	0.36
管理成本 / 元	0.66
合计 /（元 / 件）	4.06
生产工厂利润：15%	4.67
含税价合计 /（元 / 件）	5.46

图 9-2　总成本计算

9.2　标准工时应用于计件工资

9.2.1　标准工时在计件工资中的意义与做法

为使计件工资制度科学、合理、公正化，在计算并制定零件工价时，必须

第 9 章
标准工时在管理中的全面应用

以客观的标准工时数据作为计算依据。在测量出工序工时后,依据标准工价计算出工序工价。通常由 IE 工程师进行工时测定及工价制定,由生产部门进行实际工时的统计及工资的核算,会计及人资部门进行工资的核算监督及发放。

9.2.2 计件工资计算及发放流程

(1)计件工资结构方案的制定 计件工资结构可根据不同的厂情有多种方案可选,也就是薪资结构。有些厂是单纯的计件,有些厂有补贴、岗位津贴等。

(2)基准单价的计算 基准单价通常结合当地的最低工资或厂情而定。基本单价相当于人均每小时工资,与工作地域、行业、具体的工厂、工种有关。

(3)标准工时的测定 由 IE 部门测试,给出宽放和评比系数。

(4)工序单价的计算 依照标准工时计算单价,可考虑不同工种的差异。

(5)员工工资的计算 一般由生产部门或人力资源部门计算,但要强调数据的真实性。

(6)员工工资的审批 工资的审批过程,往往也是计算对错的审计过程。

(7)员工工资的发放 定期、准时发放工资非常重要。

9.2.3 基准单价计算案例

基准单价的制定举例:

假设某工序员工正常上班月工资为 1700 元,员工出勤 22 天,正班 8h,每天加班 2h,1.5 倍工资,周六共加班四天,每天按 10h 计算,工资加倍,合计 322h。

$$[1700/(22×8+22×2×1.5+4×10×2)] 元/h ≈ 5.2795 元/h$$
$$= 0.087992 元/min$$

注:基准单价会因为地域、行业、工种不同而进行工资调整。例如深圳市与东莞市就不同,技术工种与普通工种也不同,同时也要根据市场人力供应情况进行调整。

9.2.4 工序单价计算案例

工序单价标准制定:当出现新工序或旧工序有变化时,首先 IE 将通过正常流程制定此工序的标准工时,然后再根据标准单价为基准制定此工序单价标准。

例如:A 工序标准工时为 45s/ 件,计算 A 工序的单价为:(45/60×0.087992)元/件 =0.065994 元/件,见表 9-1,制定单价时,先把表格设计好,直接输入工时和标准单价,自动得出工序单价。

表 9-1 工价计算表

生产单位	机种	零件名称	物料编号	工序名称	标准工时/min	标准单价/（元/min）	工价/（元/件）	备注
OKC	SB	线壳	210030231	线壳刮毛边	0.75	0.087992	0.065994	
				...				

9.3 标准工时应用于产能负荷分析

9.3.1 产能负荷分析的意义

企业每个月的接单状况会有动态变化，势必造成对各生产制程的负荷影响。针对负荷分析后的过高或过低现象，需要快速采取必要的应对措施，避免生产的延迟及浪费的出现。如图 9-3 所示，水平的虚线代表实际生产能力，纵坐标代表订单需要的各工序产能。B 工序负荷高于实际能力，C 工序明显低于生产能力，会产生大量闲置。

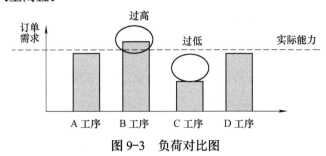

图 9-3 负荷对比图

9.3.2 产能负荷分析的相关条件

（1）订单数量　该月应该生产的订单数量是多少，通常可以由业务部门或生产管理部门提供。

（2）产品工时　每件产品的标准工时，根据评估的对象可以细化到工序别，通常由 IE 部门提供。

（3）可用工时　根据当月有效的人数、机器数等计算出来的可用工时。

（4）其他宽放　考虑到管理政策、异常工时等造成的宽放。

9.3.3 产能负荷分析的相关计算公式

产能负荷等于某个工序需要的总工时除以可用时间，同时要考虑工序的效

第 9 章
标准工时在管理中的全面应用

率。工序的总工时等于所有要生产的零件在该工序的工时之和,零件的工序工时为该零件在该工序的标准工时之和(有可能是加工多次)乘以该工序订单量,可用时间为人数或机器台数乘以工作时间,详见下面公式:

产能负荷 = 工序总工时 / (可用时间 × 该工序宽放率)

工序总工时 = A 零件工时 + B 零件工时 + C 零件工时 + …

零件工时 = 该工序某零件工时总和 × 当月该零件订单量

可用时间 = 人数或机器台数 × 每天几小时 × 每月几天

9.3.4 产能负荷分析的计算过程

第 1 步:IE 提供各工序的标准工时,表 9-2 对应列出了各个工序的标准工时。表格最左侧是成品的编号。后面依次是各道工序对应的标准工时,如注塑、精机、滚齿等。数字为 0 的,表示没经过该道工序。

第 2 步:生产管理部门将月度交货产品排序并导入标准工时,计算出总需求工时。表 9-3 中,左侧是订单的基本信息,比如客户、订单编号、生产数量等,右侧是每个订单对应各工序的总工时。比如:用订单的数量乘以对应的注塑标准工时,得到该订单的注塑总工时,把所有订单的注塑工时加起来就是注塑的订单负荷,注塑的总负荷为 7232h,见表格右上方。

表 9-2 标准工时表

成品编号	注塑	精机	滚齿	涂装	雕刻 /s	手印 /s	曲印 /s	移印 /s	烫印 /s	三课	
	机器工时	人工工时	机器工时	大件工时						组装	前置
PSAFS0150230D01	102.5	8.35	83.5	86.6	0	0	9	42	0	291.5	183.2
PSAFS0150230E01	102.5	8.35	83.5	62.2	0	0	9	42	0	291.5	183.2
PSAFS0150240D01	112.5	10.5	94	66.2	0	8	18	70	0	291.5	178.1
PSAFS0150240F01	112.5	10.5	94	66.2	15	8	18	70	0	291.5	178.1
PSAFS0150250D01	112.5	10.5	94	66.2	0	8	18	70	0	291.5	178.1
PSAFS0150250F01	112.5	10.5	94	66.2	15	8	18	70	0	291.5	178.1
PSAKL0301630A11	112.5	12.73	90.3	62.2	4	0	9	35	0	270.1	133.9
PSAKL0301630A12	112.5	12.73	90.3	62.2	4	0	9	35	0	270.1	133.9
PSAKL0331080A01	127	43.74	152	92.2	4	0	9	35	0	305.5	132.8
PSAKL0331080A02	127	43.74	152	92.2	4	0	9	35	0	305.5	132.8
PSAKL0331080A08	127	43.74	152	92.2	4	0	9	35	0	305.5	132.8
PSAKL0331080A09	127	43.74	152	92.2	4	0	9	35	0	305.5	132.8
PSAKL0334130A01	112.5	12.73	90.3	62.2	4	0	9	21	0	276.3	180.6

表 9-3 订单负荷汇总表

客户	制令单号	接单日期	生产单位	料品编号	品名	制令数量	预估交货	7232 注塑	2237 精机	7793 滚齿	4155 涂装	622 雕刻	335 手印	868 曲印	1775 移印	250 烫印	20535 组立	12607 前置
				总接单量: 212279													20.72	15.03
CHW	MK21100712010	—	—	PSUCI0340565K01	EB-65	200	9/13	6.39	3.14	14.17	9.27	1.06	0.44	2.00	2.33	1.44	20.72	15.03
AKL	MK21100703159	—	—	PTAKL0015415C01	OUTCAST302C	200	8/20	12.50	5.94	9.37	0.00	0.22	0.89	0.00	0.00	0.00	13.33	16.29
ARM	MK21100611056	—	—	PTARM0271408D01	CR-400	120	8/12	0.17	0.00	11.49	1.87	1.60	1.33	0.00	1.47	0.00	12.48	15.25
ARM	MK21100612037	—	—	PTARM0271408D01	CR-400	120	8/12	0.17	0.00	11.49	1.87	1.60	1.33	0.00	1.47	0.00	12.48	15.25
ARM	MK21100612070	—	—	PTARM0271408D01	CR-400	120	8/15	0.17	0.00	11.49	1.87	1.60	1.33	0.00	1.47	0.00	12.48	10.45
ARM	MK21100611057	—	—	PTARM0272908G01	AK-400	80	8/15	0.33	0.00	7.66	0.00	0.09	0.00	0.40	0.00	0.00	8.55	10.45
ARM	MK21100612038	—	—	PTARM0272908G01	AK-400	80	8/15	0.33	0.00	7.66	0.00	0.09	0.00	0.40	0.00	0.00	8.55	10.45
ARM	MK21100612071	—	—	PTARM0272908G01	AK-400	80	8/15	0.33	0.00	7.66	0.00	0.09	0.44	0.40	0.00	0.00	8.55	22.00
CHW	MK21100623006	—	—	PTBPS0015810C01	SM-20D	200	8/19	12.33	3.69	19.69	0.00	0.22	1.33	0.00	0.00	0.00	18.00	22.00
CHW	MK21100511056	—	—	PTBPS0015810C01	SM-30D	200	8/9	12.33	3.69	19.69	0.00	0.22	2.08	0.00	0.00	0.00	18.00	22.00
BRC-UPO	MK21100528004	—	—	PTBPS0015810C02	SM-30D	312	8/9	19.24	5.76	30.71	0.00	0.35	1.33	0.00	0.00	0.00	28.08	34.31
CHW	MK21100430063	—	—	PTCAB0060615C04	DM-30a	1200	8/4	64.17	35.65	56.23	0.00	1.33	24.00	0.00	0.00	0.00	100.18	122.45
CHW	MK21100513024	—	—	PTCAB0060615C04	DM-30a	600	8/5	32.08	17.82	28.12	0.00	0.67	12.00	0.00	0.00	0.00	50.09	61.22
CHW	MK21100511036	—	—	PTCAB0060615C04	DM-30a	600	8/4	32.08	17.82	28.12	0.00	0.67	12.00	0.00	0.00	0.00	50.09	61.22
CHW	MK21100512070	—	—	PTCAB0060615C04	DM-30a	600	8/7	32.08	17.82	28.12	0.00	0.67	12.00	0.00	0.00	0.00	50.09	61.22
BRC-UPO	MK21100514069	—	—	PTCAB0060615C05	DM-30a	900	8/6	48.13	26.74	42.18	0.00	1.00	18.00	0.00	0.00	0.00	75.14	91.83
CHW	MK21100513025	—	—	PTCAB0060620C04	DM-45a	300	8/8	16.04	8.91	14.06	0.00	0.33	6.00	0.00	0.00	0.00	25.05	30.61
CHW	MK21100512071	—	—	PTCAB0060620C04	DM-45a	300	8/8	16.04	8.91	14.06	0.00	0.33	6.00	0.00	0.00	0.00	25.05	30.61
CHW	MK21100512054	—	—	PTCAB0240815D02	DMG-30	300	8/1	12.29	4.36	14.06	0.00	0.83	3.33	0.00	0.00	0.00	36.02	44.03

第 9 章
标准工时在管理中的全面应用

第 3 步：用月度实际需求工时与月度有效可用工时相比，即可算出产能负荷。表 9-4 中，左侧是不同工序的人数 / 机台数、每天上班小时数、每月上班天数。有了这些数据，可以计算理论可用工时，理论可用工时乘以效率得到实际可用工时。如果是以机器为主的工序，比如注塑，按照机器工时计算；如果是以人力为主的劳动密集型工作，用人的工时进行计算。如：注塑 27×23×26h=16146h 为可用工时，16146h×75%=12109.5h 为实际可用工时，75% 为参考效率，也就是注塑机的月平均效率。注塑机的负荷比例为 7232/12109.5=59.72%。从表中数据可以看出注塑机的负荷过低，激光雕刻的负荷过高，人力如何调配，需要事先做好安排。

表 9-4 产能负荷计算表

生产单位	人数/机器台数	每天小时数	每月天数	可用工时/h	参考效率	实际可用工时	统计日期 耗时/h	7月25日 负荷
注塑	27	23	26	16146	75.00%	12109.5	7232	59.72%
滚齿	21	23	26	12558	75.00%	9418.5	7793	82.74%
涂装	1	8	26	208	90.00%	187.2	277	147.97%
激光雕刻	2	8	26	416	75.00%	312	622	199.36%
手印	3	8	26	624	75.00%	468	335	71.58%
曲印	6	8	26	1248	75.00%	936	868	92.74%
移印	12	8	26	2496	75.00%	1872	1775	94.82%
烫印	2	8	26	416	75.00%	312	250	80.13%
三课	95	8	26	19760	70.00%	13832	9488	68.60%
四课	75	8	26	15600	65.00%	10140	8948	88.24%
金盾	60	8	26	12480	70.00%	8736	8313	95.16%

9.3.5 产能负荷的应用——产销协调会

产销协调会的目的是提前掌握市场（客户）的需求，进行生产资源的投入规划，使企业能提早适应市场变化，检讨下个月或更远时间的产能负荷状况，并确立下个月交货及生产计划。

一般由 PMC 主导，业务（销售）、生产、采购、HR 及其他必要部门参与。会议时长约两小时，频率为每月一次，通常在月中进行。

9.3.6 产销协调会中常见的议程

产销协调会关键的议题是讨论产能负荷是否平衡、不平衡如何应对，是企业兑现准时交货的关键环节,是非常重要的会议。为了提高会议的效率,要有清晰的流程。表 9-5、表 9-6 展示了两家企业的会议流程、对应环节的报告人、提报资料和大致的时间要求。流程的关键环节一般是上次会议决议的执行情况汇报、当前的接单情况或当期的预测订单情况、订单负荷与产能的匹配情况存在的问题,对问题解决对策进行讨论并形成会议决议。每个企业根据自身情况的不同,可以增加一些个性的内容,比如库存情况、新品开发进度。核心还是分析产能与负荷是否平衡,不平衡时拿出解决对策。例如表 9-5 中的第 3 项"中期接单状况及负荷分析",表 9-6 中第 5 项"产能规划与负荷分析报告"。产销协调会一般由 PMC 主导,有些企业由生产副总或制造总监负责,便于资源的调配。

表 9-5 某五金企业产销协调会议程

序号	议程	报告人	提报资料	时间/min
1	清点出席人数及请主席宣布开会	业务	—	—
2	上次会议事项执行报告	业务	会议记录及执行报告	10
3	中期接单状况及负荷分析	生管	中期接单统计表	15
4	下月交货及生产排程讨论	生管	月排程表	30
5	新品开发进度报告	生技	新品开发进度管制表	10
6	临时动议	—		5
7	宣读议事录	业务		5
8	主席宣布散会	主席	—	—

表 9-6 某电子企业产销协调会议程

序号	议程	报告人	时间/min
1	上次会议决议事项	骆经理(业务)	5
2	10 月接单出货分析	骆经理(业务)	5
3	当前 10 月成品库存报告	邓副理(业务)	5
4	未来订单销售预测报告	邓副理(业务)	10
5	产能规划与负荷分析报告	冯副理(PMC)	15
6	交期达成报告	冯副理(PMC)	5
7	目前未生产订单分析报告	冯副理(PMC)	5
8	影响产销平衡问题点提出	各部门主管	10
9	上级指示	副总/陈总	15
10	会议结束	主席	

9.3.7 产能负荷不均的应对措施

产能负荷正常，差异不大，不需要制定对策。

订单负荷低于产能，可以考虑重排订单，比如加工一些库存，借助多余的产能，提供更短交期的服务；增加一些人员调动，减少加班，可以安排多余的人员轮休或者做改善的活动，做多能工训练；也可以进行人员削减或安排其他任务。

订单负荷高于产能，订单有完不成的风险，可以通过提高效率来应对这种情况，比如充分挖掘瓶颈工序产能、增加人员、增加机器、外协（购）、加班等。增加人员的措施可以通过招聘、员工介绍、借助人力派遣公司等，关键是企业平时要做好关键岗位的多能训练，临时工进来做一些技术性不强的岗位，可以快速上手。如果产品外协，把控品质是一个重点。也可以调整订单，与客户协商，不急的订单晚点做，大的订单分批交货。

9.4 设备及人力需求计算

9.4.1 设备及直接人力需求的计算意义

当企业在订单负荷变动，或者新工厂规划时，会涉及设备及人员需求数量的检查。通常可通过订单数据及产品标准工时分析，让需求更清晰，以方便增减必要的机器或人员数量。比如通过产能负荷分析，产能不足时需要计算补充的人力和设备的数量，产能高于负荷时也需要知道多少人力闲置，提前做好安排。

9.4.2 设备及人力需求分析的相关条件

要进行设备和人力数量的计算，需要掌握一些关键数据，主要包括5个方面：

（1）订单数量　该月应该生产的订单数量是多少，通常可以由业务部门或生产管理部门提供。

（2）产品工时　每件产品的标准工时，根据评估的对象可以细化到工序别，通常由IE部门提供。

（3）可用工时　根据当月有效的人数、机器数等计算出来的可用工时。用人员或机器的数量乘以每天工作时间以及每月开工天数。

（4）设备稼动率　机器设备的有效产出时间与总投入时间之比。

（5）人机比率　根据常规的人机分析计算出来的平均人机比率。也就是一人能操作几台机器，根据设备的数量以及人机比率就可以算出人员的需求量。

9.4.3 设备及人力需求分析的计算过程（范例）

第1步：IE提供各工序的标准工时（见表9-2），这是一个基础数据表，第一个字段是成品编号，后面对应注塑、精机、滚齿等所有工序的标准工时。

第2步：生产管理部门将月度交货产品排序，并导入标准工时，计算出总需求工时，见表9-3，把所有订单汇总到一起，根据生产数量，先计算出每个订单的需求工时，然后把所有要生产的订单工时按工序汇总，如虚线框所示，注塑所需总工时是7232h。

第3步：根据月度订单耗时与有效可供时间之比，计算出设备的需求，最后通过相应的人机比率换算出大概的人数，见表9-7。首先计算单台机或每人每月可用工时，即用月工作天数乘以每天工作时间得出理论可供时间，如26×23h=598h。理论可供时间乘以工作效率得到有效可供时间，598h×75%=448.5h，这里的参考效率是根据日常的记录统计的生产效率。用月订单耗时除以可用时间得到理论的机器数量16.12，实际的设备需求为17台。平均人机比率为2，可算出人员需求数量为34人。

表9-7 设备及人员需求计算

生产单位	月定单耗时/h	月工作时间/天	每天工作时间/(h/天)	理论可供时间/h	参考效率（%）	有效可供时间/h	人机需求	设备需求	平均人机比率	人员需求
注塑	7232	26	23	598	75.0%	448.50	16.12	17.00	2	34
滚齿	7793	26	23	598	75.0%	448.50	17.38	18.00	0.25	5
涂装	277	26	8	208	90.0%	187.20	1.48	2.00	12	24
激光雕刻	622	26	8	208	75.0%	156.00	3.99	4.00	1	4
手印	335	26	8	208	75.0%	156.00	2.15	3.00	1	3
曲印	868	26	8	208	75.0%	156.00	5.56	6.00	1	6
移印	1775	26	8	208	75.0%	156.00	11.38	12.00	1	12
烫印	250	26	8	208	75.0%	156.00	1.60	2.00	1	2
三课	9488	26	8	208	70.0%	145.60	65.17	/	/	65
四课	8948	26	8	208	65.0%	135.20	66.18	/	/	66
金盾	8313	26	8	208	70.0%	145.60	57.09	/	/	57

第 9 章
标准工时在管理中的全面应用

9.4.4　间接人力需求评估（职能目标法）

前面讲的是直接人员，也就是生产线上的员工的数量计算。还有很多其他岗位，比如物料员、线长、仓管员、文员、工程师等的计算方法，如图 9-4 所示。

（1）组织架构　一个公司要有明确的组织架构，要设置哪些部门、哪些岗位，部门、岗位的隶属关系要清楚。

（2）部门职能　对应于组织架构的各个部门，应该有相应的部门职责分工，就是各个部门应该做的事情。

（3）岗位职责　每个部门的职责再细分到各个岗位上，就得到岗位职责，也就是每个岗位要完成哪些工作。岗位职责来源于部门职责，部门职责来源于组织架构的要求。岗位职责表包括工作的目标、职务的权限、应具备的知识能力，以及评价基准和教育训练等。

（4）时间研究　根据岗位职责可以梳理出各岗位主要的工作内容，再统计出各项工作内容需要的时间（即工时），得出月度总的工作时间。间接人员的工作时间不会很精准，误差会大一些，主要是作为参考。

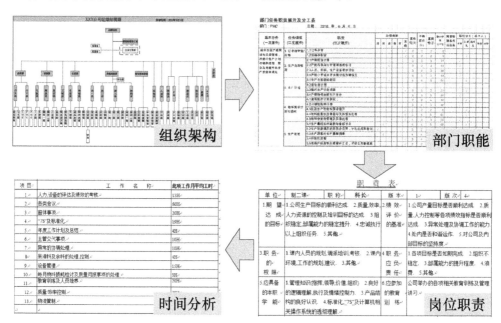

图 9-4　间接人力需求计算

9.4.5　间接人力需求评估（工作日志法）

还有一种方法，就是让每个间接工作人员把每天的工作全部列出来，比如上午从 8:00 到 12:00，下午从 2:00 到 6:00。八个小时，全部做流水账，见表 9-8 所示。从 7:50 到 8:00 是打扫卫生，从 8:00 到 9:00 是调整计划，从 9:00 到 9:30 是核对碾料计划，以此类推，就得到了该岗位员工一天的工作日志。

  然后对日志进行分析，可以知道哪些工作该做、哪些不该做，以及主要工作需要的时间。把职责内的工作整理后就得到该岗位月度用时。这种方法也有一些局限，比如员工担心裁减人力，故意把时间写得比较多，不客观。需要部门经理对本部门员工的繁忙情况有一定的掌握。发现不实填写，要及时纠正。同时要做好员工的思想工作，帮助员工找到科学的工作方法，提高工作效率，富余的人员要做合理的安排，而不是简单地裁员。要认识到，尽管间接人员的工作波动性比较大，有一部分工作还是有较强的规律性。比如一名 IE 工程师去测某条流水线的标准工时。假设生产线一共有二十个工位，每个工位测量五组数据，他一共需要多少时间是可以估算出来的，即便生产线有时候有异常，他可以把异常的原因和时间记录下来。这样对他的工作表现可以进行适当的评估。

表 9-8 某公司间接人员工作日志

姓名	日期	序号	工作日志内容					备注
			工作内容	工作量	工作时间	用时 /h	工作执行情况	
××××	2018-06-12 星期二 日志	1	打扫卫生	1	7：50-8：00	0.16	完成	
		2	调整计划 后期 国画 油画	1	8：00-9：00	1	完成	
		3	核对 13 日碾料计划	1	9：00-9：30	0.5	完成	
		4	做三部计划	1	9：30-12：00	2.5	完成	
		5	调整计划三部	1	13：30-14：30	1	完成	
		6	国画碾料汇整	1	14：30-15：00	0.5	完成	
		7	铝管贴签机咨询	1	15：00-15：30	0.5	完成	
		8	国画排单整理	1	15：30-16：30	1	完成	
		9	好携袋计划排单	1	16：30-17：00	0.5	完成	
		10	油画棒碾料调整	1	17：00-17：30	0.5	完成	
		11	填写日志	1	17：30-17：50	0.33	完成	
××××	2018-06-11 星期一 日志	1	13 日碾料送单核对	1	7：50-8：00	0.33	完成	
		2	核对 12 日碾料计划	1	8：00-8：10	0.16	完成	
		3	油画国画下料跟踪	1	8：10-8：30	0.33	完成	

第 9 章
标准工时在管理中的全面应用

（续）

工作日志内容								
姓名	日期	序号	工作内容	工作量	工作时间	用时/h	工作执行情况	备注
××××	2018-06-11 星期一 日志	4	加工订单需求整理	1	8：30-9：30	1	完成	
		5	油画国画计划调整	1	9：30-10：00	1	完成	
		6	做三部计划	1	9：30-12：00	2.5	完成	
		7	12日计划核对	1	13：30-14：00	0.5	完成	
		8	计划调整	1	14：00-14：30	0.5	完成	
		9	交期回复	1	14：30-15：10	0.66	完成	
		10	油画棒投料	1	15：10-15：40	0.66	完成	
		11	大圆柱投料	1	15：40-16：40	1	完成	
		12	阿图斯投料	1	16：40-17：40	1	完成	
		13	写日志	1	17：40-17：55	1	完成	

9.5 标准工时在排程中的应用

9.5.1 标准工时在排程中应用的意义

排程的目的是计算出有效的需求工时，确保生产任务负荷平衡，对生产出勤安排起到决策依据。由 IE 部门提供相应的工时，生产管理部门根据订单进行计算。

9.5.2 标准工时在排程中的应用实例——组装

表 9-9 是组装线的排程实例，不同的订单在不同的产线上，每天会有不同的分布，做计划一定要根据工时进行，否则会造成生产的负荷过高或过低。表中框住的部分是根据小时产能，计算需要的生产工时。首先根据每天的生产时间计算出当日的产能，每天工作 22h，每小时生产 100 个，每天的产能是 2200 个，每天开工 22h。如生产数量是 6316 个，需要时间为 63.16h，大致需要 3 天的时间，可以依时间安排在周一周二周三。有了工时，就可以计算产能，有了产能才可以把排程做得更精细。表格最下面是每条产线的负荷率，也就是实际安排的订单负荷与产能的比值，比如 2ine-1，周五的生产计划为三个单，数量分别是 274、1112、270，每小时产能分别为 50、100、50，订单合计用时为（274/50+1112/100+270/50）h，结果为 22h，正好是一天的工作量，所以该日的负荷率为 100%。

表 9-9 组装线线程实例

至案Ⅱ	××公司-生产计划排程表（2014-8-12）												首次任务开始日期 8/8				每日计划工时:	8/8 一 22	8/9 二 22	8/10 三 22	8/11 四 22	8/12 五 22	8/13 六 22	8/14 日 8	8/15 一 22	8/16 二 22	8/17 三 22	8/18 四 22	8/19 五 22	8/20 六 22	8/21 日 22	8/22 一 22
Line	优先顺序	订单号	料号	数量	交期	库存数量	良率	小时产能	日产能	需生产数量	生产工时	日计划排产量	可投放日期	开始日期	结束日期	排产																
1	1	WO0001	FG001	6000	8/15		95%	100	2200	6316	63.16	2200	8/8	8/10	100%		2200	2200	1916													
1	2	WO0002	FG002	1500	8/15		99%	50	1100	1516	30.32	1100	8/10	8/12	100%				142	1100	274											
1	3	WO0003	FG003	1600	8/15	500	99%	100	2200	1112	11.12	1112	8/12	8/12	100%						1112											
1	4	WO0004	FG004	2000	8/20		90%	100	2200	2223	44.46	1100	8/12	8/15	100%						270	1100	400	453								
1	5	WO0005	FG005	800	8/20		99%	120	2640	809	6.74	809	8/15	8/15	100%									809								
2	1	WO0006	FG006	5000	8/15		90%	100	2200	5556	55.56	2200	8/8	8/10	100%		2200	2200	1156													
2	2	WO0007	FG007	2000	8/15		90%	100	2200	2223	22.23	2200	8/10	8/11	100%				1044	1179												
2	3	WO0008	FG008	1000	8/15		90%	100	2200	1112	11.12	1112	8/11	8/12	100%					1021	91											
2	4	WO0009	FG009	1001	8/20		90%	200	4400	1113	5.57	1113	8/12	8/12	100%						1113											
2	5	WO0010	FG010	4000	8/20		90%	80	1760	4445	55.56	1760	8/12	8/15	100%							1242	1760	803								
3	1	WO0011	FG011	2000	8/15		90%	90	1980	2223	24.70	1980	8/8	8/9	100%		1980	243														
3	2	WO0012	FG012	1500	8/15		90%	100	2200	1667	16.67	1667	8/9	8/9	100%			1667														
3	3	WO0013	FG013	4000	8/15		90%	100	2200	4445	44.45	2200	8/9	8/11	100%			263	1982	218												
3	4	WO0014	FG014	5500	8/20		90%	100	2200	6112	61.12	2200	8/11	8/15	100%					2200	2200	2200	800	694								
3	5																															

	8/8	8/9	8/10	8/11	8/12	8/13	8/14	8/15
负荷率 Line-1	6380	6573	6458	5500	6302	5060	1840	2759
	100%	100%	100%	100%	100%	100%	100%	72%
负荷率 Line-2								
	100%	100%	100%	100%	100%	100%	100%	46%
负荷率 Line-3								
	100%	100%	100%	100%	100%	100%	100%	32%
总负荷率								
	100%	100%	100%	100%	100%	100%	100%	50%

第9章
标准工时在管理中的全面应用

9.5.3 标准工时在排程中的应用实例——压铸

表9-10是压铸加工的排程，这里同样有标准产能，需求工时。如果换模时间较长，这个时间也要考虑，否则会造成工时不足，计划难以达成。其他方面与前面的例子相同。

表9-10 压铸车间排程实例

版次：A/0
单位：PCS
组别：压铸
表单编号：FM-04-007
制定日期：2014年05月8日
修改日期：2014年05

工单	品名	料号	工单数量	已生产数量	未生产数	机台别	标准产能（件/h）	需求工时	换模工时	总需求工时	计划开工日	计划完工日
3011441660	工作盘	0121110002RV1	3000	1200	1800	1000T	50	60	8	68	5月9日	5月9日
3011441662	工作盘	0121110002RV1	2200	0	2200	1000T	50	44		44	5月9日	5月11日
3011440233	工作盘	0521060008RV1	800	0	800	1000T	80	10	8	18	5月12日	5月12日
3011450152	工作盘	0521060008RV1	1600	0	1600	1000T	80	20		20	5月13日	5月14日
3011441795	底座	0311010008R	4000	0	4000	1000T	80	50	8	58	5月15日	5月18日
						1000T	90	36	8	44	5月19日	5月23日
						1000T	90	22	8	30	5月23日	5月24日
						1000T	90	44	8	52	5月26日	5月30日
						8000T	90	56		56	5月12日	5月16日

生产计划日程表

二〇一四年五月份

8	9	10	11	12	13	14	15	16	17	18	19	20	21	22	23	24	25	26	27	28	29	30	31
四	五	六	日	一	二	三	四	五	六	日	一	二	三	四	五	六	日	一	二	三	四	五	六
1000	800																						
200	1000	1000																						
		800																						
			800	800																			
					800	800	800	800	800														
										1000	1000												
												1000	1000	1000	388								
																		800	800	800	800	800	

9.6 标准工时应用于生产效率计算

9.6.1 生产日报表的作用

有些企业没有生产日报表。有些企业虽有生产日报表，却不算效率，这种报表缺乏有效的数据反映生产的实际状况，不便用于分析改善。

记录并呈现实际生产过程，让管理者能够快速看到自身的不足，也可将不同班组间同类作业的差异进行比较，识别问题，有利于持续改善活动的推动。

9.6.2 工时效率报表中应当被体现的关键点

（1）表现所属生产区域　部门别、班组长，甚至员工别。
（2）表现所属产品信息　客户、产品、机型、部品别、零件别。
（3）表现所属订单信息　订单号（或制令号）、计划量。
（4）表现实际绩效表现　生产时间、产出数量、投入工时、标准工时、效率值。
（5）表现异常情况记录　异常工时数量（含明细）、不良数量（含明细）。

9.6.3 常见的效率计算公式——人员效率

常见效率的计算公式如下，其中生产效率和作业效率的区别是作业效率计算公式中的作业时间减去了异常工时，反映的是实际投入作业的时间。

效率 = 产出 / 投入

产量达成率 = 实际包装量 / 计划量

生产效率 =（标准工时 × 实际包装量）/（出勤人数 × 作业时间）

作业效率 =（标准工时 × 实际包装量）/（出勤人数 × 作业时间 – 异常工时）

9.6.4 常见的效率计算公式——设备效率

对于大型昂贵设备，一般要计算设备的综合效率（Overall Equipment Effectiveness，OEE），如图 9-5 所示。

综合效率等于时间稼动率乘以性能稼动率，再乘以良品率。时间稼动率等于稼动时间除以负荷时间，负荷时间是一天的工作时间减去外部因素停机时间和计划停机时间，比如停电、设备保养、早会时间。稼动时间等于负荷时间减去停机损失，停机损失包括故障损失、换型号、换产品、刀具交换的时间，以及某些设备的暖机时间等。这些时间会导致真正加工的时间变少。稼动时间里还是会有些损失，比如机器空转、短暂停机、设备速度下降等，称为性能损失，

第 9 章
标准工时在管理中的全面应用

稼动时间减去性能损失时间得到净稼动时间。净稼动时间除以稼动时间称为性能稼动率。净稼动时间是真正用来加工的时间，但是，加工过程中会产生不良品，加工时间被浪费了。净稼动时间减去不良品的时间得出价值稼动时间，就是真正创造价值的时间。

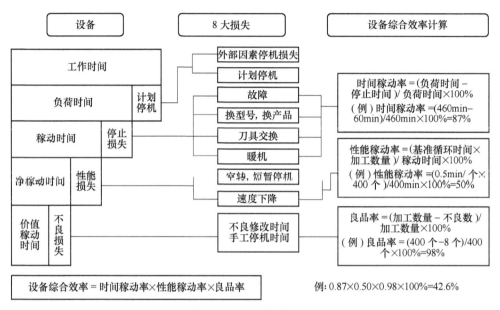

图 9-5　OEE 计算公式

9.6.5　生产日报表常见的类别

考虑到作业属性差别及管理重点不同，需要不同的日报表来呈现。通常生产日报表的规划大致可分为如下几类：

（1）以较昂贵机器为主的加工作业　侧重设备的综合绩效计算。

（2）以人+机为主的加工作业　比如普通车床加工，侧重人及设备的绩效计算。

（3）以人为主的单一工序操作　比如钳工工序，侧重人员绩效的表现。

（4）以人为主的流水线作业　比如装配线，侧重人员绩效的表现。

9.6.6　以机器为主的综合绩效计算报表

表 9-11 是注塑机的综合效率计算实例，属于以机器为主的设备。注塑设备相对来讲属于昂贵的大型设备，不希望设备停机，在效率的计算上严格按照 OEE 计算，表格比较长，拆成了两部分。通过标准工时来计算性能稼动率（性

能运转率），此处只介绍标准工时的应用，后面章节会详细介绍OEE的计算方法。

表9-11 注塑机综合效率计算实例

日期	机台别	生产数据			标准工时		总出勤时间			产量记录（PCS）				
		工单号	模具号（料号）	模穴数	标准周期/min		开机起始时间	完成生产时间	实际开机总时间/min	良品数	成型不良数	加工损耗数	总生产数	不良合计	良品率
7/1		MK0803	24005192	2	1.0		8:00	20:00	720	1253	31	10	1294	41	96.8%
		MK0804	24005192	2	1.0		20:00	8:00	720	1383	4	21	1408	25	98.2%

	计划停机时间/min				无效停机时间记录/min						时间运转率	性能运转率	设备综合效率	备注
A01	A02	A03	小计	B01	B02	B03	B04	B05	B07	小计				
5			5			10	30			40	94%	96%	87.6%	
5			5								100%	98%	96.7%	

9.6.7 以人+机为主的综合绩效计算报表

表9-12为人+机为主的综合效率计算实例，整个表格的左边部分用来计算每个零件的生产效率，右边部分分类记录损失时间。表中开始时间和结束时间相减可以算出投入的总时间 a，标准工时 b 乘以实际产量 c 等于总的产出工时 d，也就是 $d=bc$，投入时间减去标准换模时间 e 和吃饭休息时间 f 得到投入生产时间，即 $g=a-e-f$，产出工时 d 除以实际投入时间 g 得到生产效率89%。表格最下方反映整个车间的总效率。

表9-12 机加生产日报表实例

×××机加生产线生产日报表　　线别：　　组长：

日期	零件名称	零件编号	开始时间	结束时间	投入时间 a	标准工时 b	实际产量 c	产出工时 $d=bc$	标准换模时间 e	吃饭休息时间 f	生产效率 $g=d/(a-e-f)$	损失工时记录							作业员	备注
												换模超出	设备故障	刀/模故障	品质异常	停机待料	作业异常	其他		
8/6		40BG10102	8:00	14:30	23400	80	180	14400	3600	3600	89%	720			1080					
合计					23400			14400	3600	3600	89%	720	0	0	1080	0				

9.6.8 以人为主的流水作业人员绩效计算报表

表 9-13 是组装生产日报表，生产三种产品。第一种产品标准工时 300s，生产了 180 个，可以算出产出总工时为 15h（300×180/3600）。出勤人数 14，作业时间 1.3h，可以算出投入总工时 14×1.33h=18.6h，产出总工时除以投入总工时（15/18.6），得出生产效率为 81%，最右侧是损失工时记录，性能不良工时为 3h，责任为研发部门。

表 9-13 组装生产日报表实例

制 ××××课组立线日报表　　　　　　组别：2线
　　　　　　　　　　　　　　　　　　　日期：2/7

序	制令号	机种	标准工时/s	出勤人数	作业时间/h	投入总工时/h	实际产出量(PCS)	产出总工时/h	生产效率(%)	损失工时记录		
										损失内容描述	工时/h	责任单位
1	MK0811180020	DM30A	300	14	1.3	18.6	180	15	81%	性能不良	3	研发
2	MK0810170018	CLR553L	397	14	2.0	28.3	200	22	78%	缺料	2	采购
3	MK0811180012	MA30DLX	300	14	1.9	26.2	286	24	91%			
4												
5												
6												
7												
8												
9												
10												
								2030%	83%			

人员出勤		正常出勤工时	加班工时
	管理者 3 人		
	作业员 14 人		
	总出勤工时	0	

效率计算方法：

生产效率=(标准工时/3600×实际产出量)/(出勤人数×作业时间)；

9.6.9 关于现场版记录与计算机版记录

生产报表可以分为两类。现场版报表：应考虑到方便员工填写，因此要做到重点记录、简单、容易填写。计算机版报表：考虑到报表的完整性，需要根据报表要求的内容全部输入。现在有些工厂，使用了 MES 系统替代了传统的报表。

9.7 标准工时在异常工时管理中的应用

9.7.1 异常工时管理的定义和意义

（1）异常工时的定义　在投入的全部工时内，除按正常标准工时产出成品耗用工时外的工时，统称为异常工时。异常工时有些是没有办法避免的，也有些是可以避免的。异常工时虽然不能100%杜绝，但可通过管理改善减少。

（2）异常工时管理的意义 异常工时区分的目的并不是单纯查找责任人，归属划分的原则为"由谁采取改善对策最为恰当"。所以异常工时归属谁是根据谁采取改善行动最适当为先决条件。如异常工时发生的责任为间接单位（如管理部、采购部、工程部等），则其责任应摊于其受辅佐的上级直接管理者。

9.7.2 基于管理责任的异常工时结构

如图9-6所示，异常工时从责任归属角度可以分很多种，比如厂长、科长、组长、领班、作业者都可能造成工时损失，最终真正起作用的工时只有一部分，一定要想办法把异常工时筛选出来，明确责任者，并进行统计分析和改善。

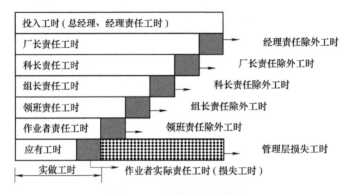

图9-6 异常工时的结构

9.7.3 各职级异常工时汇总

通过统计分析，要把异常工时归类到不同的责任者，表9-14～表9-16分别是一些异常归类，供读者参考。

表9-14 组长级异常工时汇总

职级	区分	代号	除外说明	是否填写除外报告单	
				是	否
组长除外工时明细	教育会议	AA	组长主持的会议		√
	机械设备	AB	设备、治工具的保养		√
	等待	AB	组内半成品的等待		√
	作业指示	AD	组长的指导指示		√
	延迟	AC	组长作业指示的延迟		√
	不良处理	AF	组内前工程不良的处理		√
		AG	其他	√	

第9章
标准工时在管理中的全面应用

表 9-15 课长级异常工时汇总

职级	区分	代号	除外说明	是否填写除外报告单	
				是	否
课长除外工时明细	教育会议	BA	课长主持的会议或指导指示		√
		BB	新进人员教育训练		√
		BB	次专长的教育训练		√
	测试	BD	制程或制品的等待		√
	等待	BC	课间装成品的等待	√	
		BF	课内半成品的等待		√
	待料	BG	原物料不及的延误	√	
		BH	生产安排半成品不及的延误	√	
	延迟	BI	课长指示的延误		√

表 9-16 经理级异常工时汇总

职级	区分	代号	除外说明	是否填写除外报告单	
				是	否
经理除外工时明细		BJ	产品设计不当的延迟	√	
		BK	工具模具设计不当的延迟	√	
		BL	生产条件不当的延迟	√	
		BM	机械设备不当的延迟	√	
		BN	制造命令错误的延迟	√	
		BO	物料品质不当的延迟	√	
		BP	发料错误的延迟	√	
		BQ	品质待确认的延迟	√	
	公停	BR	无法生产的公停	√	
	机械设备	BS	机械设备故障	√	
		BT	维护不良造成的停电停水	√	
		BU	机械设备二级保养	√	
	工时	BV	未编号之生产性作业	√	
	不良处理	BW	组间前工程不良处理	√	

9.7.4 常见异常工时的管理流程

1）各单位每日若有未列入标准工时的工作项所产生的工时损耗，做汇总表。

2）次日上午 10:00 前以邮件传给生产管理部门及相关指定承担异常的责任单位，且须抄送给制造部经理或副总。

3）生产管理部门于每周六确认各单位提报的损耗工时，依情形裁定责任归属，并以邮件传给原始收件单位。

4）生产管理部门每月 10 日前汇整所有异常工时并制表。

5）汇整后的异常工时需承担责任单位主管签认。

6）生产管理部门主管审查后传至各单位。

7）进入必要的异常工时费用结算处理（如工价补偿、供应商扣款、部门绩效考评等）。

8）进入月（周）生产效率检讨会议，立项进行必要的改善推动。

有些公司会有纸质的损耗工时确认书，见表9-17。每个部门都可以提报异常，主要还是生产部门提报，相关责任部门确认，实际上是责任认领的过程。这种形式比较正式，但是单据的流转可能浪费很多时间，不如邮件快捷。关键是异常提报部门要客观及时地提报，树立正确的责任观念。

表9-17 外部异常工时确认书

外部损耗工时确认书

报告部门： 组别： 报告人： 报告时间：

停线原因		返线说明		备注
待料	自制件来料不良	待料	自制件来料不良	所有损耗工时的责任归属 以 IE 的最终判定为准
来料不良	设备维修	来料不良	设备维修	
任务不饱和	模具维修	计划安排	模具维修	
技术问题	人为操作不良	技术问题	人为操作不良	
新品试制	新零件试制	停电/停水/停气/空调坏	其他	
油漆试喷	停电/水/气/空调坏			
料件试喷	其他			
时间段	涉及人数	总工时	订单号码	机型

停线/返线详细说明

主管

TA25（第一版）责任部门： 确认人： 判定者（IE）： 存盘单位：总经办 存档期限：2个月

到月底会有异常工时的汇总，见表9-18。通过这个管制表，把异常类别、发生日期、异常时间、异常工时产生的原因、责任单位承担的工时等信息汇总起来，供会议上讨论使用。

表9-18 月度异常工时汇总管制表

____月份损耗工时管制表

A 单位	B 日期	C 任务损耗来源	D 总损耗工时/h	E 责任单位承担		F 工时损耗原因简述（务必交代品号/数量/……）	G 生管确认责任归属		
				单位	工时/h		单位	工时/h	

第 9 章
标准工时在管理中的全面应用

（续）

A 单位	B 日期	C 任务 损耗来源	D 总损耗 工时/h	E 责任单位承担		F 工时损耗原因简述 （务必交代品号/数量/……）	G 生管确认责任归属		
				单位	工时/h		单位		工时/h
					工时/h			单位	

单位损耗工时责任归属：

有些公司会有异常工时管理办法，规范异常工时的管理过程，把责任归属、签批认领、问题的分析、解决过程写在程序书里，进行标准化，如图 9-7 所示。

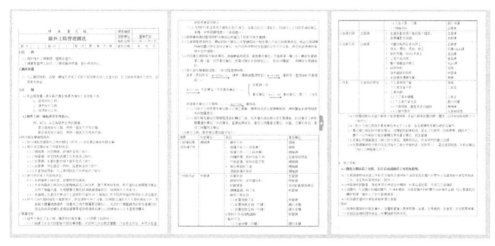

图 9-7　异常工时管理办法实例

9.7.5　报表数据的录入

因考虑到信息化管理，通常需要生产部门的统计人员及时将现场绩效录入到计算机（或系统）内，这样可以适时传递共享给相关部门及领导查阅，也是IE 工程师通过数据查看效率表现的最值途径。

通常对生产部门的数据录入要求如下：

（1）及时　在第二天 10 点前完成前一天数据的录入。

（2）完整　要求数据完整，不能够缺少工序或数量。

（3）准确　录入的数据要与实际表现一致，不可以造假。

（4）纠错　录入时，统计人员要对现场递交的数据具备一定的敏感度，对于错误数据或者效率异常较大的，不仅要纠正数据，还要提报主管知道。

9.7.6 报表数据的监控

以 IE 部门为主的相关人员需要关注，每天统计人员输入计算机的效率绩效数据表现，针对效率波动较大的，需要在最短的时间内介入。

监控的实施过程：

1）每天上班第一件事就是打开计算机，查看昨日效率报表。
2）识别是否有较大的异常效率现象存在。
3）若发现有较严重的效率值，立刻进入生产车间查看该产品是否在生产中。
4）若该产品正在生产，介入分析，寻找可改善的机会。

9.8 周、月度效率会议及改善

9.8.1 周、月度效率会议的意义

效率会议可以从宏观上展现生产效率阶段性绩效表现，凸现关键问题，并引起高阶主管关注，利于专项问题解决专案的成立与推动，由 IE 部门提供相关的数据统计结果，由 IE 部门主导，相关部门参与检讨。

9.8.2 周、月度效率会议的议程

会议时长：2~3 小时，会议主持：IE 部，会议参与：高层领导、生产主管、PMC 主管、技术主管、品质主管等。

会议议程：

1）主持部门讲解会议目的及议程。
2）IE 部门进行各部门效率宣讲。
3）生产部门针对异常进行回应。
4）责任异常工时部门进行回应。
5）未来立项改善专案成立定案。
6）高层领导做指示。
7）主持针对会议决议事项进行宣读。

9.8.3 周、月度效率会议检讨的内容

通过效率会议，可以检讨效率，也可以检讨异常工时，分析哪个部门的效率最低，哪个部门的效率最高。异常工时占比高的部门，要做深度分析和改善。通过分析可以形成很多改善对策。表 9-19 统计了各个车间的出勤工时和产出工时，进而得出生产效率，包括作业效率和工作效率。作业效率扣除了记录的异常工时，在数值上比工作效率高些。通过对各个月份效率的比较或者与效率标准的比较，就可以发现有问题的车间，会议上可以检讨原因和讨论改善措施。

第 9 章
标准工时在管理中的全面应用

表 9-19 生产效率统计表

××××股份有限公司

单位	月次	1月	2月	3月	4月	5月	6月	7月	8月	9月	10月	11月	12月
						2010年生产效率报表							
印刷	总产出工时	7589.0	4259.0	9430.5	8066.0	8660.0	11104.0	9406.0	5278.0				
	直接出勤工时	8683.5	4853.0	10930.5	9291.0	10031.0	13933.0	10786.0	6242.5				
	总出勤工时	10157.0	5542.0	12314.0	10721.5	11824.5	14210.0	11350.5	7023.0				
	作业效率	87.4%	87.8%	86.3%	86.8%	86.3%	79.7%	87.2%	84.5%	#DIV/01	#DIV/01	#DIV/01	#DIV/01
	工作效率	74.7%	76.8%	76.6%	75.2%	73.2%	78.1%	82.9%	75.2%	#DIV/01	#DIV/01	#DIV/01	#DIV/01
三课	总产出工时	13924.9	7833.2	16287.2	15738.5	16649.0	19562.4	10523.7	7887.4				
	直接出勤工时	18803.7	10899.0	23095.0	22336.5	23738.5	27680.0	14831.0	13309.5				
	总出勤工时	27772.0	15624.0	33261.5	35721.5	34607.5	39706.7	33674.4	20077.0				
	作业效率	74.1%	71.9%	70.5%	70.5%	70.1%	70.7%	71.0%	59.3%	#DIV/01	#DIV/01	#DIV/01	#DIV/01
	工作效率	50.1%	50.1%	49.0%	44.1%	48.1%	49.3%	31.3%	39.3%				
四课	总产出工时	8015.1	4666.5	11125.1	10565.4	11521.7	12333.2	7782.4	5242.8				
	直接出勤工时	10730.5	6420.0	15644.0	14899.0	16329.5	17432.5	11040.5	11030.5				
	总出勤工时	17661.5	10996.0	23879.5	26348.5	27924.0	27392.5	28614.5	19887.5				
	作业效率	74.7%	72.7%	71.1%	70.9%	70.6%	70.7%	70.5%	47.5%	#DIV/01	#DIV/01	#DIV/01	#DIV/01
	工作效率	45.4%	42.4%	46.6%	10.1%	41.3%	45.0%	27.2%	26.4%	#DIV/01	#DIV/01	#DIV/01	#DIV/01
渔输制造部	总产出工时	31277.0	16758.7	36842.8	34369.9	36830.7	42999.6	27711.0	18408.2				
	直接出勤工时	40105.7	22172.0	49669.5	46526.5	50099.0	59045.5	36657.5	30582.5				
	总出勤工时	58062.0	32162.0	69455.0	72791.5	74356.0	81309.2	73639.4	46987.5				
	作业效率	78.0%	75.6%	74.2%	73.9%	73.5%	72.9%	75.6%	60.2%	#DIV/01	#DIV/01	#DIV/01	#DIV/01
	工作效率	53.9%	52.1%	53.0%	47.2%	49.5%	52.9%	37.6%	39.2%	#DIV/01	#DIV/01	#DIV/01	#DIV/01

图 9-8 首先是对异常工时进行分类，然后按周别进行记录。比如第一周因缺料导致的异常工时为 35min，第二周因质量不良导致的异常工时为 51min。每个月进行汇总，得出每种类别的损失时间之和以及时间占比。根据这些数据作出柱状图和累计趋势图。

图 9-9 首先对总的工时分布绘出饼图，比较直观地反映出工时的分布状态，之后对于异常工时进行排序，用柱状图展示，可以直观地看到不同工时损失的差异。之后根据 20/80 定律，选择重点的问题进行改善，改善管制表包括原因、

对策、对策的类别、计划完成时间和负责人。

异常工时统计分析 /h

异常原因	品质不良	生产异常	缺料	修理不良品	发料	业务	色差	BOM资料错误	试组	印刷不良	库存返工	外(内)箱不良	公司责任	毛边未除净	特采失误	设计	合计
第一周		45	35														80
第二周	51	432	498	20				5				196	328				1529.5
第三周	308	486	809	27	40	80						48	2702			50	4550
第四周																	0
第五周																	0
合计	359.0	962.5	1342.0	47.0	40.0	80.0	0.0	5.0	0.0	0.0	244.0	0.0	3030.0	0.0	0.0	50.0	6159.5
所占比	5.8%	15.6%	21.8%	0.8%	0.6%	1.3%	0.0%	0.1%	0.0%	0.0%	4.0%	0.0%	49.2%	0.0%	0.0%	0.8%	
累计	359.0	962.5	1342.0	47.0	40.0	80.0	0.0	5.0	0.0	0.0	244.0	0.0	3030.0	0.0	0.0	50.0	6159.5
累计比	5.8%	21.5%	43.2%	44.0%	44.7%	46.0%	46.0%	46.0%	46.0%	46.0%	50.0%	50.0%	99.2%	99.2%	99.2%	100.0%	100%

图 9-8 异常工时统计分析实例

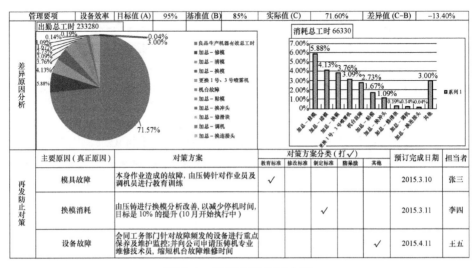

图 9-9 效率会议检讨内容

第9章 标准工时在管理中的全面应用

9.8.4 基于效率异常的专案改善展开

当对策能够被清楚列管,并由专人跟进时,其执行效果会明显提升。不同的改善对策,根据进展状态,可以采用不同的颜色表示,清晰直观。一般完成用绿色表示,正常进行中用黄色表示,未按时完成用红色表示,见表9-20。

表9-20 专案改善展开

日常要项管理异常追查表									核决	主管	经办
部门:	部	课	组				年			
异常发生累积项次	本月发生项次	合计发生累积项次		已解决项次	未解决项次	修改标准件数	制定标准件数	防呆法件数		

异常管理项目	发生月份	异常原因	再发防止措施(打√)			拟案		实施		
			教育标准	修改标准	制定标准	标准书名称	防呆法	拟案日期	发布日期	状况

每月生产效率月度会议改善对策管制表　　　表示完成　　　　　表示进行中
　　　　　　　　　　　　　　　　　　　　　表示未按时完成

部门	课别	异常点	原因	对策	预完成日期	负责人	IE责任	实际完成状况	备注
制造部	制三课	10月制程不良率低	1. 产线制程不良	已对不良率的前几项,开立异常处理单请研发、品管、IE部门人员协助改善分析原因	2014/10/30	张成成	彭华华	未完成	
			2. 加工件不良及本身物料与物料组装后产生的不良	1. 对加工件要求加工部门及品保帮忙改善	2014/10/15	李飞飞	彭华华	2014/10/15	
				2. 对物料与物料的公差请研发与品保帮忙改善	2014/11/20	孙星星	彭华华	进行中	
				3. 10123/12113新冲压件已试做100件,库存还有部分物料没有使用完,待使用完后续冲压件全检后再出货	2014/11/2	李飞飞	彭华华	2014/11/11	
			3. 来料不良	请采购要求厂商改善,品保检查落实	2014/11/26	王小小	彭华华	2014/11/15	

9.8.5 绩效持续改善

改善方式要根据问题的复杂程度选择自主改善或专案改善。通常简单的改善采用自主改善，复杂的改善要成立团队，进行专案改善。两种改善方式对应的层级、改善手法、改善目的详见表 9-21。

表 9-21　改善方式对比

	专案改善	自主改善
层级	以专业团队、基中层主管为主	以作业（执行）层为主
手法	除 QC 手法外，可运用 IE、VA/VE 等手法	以 QC 七工具为主
目的	1. 进行 P、Q、C、D、S、M 的指标提升 2. 强调有形效益及所设定目标达成的必要性 3. 既注重过程亦重视结果	1. 强调无形效益 2. 强调推动精神及过程 3. 营造一个团队合作、培育默契及对组织的向心力，实现参与式管理 4. 塑造一个光明愉快的工作场所

【思考题】

1. 标准工时可以应用在哪些方面？
2. 月度绩效会议如何召开？
3. 自主改善和专案改善有什么区别？
4. 产能负荷分析的流程是什么？

第 10 章

工厂布置及搬运改善

10.1 布置的基本概念和原则

10.1.1 布置的定义

为了有效率地生产产品，必须将必要的机械设备，依其功能进行系统的布置。同时，还应把材料、零件仓库、检查场所、入口、出口等做综合性的安排，以使得人与物的移动都能够顺利进行。布置与搬运管理的质量、效率以及生产成本等有密切的关系。

新设立一家工厂（或一道工序），设施的布置将决定整体效率的好与坏。正因为如此，如果有下列的情况，就应该加以检讨。

（1）计划不妥　进入实际生产时，才发觉计划时忽略的不妥之处，或者计划本身不够完备。比如新工厂投入使用，可能会发现电梯的数量不够。

（2）产量增加　由于生产量增加，生产大规模化，导致需要变更工程或者增加设备。订单增加，需要增加设备和人力，原来的布局可能需要调整。

（3）款式增加　由于增加制品的款式或者模具改善，以致必须在原有工程的基础上进行调整。现在的市场环境要求新品越来越多，新品在老的产线上生产，工装、模具、工位布局等都可能需要调整。

（4）技术进步　由于技术的进步，原来的生产方式已过于落后，以致必须变更工程。比如原来的手机生产线以人工为主，现在以自动线为主，就需要重新规划布置产线。

（5）整体调整　受到工厂全体布置的影响，本工程必须移动。比如原来的生产区域要做物料超市，原有工程必须移到别处。

在这些情况下，再度检讨布置时，往往可以大幅度改善生产效率及搬运效率。生产布局在很多工厂都有进行，只是做大做小的问题。作为布局来讲，最典型的就是新工厂布局以及老厂布局优化。

10.1.2 整厂规划的思考方向

当进行新厂规划时,要考虑工厂要规划到什么程度。工厂规划是精益价值创造的最佳契机,可以根据企业定位展开规划。在工厂规划的前期要思考到底要规划什么级别的工厂。

(1)作坊工厂 工厂设立初期规模较小,作业模式较难形成,作业原始,手工作业居多,效率低,观感差。

(2)传统工厂 采用传统的大批量作业模式,工序间不连贯,断点多,库存大,场地占用较大,生产效率一般。

(3)精益工厂 根据客户需求拉动式生产,全过程流线化作业,流动效果较好,半成品较低,场地占用较小,生产效率高。

(4)智能工厂 在精益化管理的基础上,过程作业依靠信息化、自动化实现,对人的作业依赖减少,智能化效果明显。

图 10-1 工厂规划的思考方向

10.1.3 整厂规划的步骤

如图 10-2 所示,工厂规划的前期是掌握需求,即了解工厂的定位。例如,工厂未来生产什么产品、未来三到五年订单的量有多大、产品的工艺流程,以及工序的工时产能等。只有掌握了这些基本的数据,才能计算出需要多少设备,才能知道需要多大的投资。

需求掌握之后,要做整体区划,就是把整个工厂按照功能分成大的区块,确定这些大的区块的位置,以及相应的物流动线。比如办公室在哪里、生产区域在哪里、在哪个楼层、绿化区域在哪里。

经过整体区划以后,就要进行详细的规划,比如:确定某个楼层作组装车间、在这个车间到底如何做详细的布局、生产线有几条、生产线的长度是多少、如何摆放、生产什么产品、物料区在哪里、洗手间在哪里、办公室在哪里、不良品区域在哪里。

详细规划完成后,还要进行辅助规划。很多工厂会有消防、工艺用水、压缩空气、监控、广播、考勤、电话网络。这些辅助性的规划和生产的主体规划是有区别的。这些规划做得好,工厂的管理会方便、高效。

最后要形成方案,最基本的方案是布局图,以及相关数据,比如购买的机器设备、需要投入的资金等,要呈报给主要领导。

第 10 章
工厂布置及搬运改善

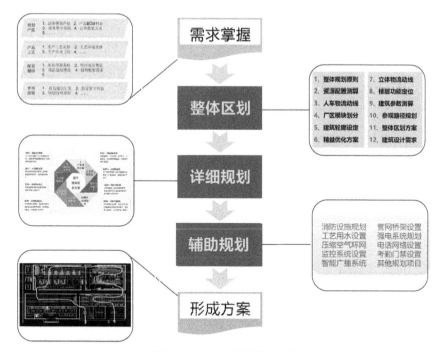

图 10-2　工厂规划的步骤

10.1.4　布置的原则

在布置过程中有一些原则需要掌握。掌握了这些原则,可以避免一些错误。

(1)均衡生产原则　车间内所有的组成部分(人、机、料、法,即 4M)合理区划,协调配置,使设备人力负荷均衡,不同工序间产能平衡。如果配置不协调,节拍不同,作业往往会中断,或者增加缓冲库存,以致增加停滞搬运。图 10-3 所示为均衡生产原则。

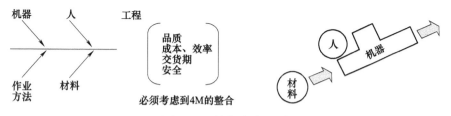

图 10-3　均衡生产原则

(2)最短距离原则　布置时,必须考虑移动距离以及时间,求其最短(最少)者。移动的距离越短,时间及费用浪费越少。如图 10-4 所示,不同产品加工路线会有所不同,因此,必须在考虑全体制品的情况下,求取最短的移动总距离。不妨以人的移动、物的移动、设备的移动中的任何一种作为主要考虑对象,再配合其他两种移动做综合性的判断。缩短移动距离的一种典型方式是采用U形线，工厂的整个大布局也可以考虑采用U形布置，这样来回移动的距离会变短。

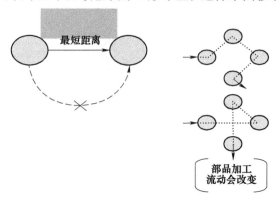

图10-4　最短距离原则

（3）流动的原则　使工序无阻碍、畅流不息，勿使流动逆行、交叉。所谓流动顺畅，并不一定要排列成一直线。不妨想想建筑物的形状，以及建筑的过程，再进行综合性的排列设计，如图10-5左侧图所示。但不论如何，必需尽量避开逆行及交叉的情况，如图10-5右侧图所示。考虑到生产数量大小以及实际区域的限制，再将直线式与L形、U形、S形、星形等比较，再做综合性的判断。比如一家空调公司，组装车间在一楼，空调的零件特别多，一部分零件来自一楼的物料库，另一部分物料来自二楼、三楼的加工线。为了避免物料太多，用吊篮的方式将物料由二楼、三楼传到一楼。平面的楼层不会有太多的物料人员走动，尽量减少物料的冲撞，以防止流动效率降低。在工厂里应尽量把工序连在一起，以加快流动。

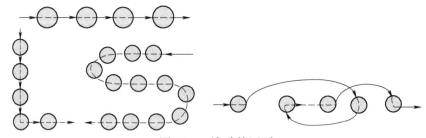

图10-5　流动的原则

（4）立体空间利用的原则　在工厂里有很多立体空间没有被有效利用，比如有些企业是钢结构的厂房，楼层比较高，物料通过托盘方式放在地面上，空间没有被充分利用。为了有效地利用空间，应注意立体空间的活用方式，如图10-6所示。在材料仓库、零件仓库方面，尽量使空闲空间缩小。为此，不妨利用货架收藏，以达到空间的效率化。有时候可以通过设置中间阁楼的方式利用空间。也可以利用空间进行搬运，此时应注意安全（防止坠落、颠倒）。

第10章
工厂布置及搬运改善

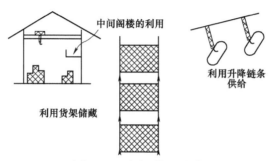

图 10-6　空间利用原则

（5）满意与安全的原则　现场更多时候是员工在使用，应尽量为员工提供方便、安全、舒适的作业环境，使采光、照明、通信、采暖、防尘、防噪声等具有良好的条件。比如电子厂焊锡的工序加装抽油烟装置，以及抛光打磨的工序需要制作一些抽气除尘装置，这些措施都是为了减轻对员工的伤害以及提升员工满意度。应确保作业员的安全，减轻疲劳。如图10-7所示，右图的固定方式更为安全。

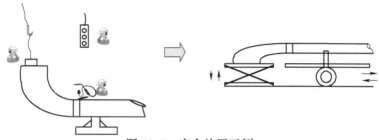

图 10-7　安全放置示例

（6）灵活性原则　布置必须具有弹性及通用性，以应对各工序的变更、增减等的变化。图10-8所示的情况即为产量增加和工序变化预留了空间。但如果一开始就购置多余的设备，会影响生产效率和资金效率。可以添置容易移动的机械，以及根据不同功能进行布置等，以达到融通性的原则。如图10-9所示，少样大量、订单稳定的生产车间会选用皮带线（左图），多种少样、订单量不稳定时，通常会选用工作台拼凑式的生产线，利于根据订单情况缩减调整（右图）。

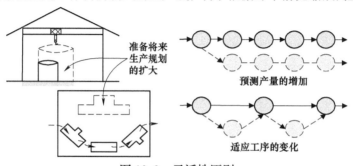

图 10-8　灵活性原则

图 10-9 两种不同结构的生产线

10.2 布置的基本形态及分析

10.2.1 布置的基本形态

所谓的布置，乃是考虑到使生产效率最高（必须考虑到资金效率、用地的限制、确保安全等的限制条件）的设备布置。但是，往往由于生产制品、生产形态不同，而使其形态有所不同。布置必须配合生产形态，大致上可分为如下四种基本形态：

1）功能式布置（以机器为中心）。
2）流程布置（以流动为中心）。
3）固定式（以制品为中心）。
4）混合式布置。

在工厂里，有时会把相同类型的设备摆在一起，称为功能式布置，比如冲床区、钻床区、车床区，如图 10-10 左图所示，缺点是没有按流程布置，没有办法实现单件流动。这种方式会导致搬运多，生产周期拉长，效率低。功能式布置是精益生产最需要改变的一种模式。流程式布置是现场布局根据工艺的顺序把设备摆在一起，如图 10-10 右图所示。例如，生产工序第一道是钻床，第二道是车床，第三道是铣床。把这三台机摆在一条线上，摆得很近，做完第一道，可以立即做第二道、第三道，工序间按单件流动。固定式布置如图 10-11 所示。比如企业里有一台非常大的设备，或者产品本体非常大，不容易移动，或者产品批量非常小。这个时候就需要采用固定式布置，作业员、物料人员都要围绕固定位置展开工作，比如造船、大型的钣金件加工等。

混合式布置是把功能式、流程式、固定式其中两者以上配合使用的方式。

第 10 章
工厂布置及搬运改善

在实际的工厂作业里,往往把三种方式根据实际情况配合使用。

在图 10-12 中,将布置方式与其特征、生产形态进行对照,然后概略地说明各种方式的特征。

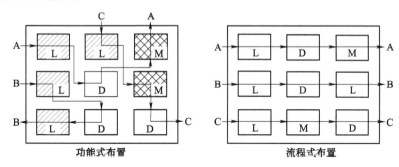

图 10-10　功能式布置与流程式布置

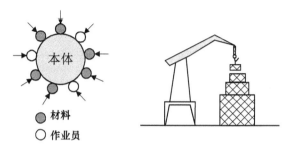

图 10-11　固定式布置

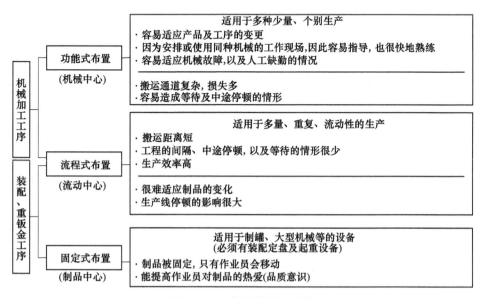

图 10-12　布置的形态分类

173

10.2.2 表现布置的方式——缩略布置图案例

做车间布局优化,首先要学会画布局图,如图 10-13 所示。要能够按比例把现场的布局转化成一个布局缩略图。车间柱子在哪里、机器在哪里、流水线在哪里、物料区在哪里,都要画出来。画完之后,可以进行线路图分析。

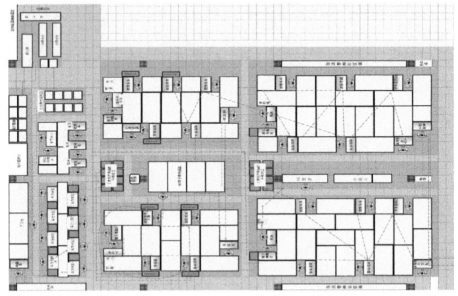

图 10-13 布局图示例

10.2.3 作业邻近性关联分析

(1)功能划分 把整个工厂按大的功能划分成若干区块(作业单位),把作业单位的名称写在图 10-14 的左侧图中。

记号	使之邻近的必要性
A	有邻接的必要
B	尽可能接近
C	普通
D	彼此分开也没什么不便
E	完全没关系

图 10-14 作业单位邻近性关系

(2)邻近性等级确定 以邻近必要性的次序(以 A、B、C、D、E 表示其强度),使用符号记入,写在两个作业单位的交叉处。邻近的必要性等级见图 10-14 右侧。如材料仓库和线边仓的关系是尽可能地接近,物料搬运距

第10章
工厂布置及搬运改善

离越短越好,在对应的交叉处写 B,以此类推。

(3)卡片制作　做一些圆形的卡片,把作业区块(作业单位)的名称写在卡片上。

(4)制作图表　制作 60°的三角图表,如图 10-15 所示。三角形的大小要适当,要考虑作业单位的数量和卡片的大小。

(5)卡片布置　把卡片放置于三角形交叉点。根据作业单位之间邻近性关系尝试把圆形卡片放在三角形的顶点,邻近性等级越高,应该放得越近。位置确定后,感觉不合适,需要重新调整。

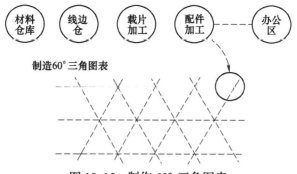

图 10-15　制作 60°三角图表

(6)连线　用不同数量的线代表关系的紧密程度,连接对应的作业单位,A级邻近性关系用三条线,B级邻近性关系用两条线,C级邻近性关系用一条线,得到图 10-16。这样,关系等级就清楚地反映在图纸上。如果发现位置不合适就要重新调整位置,重新绘图。如图 10-17 所示,"车上下身"与"裁片"的关系为 A(三条线),可是距离却很远,说明布置不合理,需要重新调整。

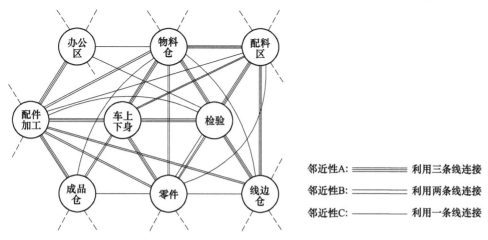

图 10-16　作业单位关联图

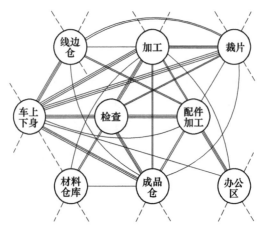

图 10-17 不良布置举例

10.2.4 加工工序与布局合理性分析

根据邻近性相互关系的分析，决定了大致的布置后，如果需要更进一步具体地检讨设备布置，则需分析不同零件的加工方案，再确定其流动方式。图 10-18 所示为依照流动的情形，把四种零件的加工方案加以分析。经过这个步骤就不难了解，如果以直线方式对机器进行布置，通常会发生逆行及交叉的情形。

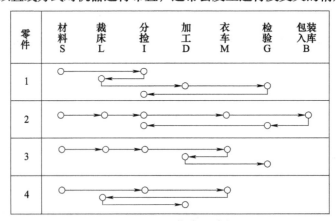

图 10-18 工艺流程分析

10.2.5 加工工艺流程分析

一个车间里通常不会只生产一款产品，可以把所有产品或零件按工艺路线全部列出来，如图 10-18 所示。可见四种零件的工艺流程都不相同。

10.2.6 加工工序流动（布局合理性）分析

根据实际的布置，按照零件的工艺流程，参照实际的移动过程在布局图上

第10章
工厂布置及搬运改善

连起来,如图10-19所示,零件在车间流动的路线就被显现出来。可以看出来哪些零件移动的路程很长,哪些零件移动的距离短,找到问题点,有助于改善布局,减小物料搬运的工作量,类似于前面讲过的线路图分析。

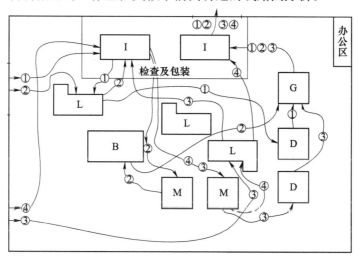

图10-19 零件布局流程图

10.2.7 车间布局实例——U形生产线

图10-20是一个机加工车间布局改善的案例。原来采用的是功能式布局,相同类型的机器放在一起。经过改善,采用流程式布局,钻床、攻丝机、CNC组成一个U形线,不仅缩短了移动距离,而且可以实现单件流动。改善的效果非常好。

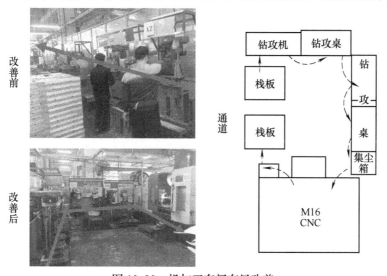

图10-20 机加工车间布局改善

10.2.8 车间布局实例——一笔画工厂

图 10-21 所示的工厂布局案例,是顾问在广东一家台资企业的新厂布局方案。这个工厂有两栋厂房,前面一栋,后面一栋,而且都是一层的,都是钢结构的厂房。首先在布局图的左下角规划了一块办公区域。右边是来料收货区。最前面是收发货平台。物料送达后放置在暂放区,进行来料检验。货物检验合格后会进入两个区域,左边是原材料仓,右边是包材仓。包材仓主要供给包装车间,原材料仓有一小部分供给包装车间,有一大部分供应给前段的加工车间,进行切割、弯管、钻孔等操作,再进入缓冲区。后面是焊接作业。焊接采用流水线,完成后进入打磨车间。因为考虑到打磨抽尘,打磨放在最外边靠墙处。完成后采用吊篮的方式运到喷漆车间进行喷涂作业。喷涂后产品不落地,直接传送到组装车间,下架暂存,送至组装车间。组装完以后入成品库,最后出货。这是一个非常典型的一笔画工厂。整个流程可以一笔画出来,没有任何复杂的迂回交叉,呈大 U 形布局。

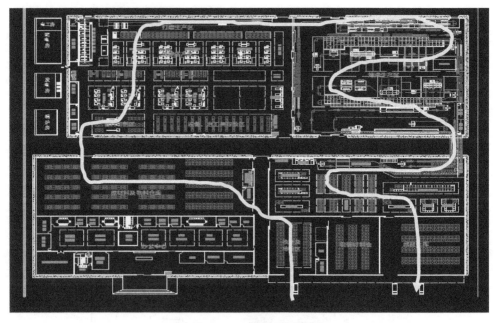

图 10-21　一笔画工厂案例

10.3 搬运的基本概念

10.3.1 搬运是一种浪费

搬运在工厂里无处不在,简单的搬运如从上工序到下工序,复杂一点的搬

第 10 章
工厂布置及搬运改善

运如从 A 车间到 B 车间,更复杂的搬运如从协力厂到工厂、从工厂到客户。物流的过程就是搬运的过程。加工能增加附加价值,而搬运对附加价值却毫无贡献。话虽如此,却不可能完全消除工厂内搬运的工作。从工厂的入口到出口为止,如果不移动原料,制品就不可能完成。而且,在加工的前后,都必须做额外处置产品的作业,例如装载、卸下、提起、排列、改变方向、决定位置,以及把重物的上下位置倒转过来等。

上面所述的额外作业,包括移动及处置的广义搬运,这些都是生产现场需要改善的对象。应尽量减少无法增加附加价值的移动(包括距离、重量、时间、次数)。

10.3.2 搬运改善的重要性指标

(1)费用 加工费用中的 25%～40% 属于搬运费用。在加工某个产品时,其中一部分成本是搬运过程造成的。

(2)时间 工程所需时间的 80% 属于搬运及停滞时间。工序过程中物料大部分时间处于搬运和停滞的状态。

(3)灾害 工程灾害的 85% 在搬运作业中发生。很多工伤事故,包括交通事故,都是在搬运的过程中发生的。

10.3.3 改善可获得的效果

搬运的改善,可以有多种效果。比如说:

(1)增加加工时间的比率 这正是产生价值的源泉。非增值时间的减少,自然转化成增值时间增加,增值时间利用率会更高。

(2)缩短生产所需要的时间 搬运的时间缩短了,这个时间用于生产,可缩短生产完成时间,或者使生产量增加。

(3)节约搬运成本 搬运效率的提升,意味着搬运成本的降低。

(4)减少库存 能够有效减少因停滞而产生的仓储(库存)。只要有搬运就会有停滞,有停滞就会有库存。减少搬运,可有效促进物料流动。

(5)减少重置 由于生产停滞的减少,机器重置时间亦能减少。

(6)品质防范 能防止搬运过程中所造成的质量恶化(例如灰尘混入、产生瑕疵)。

(7)改善环境 通过搬运的调整,能够对作业环境做适当的布置。

(8)减轻疲劳 搬运距离、搬运方式的改善都能减轻作业者搬运的疲劳。

(9)消除灾害 随着搬运次数(或距离)的减少,灾害发生的概率也会降低。

10.3.4 搬运改善的着眼点

（1）整理及整顿　在现场搬运物品时，如果现场凌乱无序，就会影响搬运效率。

（2）着眼于装载、卸货等操作　搬运过程如果涉及装车和卸车，有时候时间很长，势必影响搬运效率。

（3）重视放置的方法，使物料容易移动　搬运活性指数可以反映搬运方法对移动效率的影响。

（4）消除没有意义的搬运　如果没有计划好，临时放置后又觉得不合适，需要重新移动，就是没有意义的搬运。

（5）舒服而安全的搬运

1）搬运的类型：

①徒手搬运，或者以挑的方式搬运；

②把物品放在车子上面，再由人力推拉；

③利用动力车辆搬运；

④使用专属的运输带，以及提升机搬运。

2）通路安全考虑重点：

①消除通路的凹凸不平；

②倾斜处必须使坡度平缓些（小于15°）；

③勿使通路有高低（如楼上楼下）；

④通路不能有障碍物；

⑤勿在通路丢东西，如果已经污染通路，应立刻清除。

（6）坚持距离最短原则　必须重视搬运的间隔，尽量保持两地距离最短。

10.4 搬运分析方法

10.4.1 搬运的活性分析

表10-1称为搬运活性指数表。活性指数是反映搬运难易程度的指标。物料在车间放置的状态大致有五种：

（1）零散放置　比如一堆零件零散地放在地上或桌面上。如果要对其进行搬运，第一个动作是将其集中在一起，可以放在筐里；然后是抬起的动作，比如放在托盘上；然后是举起的动作，比如用叉车把托盘举起来放在车上；最后是车子移动，送到目的地。这样要经过四次操作。活性指数为0。

（2）集中放在一起　物料事先已经集中在一起了，比如装在箱子里或袋子

第 10 章
工厂布置及搬运改善

里,或捆扎在一起。这个时候,如果需要移动只需要三个操作步骤:抬起、举起和移动。比第一种状态少了一个步骤,活性指数为 1。

(3)放在栈板上　第三种状态是物料放在托盘、垫子,或类似的装置上,举起就可以移动,减少了两次动作,搬运活性指数为 2。

(4)放在车上　物料如果放在带轮子的车子上,只需要推动车子就可以移动,减少了三次操作,活性指数为 3。

(5)移动中　第五种状态是直接把物料放在移动的传送带或车子上。可以直接送到目的地,不需要其他操作。活性指数为 4。

物料的可移动状态越好,操作的次数越少,活性指数就越高,意味着搬运效率越高。搬运虽然是不增值的,但没有办法完全消除。提高搬运效率是关键。很多企业是用托盘和小车进行搬运的,活性指数在 2 ~ 3 之间。如果企业的活性指数在 3 ~ 4 之间,说明搬运效率是比较高的。

表 10-1　搬运活性指数表

状态	说明	接下来处理的步骤				操作次数	活性指数
		集中在一起	抬起	举起	移动		
零散放置	零散地放置于地上、台上,或棚架上面	0	0	0	0	4	0
集中放在一起	使用金属容器、箱子、袋子等装置,或者捆绑起来	—	0	0	0	3	1
放在栈板上	放置于搬运台、木棒、栈板上面,立刻就能够拿起来	—	—	0	0	2	2
放在车上	放置于车子上面	—	—	—	0	1	3
移动中	放置于移动的输送带,或者射出口	—	—	—	—	0	4

图 10-22 形象地解释了活性指数的概念。活性指数为 0 时,意味着零件加工完成后随手放在地上;活性指数为 1 时,意味着零件加工完成后放在容器里;活性指数为 2 时,零件放在栈板上;活性指数为 3 时,零件放在可移动的车子上;活性指数为 4 时,意味着零件放在移动的传输设备上。这就是不同的活性指数的表现,是对现场搬运水平的一种评价方法。

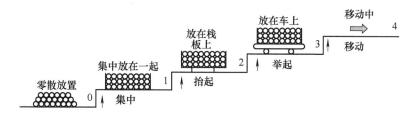

图 10-22　活性指数示意图

10.4.2 搬运原则一览表

进行搬运改善需要掌握一些搬运原则。表 10-2 总结了五个搬运原则以及不同的着眼点。

表 10-2 搬运原则一览表

主要的原则	目的	序号	着眼点
原则1：搬运活性化	使物品的搬运容易，去除浪费	1.1 1.2 1.3 1.4 1.5	使物品容易移动 尽量把物品集中（三定） 把物品放入搬运台 消除"再操作" 利用拖车
原则2：采取自动化	搬运的机械化、自动化，以提高效率	2.1 2.2 2.3	利用重力 把人力搬运改成机械搬运 更进一步的自动化
原则3：消除等待以及空车搬运	减少作业者以及搬运设备的等待	3.1 3.2 3.3 3.4	使协同作业能够顺利进行 使负荷均衡 活用拖车 实施定时搬运
原则4：使移动通路短而单纯	尽量使移动距离减短，使流动顺畅	4.1 4.2 4.3	做好机械设备的布置 避免搬运通路的逆行及转变 使搬运在最短距离内进行
原则5：全盘性的原则		5.1 5.2 5.3 5.4 5.5 5.6 5.7 5.8 5.9	减轻搬运作业的疲劳 搬运作业的单纯化 以金额评定搬运的优劣 提高搬运的速度 有效地使用面积及空间 小心处理货物 搬运作业的安全 设备的预防与安全 减轻搬运器具本身的重量

10.4.3 搬运分析符号

除了掌握影响搬运效率的因素，还要有专业的方法分析搬运的过程，工业工程里有一些专门的符号用来对搬运过程进行描述。最基本的符号有四个，移动、处理、加工、停滞，见表 10-3。

第 10 章
工厂布置及搬运改善

表 10-3 基本符号

记号	名称	变化的内容说明	货物的状态
⌂	移动	货物位置的变化	移动
∩	处理	货物支撑方法的变化	移动
○	加工	货物形状的变化与检查	不移动
▽	停滞	对于不会起变化的货物	不移动

表 10-4 列出了五种台上记号，用来表示物料放在地上或台上的状态。

表 10-4 台上记号

记号	状态说明	放置（处）	时间
▽	零散地放置于地上或台上的状态	平放于地面	4
▽	放入金属容器或捆成一束的状态	放在箱子里	3
▽	放置于搬运台或栈板上面的状态	下面有垫子	2
▽	放置于车上的状态	放在车上	1
▽	在运输带或射出口移动的状态	放在运输带上	0

表 10-5 是动力符号，可表示需不需要人力、机械力需不需要人为操纵，以及重力滑落过程要不要监视。这些符号都是 IE 绘制图表时的一些工具。

表 10-5 动力符号

动力的区分	需要人工与否	记号
人力	要	⌂
机械力	要操纵 / 不要操纵	⌂ / ⌂
重力	要监视 / 不要监视	⌂ / ⌂

表 10-6 是移动线符号，表 10-7 是一些组合记号，可供参考。

表 10-6　移动线符号

区分	线形	颜色
物	———实线	黑
人	·········虚线	红
搬运工具	—·—·—点画线	蓝

表 10-7　组合记号

	台上记号					动力记号			
基本记号	平放	箱	枕	车	运输带	机械要操纵	机械不要操纵	动力要监视	动力不要监视
移动									
处理									
停滞									
加工									

10.4.4　搬运分析举例

搬运分析和作业流程分析非常相似，搬运本身就是一个作业过程，见表10-8。工程内容 1～7 分别代表作业的内容，把搬运记号、搬运距离、搬运时间、物体重量、搬运工具、改善方案全部写在表上。图 10-23 是另外一种搬运分析方法，相当于工序流程图。左边是制品工程分析，右边是搬运工程分析。左边的图相对粗放一些，反映了加工工序和搬运距离等信息；右边的图把搬运的一些细节描述出来了，可以进行一些深度改善。除了上述方法外，工业工程中经典的方法还有线路图，也称物流路径图。线路图分析有多种体现方式，如图 10-24 所示，根据布置的情况，把物料移动路线、搬运方式都反映出来。

表 10-8　直线式搬运工程分析

距离/m	时间/min	搬运记号	工程内容	重量/kg	搬运工具	改善方案
			1. 暂时放在搬运台	15×5个		
10	2		2. 利用台车搬运		台车	
	3		3. 从台车移到运输带			
15	1		4. 在运输带上移动		运输带	
			5. 加工（洗净）			
	3		6. 加工完毕，放置于台车上面			
8	2		7. 利用台车移动		台车	

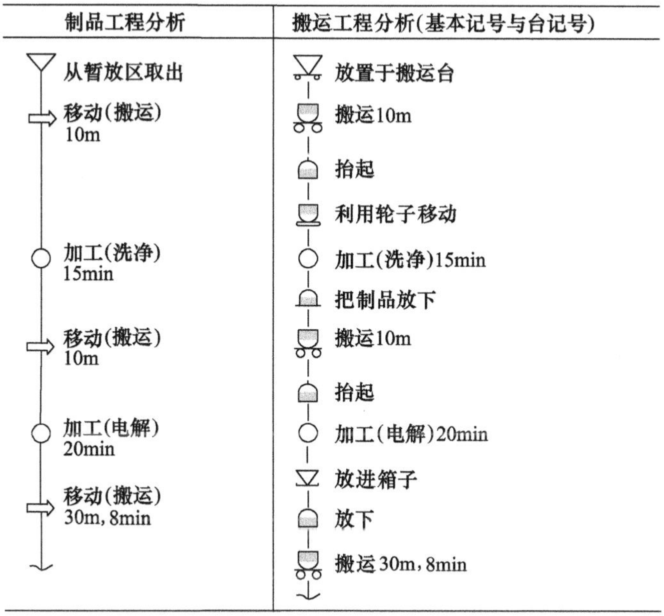

第10章
工厂布置及搬运改善

制品工程分析	搬运工程分析（基本记号与台记号）
从暂放区取出	放置于搬运台
移动（搬运）10m	搬运10m
	抬起
	利用轮子移动
加工（洗净）15min	加工（洗净）15min
	把制品放下
移动（搬运）10m	搬运10m
	抬起
加工（电解）20min	加工（电解）20min
移动（搬运）30m,8min	放进箱子
	放下
	搬运30m,8min

图 10-23　制品与搬运工程分析

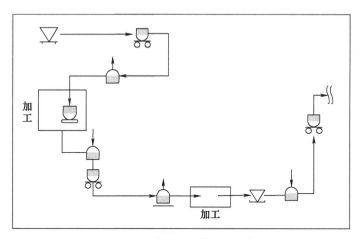

图 10-24　线路图搬运工程分析

10.4.5　搬运动线分析

图 10-25 左图是不同的制品流向图，把每个产品沿着工艺路线移动的路线画出来，同时用箭头把流向反映出来。右图是表示重量的流向图，就是把移动过程中不同的重量（或称物流量）表示出来，重量越大，线条越粗，到最后零件汇集在一起，线条最粗。

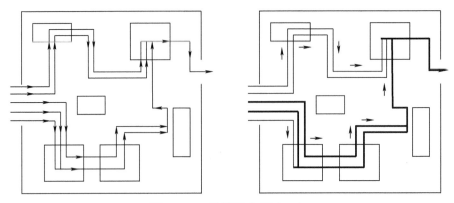

图 10-25　物流流向图（一）

如图 10-26 所示，左图是搬运通路方法图，也是用一些符号把搬运的过程表示出来。右图是立体流动图，从一个楼层到另一个楼层，描述整个移动路线。搬运路线有多种体现方式，图 10-27 是最常用的一种。

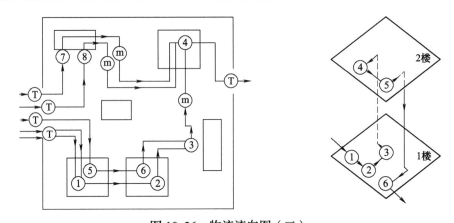

图 10-26　物流流向图（二）

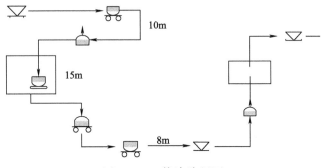

图 10-27　物流路径图

第 10 章
工厂布置及搬运改善

10.4.6 搬运的活性分析——图表及指数计算

图 10-28 是搬运活性指数分析，一共有 10 个搬运步骤。纵坐标对应活性指数为 0～4：第一步物料凌乱地放置在地上，活性指数对应为 0；第二步物料放于车辆之上，活性指数对应为 3。依此类推，把这个过程的活性指数都列出来。活性指数为 4 的有四个工程，为 3 的有三个工程，为 2 的有一个工程，为 0 的有两个工程，得到平均活性指数为 2.7。进一步分析，活性指数之所以低，主要原因是里面有两个工程活性指数为 0，把平均值拉低了。可以考虑改善这两个工程。比如把物料放在容器里，而不是地面上，指数将变为 1，如果放在搬运台或栈板上，活性指数将变成 2。要根据现场的实际情况选择合理经济的方式。如果两个工程的活性指数经过改善都改为 2，平均活性指数将提升至 3.1。

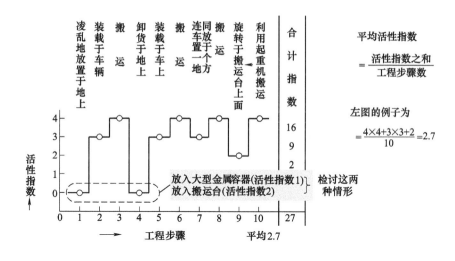

图 10-28 搬运活性指数分析

10.4.7 案例：某企业搬运工程分析

表 10-9 列出了一个搬运改善的案例。左边是改善前的搬运过程，右边是改善后的搬运过程。图 10-29、图 10-30 是改善前后对应的线路图，把改善前后制品的流向表现出来，看起来非常清楚。这样就是一个非常完整的搬运改善案例。

表 10-9 搬运改善案例
过渡安装架搬运工程分析表

物料图片	改善前					改善后					改善方案
	距离/m	时间/min	搬运工具	重量/kg	工作内容	搬运记号	距离/m	时间/min	搬运工具	重量/kg	工作内容	搬运记号

物料图片	距离/m	时间/min	搬运记号	工作内容	重量/kg	搬运工具	搬运记号	工作内容	距离/m	时间/min	重量/kg	搬运工具	改善方案
			○	1. 激光割连接件	0.9×40 件		○	1. 折弯时将激光割的连接件与折弯件放在一起			2.8×20 件		方案1：激光件和冲压件出货配齐后一次性运到物流半成品仓。方案2：加工中心规划半成品仓等待所需配件加工完毕后一起放在木托盘上一次送到物流半成品仓。
			▽	2. 放在木托盘上	3.6		▽	2. 放在木托盘上			56	柴油叉车	
	100	2	⇄	3. 用柴油叉车运到物流半成品仓	3.6	柴油叉车	⇄	3. 用柴油叉车运到物流半成品仓	100	3	56		
		0.5	◻	4. 放下	3.6		◻	4. 放下		0.5			
			○	5. 冲床冲孔后折弯	1.9×20 件		⇄	5. 用小型电动叉车运到七号车间焊接工位	43	3	56	电动叉车	
			▽	6. 放在木托盘上	38		○	6. 人工焊接					
	100	2	⇄	7. 用柴油叉车运到物流半成品仓	38	柴油叉车	▽	7. 装到木托盘上			3.0×20 件		
		0.5	◻	8. 放下	38		⇄	8. 用柴油叉车运到待喷涂区	90	3	60	柴油叉车	
			⇄	9. 用小型电动叉车运到件到七号车间焊接工	3.6	电动叉车	◻	9. 放下		0.5			
			◻	10. 用小型电动叉车折板到七号车间焊接工	38	电动叉车	改善后收益	1. 搬运距离比原来短了 143m					
			○	11. 人工焊接				2. 避免在焊接时才发现少料再次寻找物料造成时间浪费					
			▽	12. 装到木托盘上	3×20 件			3. 减少了叉车使用，比原来的搬运方式减少了 20% 左右的柴油消费					
		2	⇄	13. 用柴油叉车运到待喷涂区	60	柴油叉车		4. 半成品中转仓节省了一个卡盘（1100mm×1000mm）的空间					
		0.5	◻	14. 放下	60								

备注：
1. 目前的搬运需要柴油叉车两次搬运到物流半成品仓
2. 改善后将两托盘的物料放在一起实现一次搬运到物料成品仓

第10章
工厂布置及搬运改善

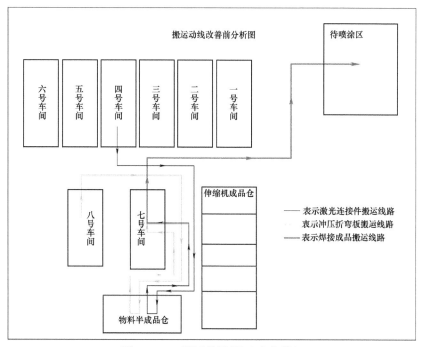

图 10-29　搬运线路图（改善前）

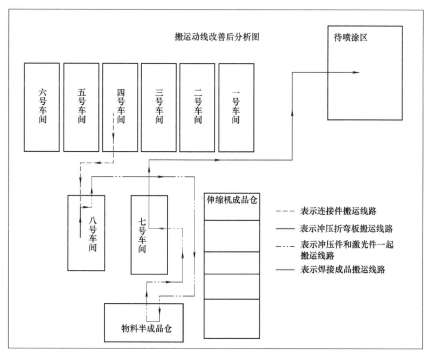

图 10-30　搬运线路图（改善后）

【思考题】

1. 工厂布局有哪几种形态？分别适用什么环境？
2. 尝试计算某一搬运过程的平均活性指数。
3. 搬运改善的着眼点有哪些？

第 11 章

设备加工型车间的精益改善

11.1 设备效率数据掌握及分析

当改善的对象是以设备为主的车间时，首先应该掌握设备的效率，通过数据了解设备的运行状态，掌握哪些设备有时间损失，哪些环节需要改善。

11.1.1 慢性损失的构造图及综合效率计算

图 11-1 是设备综合效率示意图，把设备每天的时间分配状况展现出来。设备效率的典型指标是 OEE，中文称为设备综合效率。在一天的工作时间里，希望设备满负荷开动。现实中有很多因素导致设备停机，最常见的是计划性停机，即设备的停机是事先规划的，比如设备的定期保养以及一些外部因素如没有订单造成的停工，这些都属于计划性停机。评估制造车间的生产能力，计划停机的时间要剔除掉。工作时间减去计划停机时间称为负荷时间。比如每天上班 10h，有 1h 计划停机，实际负荷时间就是 9h。可是在这 9h 里，还会因为一些停机造成时间损失，比如设备故障、换产品、换刀具、暖机等。也就是在生产过程中，不管是正常的还是异常的状况造成的损失，都会导致原本的负荷时间再减少一些。真正开动的时间称为稼动时间。用稼动时间除以负荷时间，得到时间稼动率。

时间稼动率反映设备应该开工多少时间，实际开工多少时间。在 9h 里，有 1h 的计划外停机损失，只有 8h 的开工时间，还会不会有其他损失呢？比如原来加工一个零件用 20s，由于设备速度变慢了，现在加工一个零件用 25s，产出变小。有些是因为设备老化，而导致速度变慢，在人机分析中提到过因为人的速度慢，导致设备等人，也会导致时间损失。这部分损失称为性能损失，导致稼动时间减少。稼动时间减去性能损失时间得到净稼动时间。用净稼动时间除以稼动时间得到性能稼动率。实务上设备净稼动时间一般用产品的标准工时乘以产品的数量计算。

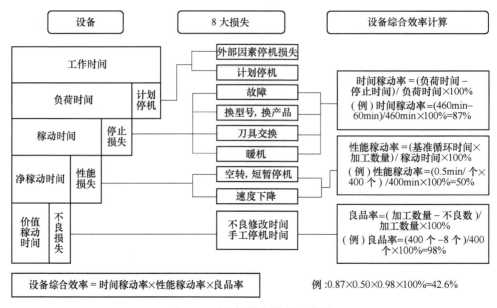

图 11-1　设备综合效率示意图

设备在加工过程中还会出现不良品，相应的时间也浪费了。这时候要考虑良品率，即用良品数量除以总的生产量。时间稼动率、性能稼动率、良品率三个指标相乘就得到设备综合效率。如果想对设备型的车间进行改善，首先应该计算设备的综合效率。可以根据计算方式，设计相应的表单，统计数据。

11.1.2　设备综合效率的计算实例

表 11-1 是注塑机的综合效率计算表单。生产数据包括工单号和模具号，也就是说数据是按照工单来统计的。标准工时包括模穴数和标准周期，标准周期是完成一次加工的时间，是用来计算性能稼动率的，一次加工有时会出不止一个产品，需要明确模穴数。总出勤时间包括三项：开机时间，完成生产时间，两者相减就是实际开机总时间。产量记录包括良品数和不良品数，可以计算出总生产数量，进而算出良品率。计划停机时间分成三个大类，包括早会、设备定保以及其他。无效停机时间也分成若干类别分开记录，比如换模具、设备故障等。这样做的目的是让管理者清楚地知道设备的损失在哪里，可以从哪些方面着手去做改善。这个表单的设计逻辑就是分别计算出时间稼动率、性能稼动率和良品率，再将三者相乘得出设备综合效率。这个效率是针对一个工单而言的，对于多个工单，取平均值即可。对于整个车间也可以计算整体的设备综合效率。

需要说明的是很多工厂管理基础差，统计工单的开工时间、结束时间以及

第 11 章
设备加工型车间的精益改善

过程损失时间都需要人工记录，员工不重视，时间准确性差，需要管理者加强宣导和检查，使得相关人员认真对待记录时间的工作。另外，随着信息化技术的发展、成本的降低，导入数据采集系统，自动记录相关数据已经成为可能，得到的数据就会更准确，更有分析价值。

表 11-1 注塑机综合效率计算实例

日期	机台别	生产数据		标准工时		总出勤时间			产量记录					
		工单号	模具号（料号）	模穴数	标准周期/min	开机起始时间	完成生产时间	实际开机总时间/min	良品数	成型不良数	加工损耗数	总生产数	不良合计	良品率
7/1		MK0803	24005192	2	1.0	8:00	20:00	720	1253	31	10	1294	41	96.8%
		MK0804	24005192	2	1.0	20:00	8:00	720	1383	4	21	1408	25	98.2%

计划停机时间/min				无效停机时间记录/min							时间运转率	性能运转率	设备综合效率	备注
A01	A02	A03	小计	B01	B02	B03	B04	B05	B07	小计				
5			5			10		30		40	94%	96%	87.6%	
5			5							0	100%	98%	96.7%	

11.1.3 影响 OEE 的六大因素

（1）停工和故障的损失　设备失效需要执行维护操作。其原因有机器过载、螺钉和螺帽松动、过度磨损、缺少润滑油、污染物等。

（2）换装和调试的损失　从一种产品换到另一种产品的时间损失，或运行时对设置的改动。其原因有移交工具、寻找工具、安装新工具、调节新设置等。

（3）空转和瞬间停机的损失　由于小问题引起的短暂中断。其原因有零件卡在滑道里、清除碎屑、感应器不工作、软件程序出错等。

（4）降低速度的损失　设备以低于其标准设计速度运行导致的损失。其原因有机器磨损、人为干扰、工具磨损、机器过载等。

（5）生产次品的损失　由于报废、返工或管理次品所导致的时间损失。其原因有人工错误、劣质材料、工具破损、软件程序缺陷等。

（6）启动稳定的损失　设备从启动到正常工作所需要的时间。其形式有设备要平缓加速到标准速度、烤箱需升温到设定温度、去除多余的材料、处理相关原料的短缺等。

11.1.4 某企业影响设备有效性数据分析

有了数据，就可以进行停机原因分析。图 11-2 所示为一个五金厂压铸车间的统计数据。把一段时间白班、晚班的时间损失进行了记录，损失原因分成八个类别，通过数据的汇总，做出柱状图进行对比分析，发现排在前三名的是换模时间、机械故障、模具故障。知道问题的严重程度，就知道从哪里下手展开工作了。具体如何改善，采用何种改善措施，需要进一步研究换模的过程及故障的原因。需要强调的是，很多公司在进行改善的过程中往往不能抓住重点，而是对所有的问题点展开改善，需要投入的人力非常大，很多工作做不到位，反而达不到改善效果。一定要根二八定律的原则，80% 的时间损失是由 20% 的原因导致的，一定要选择关键的少数原因进行改善。

班次	早会	保养	停机时间记录/min						合计
			换模	机械故障	模具故障	异常调机	停工待料	其他	
白班	240	155	1440	1620	725	510	30	636	5356
夜班	0	365	2231	1688	745	116	76	705	5926
小计	240	520	3671	3308	1470	626	106	1341	11282

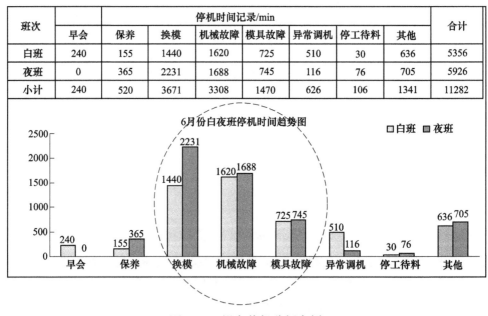

图 11-2　设备停机分析实例

11.1.5 持续改进 5Why

对设备的改善也是用 IE 的 5Why 分析法进行持续改善。当出现问题时，不管是换模损失、故障损失，还是其他问题，要养成多问为什么的习惯。例如：

例子：设备停机

第一个为什么：为什么停机了？　　　　　　（机器过载，保险烧了）

第二个为什么：为什么会过载？　　　　　　（轴承润滑不够）

第 11 章
设备加工型车间的精益改善

第三个为什么：为什么润滑不够？　　　　（机油泵没抽上足够的油）
第四个为什么：为什么油泵抽油不够？　　（泵体轴磨损）
第五个为什么：为什么泵体轴磨损？　　　（金属屑被吸入泵中）
第六个为什么：为什么金属屑被吸入泵中？（吸油泵没有过滤器）

通过多问几个为什么，可以了解真正的原因在哪里。5Why 分析是 IE 常见的方法。通过数据分析，可以锁定设备到底出现了什么问题。当然对大部分企业而言，设备问题无非就几种，比如设备故障、模具故障，也可能是换模太多，还有可能是维修太慢等。

11.2 全面生产维护

全面生产维护（TPM）是以提高设备综合效率为目标，以全系统的预防维修为过程，以全员参与为基础的设备保养和维修管理体系。优秀的企业，设备管理及维护人员所投入设备事前点检保养的时间，远远大过事后维修的时间。

11.2.1　TPM 对操作人员的要求

设备操作人员不仅使用设备，同时还有责任监控设备故障并及时报告给设备维修人员快速维修，另外对自己负责的设备还要进行日常保养、日常清洁整理以及小的维护调整工作，以确保设备的稳定性。所以作业员必须改变单一使用者的观念，作业员不但要使用设备，还要随时监控设备情况，如图 11-3 所示。当设备出现问题时，能够快速回馈信息给相关部门，特别是维修部门，让他们及时解决。

图 11-3　设备维护及监控示意

11.2.2　TPM 的八大支柱

TPM 有八大支柱（见图 11-4）。自主保全指发挥员工的主人翁责任感，谁使用设备，谁负责维护，也称日保养。计划保全是由专业维修人员对设备进行计划性的定期维护保养，也称为定保。前期管理是将设备以往出现的问题，反馈给设备设计部门，在设计阶段想办法改进设备。个别改善也称焦点改善，对设备经常性的一些大的故障成立专案进行改善。教育训练是培养设备改善方面的人才，包括对普通员工日常保养技能的训练，比如一点式教育。品质保全是指对因设备不稳定导致的品质问题进行改善，比如产品的公差不符合设计要求等。事务改善是指提升间接部门的工作效率以及降低办公设备故障率。安全卫生是打造安全、健康、良好的现场环境。TPM是一整套对设备进行维护管理的体系。TPM的八大支柱是支撑整个设备管理的基础，经常以小组的形式展开。对于一些钢铁企业、石油企业，设备的稼动率非常重要，设备停机会造成很大损失，TPM要做得非常深入。对于一些设备不是特别重要的企业，重点在维护好关键机台和瓶颈机台。尤其是设备自主保全，推动过程阻力很大，即便是计时工资，员工也是多一事不如少一事，不愿意做，需要领导层长期坚持，帮助员工养成保养设备的习惯。对于计件制工资，可以考虑把工价拆出来一部分，作为每天的日常保养工资。另外要认识到，这是一个长期的过程，不可能马上见效。

图 11-4　TPM 八大支柱

11.2.3　TPM 的实施要点

以 5S 活动为突破口，夯实 TPM 管理基础。抓典型，示范机台引路，然后再全面推广。坚持周例会制度，突出推进工作的计划性。以建立健全标准化、模型化的点检定保体制为落脚点，抓好整章建制。以录像曝光为手段，严格检查，落实整改。实施动态管理，做到持之以恒。坚持以人为本，搞好教育培训工作。在 TPM 推行过程中，目视化的工作非常重要，问题点要充分暴露出来，要盯着问题点狠抓落实。主要需要目视化的内容包括：缺陷点列表，指的是维护过程中发现的设备缺陷；发生源列表，指造成设备缺陷、跑冒滴漏的源头问题；困难部位列表，指有些部位清扫、维护都比较困难，不方便操作，可能需要开发特殊的工具；疑问点列表，指的是有些标准不明确，不知道该不该作为一个问题，都要记录下来。

第 11 章
设备加工型车间的精益改善

11.2.4 设备维护保养体系建立

从设备需求提出,到设备购买,到设备安装、调试,以及设备管理等,一系列都要有作业标准来规范,如图 11-5 所示。

很多企业设备管理一团糟。设备到厂之后,没有建立台账,没有运行规程,也没建立点检保养标准,与设备相关的部门职责不清,没有人关心设备,设备的管理没有与具体部门挂钩,造成设备管理的缺失,影响设备效率的发挥。所以要建立设备维护保养体系,从流程和程序书的角度详细表达、规范整个设备管理体系。限于篇幅,图 11-5 只是列出了部分程序文件的内容。

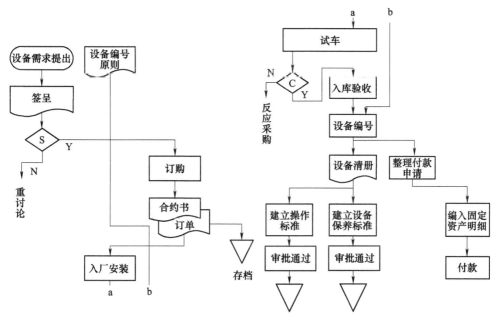

图 11-5　设备管理标准流程(部分)

11.2.5 设备点检/保养基准建立

有了设备维护保养体系之后,还要建立设备点检/保养基准。基准不同于点检表。一般来讲,企业里大一点的设备都配有设备点检表,但是缺乏设备点检保养基准。点检表用来进行现场点检,看看哪些部位有问题。基准书是告诉使用者如何点检,或者说发现问题该如何处理、谁来点检、多长时间点检一次。它是由设备管理部门制定,给设备操作人员和管理人员使用的,见表 11-2。这里明确了检查项目、点检负责人、检查的频率、部件更换的标准、出现异常时的处理方式、谁负责处理等,非常详细。

表 11-2 设备点检保养基准书

设备名称：单弯机　　设备NO：　　频度：区分日、周、半月、月、季、半年、年

设备单位	编号	检查项目	负责人	频度	更换之判定（管制）基准	异常处理方式	处理责任区分 使用单位	处理责任区分 保养组	备注
电控系统	1	空车试运转是否正常	操作员	日	机械运转是否顺畅，电器开关是否灵敏	如有异常停机排查	弯管组	机修工	
	2	电路管线保护完好	操作员	日	管线是否破损露出	更换电线	弯管组	电工	
	3	脚踏开关正常	操作员	日	脚踏开关能否正常开机，弹簧是否松动	更换脚踏开关	弯管组	操作员	
	4	马达运转顺畅	操作员	周	马达运转有无异声	更换轴承	弯管组	电工	
	5	散热系统是否正常	操作员	周	机器运转作业时温度异常升高	更换散热器	弯管组	电工	
润滑液压	6	液压表压力是否正常	操作员	日	液压表读数是否在（少具体范围）之间	停止使用机器，寻求机修帮助	弯管组	机修工	
	7	液压油管状态良好	机修工	月	目视有无严重磨损、破裂	停止使用机器，立即更换油管	弯管组	机修工	
	8	油泵检查	机修工	月	油泵压力是否在设定值（少具体范围）	调节油泵压力	弯管组	机修工	
	9	油滤网状况	机修工	月	油泵工作有异常油量小（少具体范围）	液压油需经80目以上滤网过滤，油滤装置要定期清洗	弯管组	机修工	
	10	油路系统工作正常	操作员	日	目视各接头密封圈损坏是否损坏、漏油	更换密封圈，锁紧接头	弯管组	机修工	
	11	油缸密封性	操作员	日	油缸是否漏油	更换油封	弯管组	机修工	
	12	确认润滑油与液压油是无毒的，使用特定的油品	机修工	周	油品不符合规定	立即更换	弯管组	机修工	
	13	液压油能否正常工作	机修工	季	目视液压油是否变白、起泡、浑浊	立即更换，检查原因	弯管组	机修工	
	14	润滑部位是否失效	机修工	月	机器运行有卡塞感，运动不流畅	加足润滑油	弯管组	操作员	

第11章
设备加工型车间的精益改善

（续）

设备单位	编号	检查项目	负责人	频度	更换之判定（管制）基准	异常处理方式	处理责任区分		备注
							使用单位	保养组	
机械传动	15	螺钉是否松动	操作员	日	扳手是否拧动	更换螺钉	弯管组	操作员	
	16	动力杆的螺纹是否滑丝	操作员	日	动力杆上的螺母是否能顺利滑动	更换动力杆	弯管组	操作员	
	17	模具区是否清洁	操作员	日	目视模具台上是否有金属屑或尘埃等	立即清扫干净	弯管组	操作员	
	18	滑动槽能否正常使用	操作员	日	目视滑动槽内无异物	立即清除异物	弯管组	操作员	
整体设备外观	19	电子屏幕显示是否正常	操作员	日	电子屏幕无显示或无法确认	更换电子控制屏幕	弯管组	电工	
	20	控制面板内部有无水渍油污	操作员	日	目视是否有水渍	查看进水情况，确定更换与否	弯管组	操作员	
	21	操作按钮标示是否磨损	操作员	日	目视能否看清操作指示	更换操作指示	弯管组	操作员	
	22	机身整体情况	操作员	日	机身表面无污物、铁屑、生锈现象	清洁擦拭	弯管组	操作员	
	23	工作场地周围是否干净整齐	操作员	日	目视无妨碍工作和交通的杂物、地面无油污	立即整理整顿进行清扫	弯管组	操作员	
安全防护系统	24	弯管工作范围是否有警示标示	操作员	日	目视弯管行程范围附近是否有防护警示标志	立即增加	弯管组	操作员	
	25	设备接地状况	操作员	日	没有机器接地线路	增加接地线路	弯管组	电工	
	26	安全防护装置是否正常	操作员	日	电线接地和电气绝缘是否完备	装好才可开机	弯管组	电工	

11.2.6 设备日常点检执行

想让设备稳定，需要做好日常维护保养工作。员工要根据基准书中的规定严格执行设备点检并填写设备点检表，见表11-3。左侧是要检查的项目，右侧是每日检查后确认设备的状态，正常的打"√"，异常的打"×"，有异常的要及时通报，填表的要求在表格的左下角。严格来讲，维护保养工作要列在企业的KPI里。企业投入在维护、点检的时间要大于维修的时间。

表 11-3 设备点检表实例

设备日常点检表

| 设备名称：游弯机 | | 设备编号： | | | | 使用部门：弯管组 | | | 年　　月 |

部位	NO	保养点检项目	保养周期 日	保养周期 周	保养周期 月	保养周期 季	日期 1-31
电控系统	1	各电控按钮开关灵敏可靠	√				
电控系统	2	手柄转动顺畅，无滞涩感	√				
电控系统	3	电源线完好无损，无漏电短路	√				
机械传动	4	电动机运转、散热正常、无异常声音	√				
机械传动	5	电动机、游弯模等关键部位螺钉紧固			√		
机械传动	6	检查皮带使用是否松弛磨损		√			
油液系统	7	手柄传动轴上定期添加机油	√				
油液系统	8	定期对设备各个润滑点注油		√			
设备外观	9	游弯模导轨上光滑无杂物	√				
设备外观	10	机身表面无油污、生锈现象	√				
设备外观	11	机器工作区四周整齐干净	√				
设备外观	12	机身放置平稳，无摇动现象	√				
设备外观	13	电动机及电控箱内干净无污物		√			

主管		保养人		查核人	
记入方法	√………正常　×………异常　△………停工待修　⊕………修理完毕			维修记录	

注：1. 每日上班时立即自主检查，以上项目如有问题，须立刻向主管反应。
　　2. 本表请保养人确实填写，若影响效率、质量、人员安全，请主动呈报检修，以达到预防保养的目的。

第 11 章
设备加工型车间的精益改善

11.3 设备快速维修

11.3.1 快速维修的意义

虽然企业有事前对设备的点检及维护，但避免不了设备故障的发生。设备故障如果无法快速解决，停机时间造成的损失会不断加大。维修效率低通常表现如下：

1）无法快速找到维修人员，或者维修人员不能够及时到岗。
2）维修人员不能够快速排除设备故障。
3）设备的故障重发频率较大。

当故障发生时，如何快速通知维修人员是一个课题。当维修人员知道以后，能不能快速赶过来？来了之后，他的技能、维修方法能否足够快速把设备修好？这些因素决定了快速维修的水平。当设备出现一些重复性故障，维修人员能不能做一些再预防的工作？作为 IE 来讲可能没有办法帮助他们提升维修技能，但可以用一些方法强化他们对维修的态度。这有助于维修服务技能的自我提升以及快速维修能力的建立。

11.3.2 快速维修反应——安灯信号

设备的快速维修首先要考虑如何让维修人员快速知道设备异常。通过安灯系统（见图 11-6），当故障出现时，作业人员按下按钮，就会发出灯光信号，或将故障信息发送到维修人员的手机或手环上，这样维修人员就能快速知道出问题的机器。他收到维修信息后快速赶到现场，开始维修作业，维修花费了多长时间也可以统计。

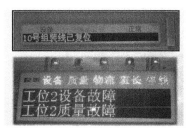

图 11-6 安灯系统

11.3.3 快速维修——异常处理流程

异常处理流程包括三个关键步骤：异常触发、异常签到、异常解除（见图11-7）。异常发生后，作业人员触发报警按钮，系统首先把异常信息传递给一级责任人。一级责任人5分钟没有响应，系统发信息给二级责任人。二级责任人10分钟没有响应，系统将异常信息传递给三级责任人。责任人收到信息，

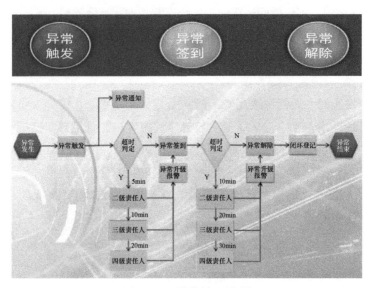

图11-7 异常处理流程

立即到现场签到，并进行异常排除处理，异常解除。如果异常没有在设定的时间内解除，系统会自动向上一级负责人通报。通过这种机制，保证各级责任人能够重视异常的处理。随着自动化技术的发展，异常触发机制趋向于设备自动触发。

11.3.4 快速维修——通过数据促进管理

快速维修有两类指标。一类是可靠性指标，用来表征设备出现故障的频繁性，也就是设备的可靠性。如平均故障间隔，用机器实际开动的时间除以这段时间内的故障次数。故障次数率用故障次数除以负荷时间，得出单位时间的故障次数。

$$平均故障间隔 \text{MTBF}（\text{Mean Time Between Failure}）$$
$$= \frac{开动时间}{故障次数} = \frac{负荷时间 - 故障停止时间}{故障次数}$$

$$故障次数率 = \frac{故障次数}{负荷时间}$$

第 11 章
设备加工型车间的精益改善

另一类指标为维修性指标,包括平均维修时间和故障强度率。平均维修时间用故障停止时间之和除以停止次数,也就是每次故障的平均停止时间。故障强度率用停止时间除以负荷时间,是单位负荷时间的停机时间占比。

$$平均维修时间 \text{ MTTR}（\text{Mean Time To Repair}）= \frac{故障停止时间}{故障次数}$$

$$故障强度率 = \frac{故障停止时间}{负荷时间} \times 100\%$$

11.3.5　维修数据计算实例

图 11-8 给出了设备的故障时间示意图,蓝色(浅色)表示正常运行,红色(深色)表示故障,相应的时间已经标在图的下方。根据上面的定义,可以进行相关指标的计算。

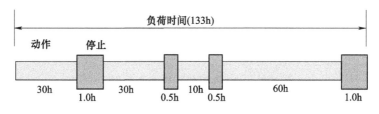

图 11-8　维修数据示意图

$$\text{MTBF} = \frac{133\text{h} - 3\text{h}}{4\text{ 次}} = 32.5\text{h/ 次}$$

$$\text{MTTR} = \frac{3\text{h}}{4\text{ 次}} = 0.75\text{h/ 次}$$

$$设备故障次数率 = \frac{4\text{ 次}}{133\text{h}} = 0.03\text{ 次 /h}$$

$$设备故障强度率 = \frac{3\text{h}}{133\text{h}} = 2.3\%$$

11.3.6　维修数据指标管理

图 11-9 包括两部分。上方表格是设备异常记录的原始表单,内容包括:异常是什么时间发生的;维修人员什么时间签到的;异常什么时间解除的;异常的类型,比如是工装的原因、质量的原因等等;损失多少工时;采用什么对策解决的;由谁负责解决。通过这张表,把异常发生的信息完整地记录下来。下方是对异常的统计分析,把异常时间按大类统计,汇总得出每类异常消耗的时间,

并用饼图把比例关系表现出来。图示物料导致的故障最严重，其次是工艺故障。有了数据分析，就可以有针对性地进行改善了。

ID	产线名称	异常发生时间	异常签到时间	异常关闭时间	停机时长/min	是否签到超时	是否关闭超时	一级异常	二级异常	三级异常	四级异常	异常影响	损失工时	异常对策	解除人	操作
923	R线	2017-08-05 11:23:09	2017-08-05 11:25:09		0	否	是	工装								--
922	R线	2017-08-05 11:11:44	2017-08-05 11:11:50	2017-08-05 11:11:52	0	否	否	质量								编辑
921	N线	2017-08-05 08:41:52	2017-08-05 08:42:10	2017-08-05 08:42:13	0	否	否	设备	润滑异常			全线停线	0		张三	编辑
920	M线	2017-08-04 15:03:13	2017-08-05 11:11:35	2017-08-05 11:11:35	1208	是	否	设备								编辑

故障类型	1	2	3	4	5	6	7	8	9	10	11	12	13	14	15	16	17	18	19	20	21	22	23	24	25	26	27	28	29	30	31	累计(单位:分钟)
工艺故障														110		170	138	21														439
技术故障													18				44															62
设备故障																																0
物料故障													16	465			92															573
质量故障												1	26	34	0																	61
累计(单位:分钟)	0	0	0	0	0	0	0	0	0	0	0	0	19	152	499	170	182	113	0	0	0	0	0	0	0	0	0	0	0	0	0	1135

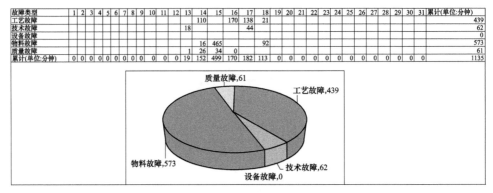

图 11-9　维修指标建立及分析

11.4　设备快速换模

11.4.1　传统汽车与方程式赛车换胎

图 11-10 左图是传统换轮胎的模式，右图是方程式赛车换轮胎的模式。这张图展现了一个非常典型的多人联合作业的模式。运用传统的方式时间会比较长，运用多人同步的方式会快很多。

图 11-10　传统换轮胎与方程式赛车换轮胎对比

第 11 章
设备加工型车间的精益改善

11.4.2 换模演进

换模的方式有很多种，图 11-11 展示了换模技术的发展历程。换模至少有 5 个水平，时间长短也与机型有关，比如有些企业有注塑机、压铸机，同一种机器也有大机台和小机台之分，相应有大模具和小模具，不同的机台换模的时间也是不一样的。一般来讲，注塑机和压铸机的换模时间超过 1 个小时的很多，对于一些大的压铸机，换模的时间可以长达一到两天。这个就是非常长时间的换模。一些小型的机器，比如冲压、焊接设备换模的时间是比较短的。换模时间的长短重点是找同类的设备对比。换模是一个不断追求时间缩短的过程，不管是长时间换模还是个位数换模，只要换模时间比以前少，就是换模的改善。

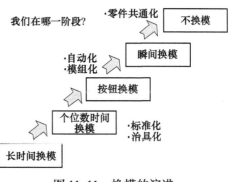

图 11-11　换模的演进

11.4.3 传统换模

传统的换模方式是：首先把机台停下来，把旧产品零部件撤离现场；然后进行换模人员和工具准备，准备好后清洁机台和模具，搬运新模具及检查保养；最后装配新模具，通知前工序准备新零部件试产，搬运新零部件准备生产，运行调整。传统的换模过程简单来讲就是把原来的产品做完，把机台清理干净以后，开始准备新的模具，这种情况会出现什么问题呢？

1）在机台停机后物料才开始移动。
2）开始生产才发现少了检具 / 工刀具 / 治具。
3）开始生产又重新调模 / 调机（不良品）。
4）每个（架模）技术工，手法不标准化，不同的人换模的流程不同。

11.4.4 传统换模时间与浪费

如图 11-12 所示，换模时间可分成不同的类别。准备工作占了 25% 的时间，调模试产占了 40%，拆装模具占 20%，测量占 15%。这个过程产生了很多时间上的浪费，包括不良品排除、运输 / 找寻、库存、动作、多次调整参数定位等。换模过程设备停止时间如右图所示，包括换模时间和调整时间两部分。这两类时间决定了机器停机损失。

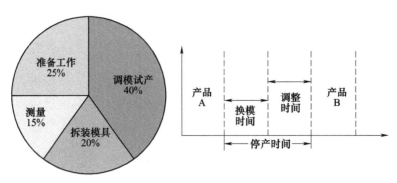

图 11-12　换模时间分配

11.4.5　换模消耗时间长的原因

（1）混淆了内部和外部的切换作业　内部作业：必须在机台停机时进行的作业，也就是说必须要停产。外部作业：可以在机台开机时进行的作业，主要是一些准备性的工作，还有些清尾性的工作。这些工作不用停机就可以进行。很多作业是可以在机台开机时进行的，事实上却在停机时进行。

（2）换模工作没有进行优化

1）没有制定合理的标准——谁做？何时做？做什么？

2）没有进行平行作业——2人以上同时作业或者说是并行作业。

3）工具、工装、配件远离机台，东西放得太远，现场的5S做得不好，难以取到。

4）很多配件需要装配，比如在模具安装的过程中需要安装一些油管、水管，还有一些接头、螺钉等，导致换模时间比较长。

11.4.6　快速换模的原因

很多企业认为增大批量、减少换模次数可以解决换模时间长的问题。通过增加批量的方式减少换模时间并不是一件好事，图11-13表示换模时间和库存的关系，换模时间越长，库存越高。库存高的风险远远大过换模时间，所以要尽量想办法快速换模，而不是通过合并生产，减少换模。

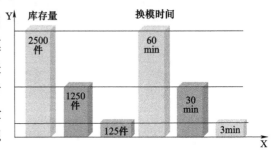

图 11-13　换模时间和库存的关系

第 11 章
设备加工型车间的精益改善

当换模时间少时，单位工时就会变少，见表 11-4。比如，同样做 500 批量的生产任务，不同的换模时间，生产一个零件的工时是不一样的，所以一定要缩短换模时间。特别是当工厂订单是多种少量时，必须快速换模，才能减少因为批量小造成的成本增加。

表 11-4 换模时间对工时的影响

批量	每件作业工时 /s	换模时间 /min	每件工时 /s
500	50	15	（60×15）/500+50=51.8
500	50	25	（60×25）/500+50=53.0
500	50	40	（60×40）/500+50=54.8

换模的目标见表 11-5，核心还是快速反应，满足客户小批量需求。

表 11-5 换模的目标

灵活生产	不需额外的库存即可满足客户要求
快速交货	缩短交货时间，即资金不压在额外库存上
优良品质	减少调整过程中可能的错误
高效生产	缩短换模的停机时间意味着更高的生产效率，即 OEE（Overall Equipment Effectiveness，整体设备效率）提高
使实现 JIT、大量减少产品报废成为可能	

11.4.7 快速换模的定义

快速换模是通过工业工程的方法，将模具的产品换模时间、生产启动时间或调整时间等尽可能减少的一种过程改进方法，如图 11-14 所示。它把模具抬高到与设备需要的高度一致，减少了人工搬运，缩短了时间。

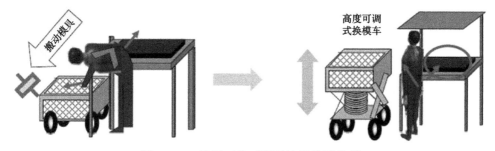

图 11-14 基于工业工程手法的快速换模

11.4.8 换模时间的定义

换模时间是从前一品种最后一个合格产品完成，到下一品种第一个合格产品生产出来之间的时间间隔。换模时间主要由四部分组成：准备时间、换模操作时间、调整时间、整理时间，如图 11-15 所示。

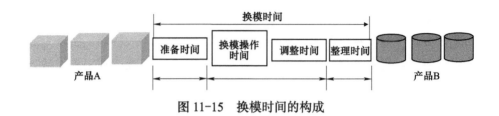

图 11-15 换模时间的构成

11.4.9 内部作业与外部作业

（1）内部作业 指需要设备/机台停机才能实施的作业内容，也叫内换模，它包括拆卸旧模具、安装新模具，以及调整和首样确认等。

（2）外部作业 指不需要设备/机台停机就可以实施的作业内容，包括前外换模作业（换模前准备工作，如准备工具、模具、物料等）和后外换模作业（换模后的收尾工作，如现场清理、模具入库等）。

11.4.10 标准换模流程

前外换模包括准备工具、准备模具、准备物料、预处理。这些工作在前一个产品生产结束之前就可以做了。内换模包括换模作业和调整试产。换模作业包括旧模具的拆和新模具的装。调整试产这个阶段，包括加工参数的调整到首件加工及检验。除了调机以外，还要做首件确认。这也要花很多时间。最后是后外换模，属于外换模时间，包括模具安装以后的现场清理、模具的维护。旧模具拆下来要进行维护、模具入库，以及相关的备件计划。通过对换模时间的切分，要清楚什么工作能放在停机之前，什么工作放在停机之后。这就是改善的依据，如图 11-16 所示。

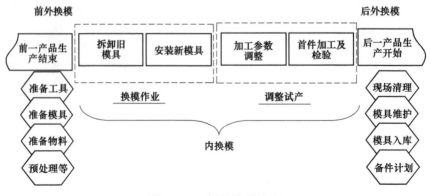

图 11-16 标准换模流程

第 11 章
设备加工型车间的精益改善

11.4.11 快速换模的原则

（1）四原则

1）严格区分内部作业和外部作业，也就是必须区分哪一些是可以提前做的，哪些是必须停机做的。

2）将内部作业尽可能转换成外部作业，把停机时间缩短到最短。

3）排除一切调整过程，尽可能想办法不要调机。比如注塑机有很多参数都是要调整的，很多公司没有把参数录入到机台里，每一次都需要调，很耗时间。

4）完全取消作业转换过程，看看有没有办法不转换。

（2）五法则

1）事前准备。

2）多人分工并行。

3）快速定位、紧固。

4）用防错装置防止模具安装错误。

5）消除调整时间。

四原则和五法则支撑了快速换模的依据。

11.4.12 实施过程和方法：PDCA

在一个企业里推动换模改善需要八个步骤，如图 11-17 所示。整个过程遵循 PDCA 的逻辑进行。

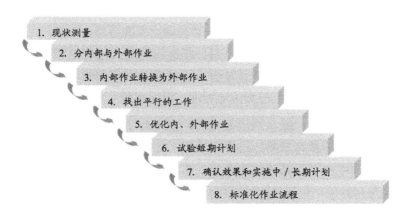

图 11-17　换模改善八步骤

11.4.13 快速换模八步骤

1. 现状测量

（1）换模水平　各种型号换模的平均时间是多少？首先要对当前的换模时间进行了解，各种型号的平均时间体现了换模的总体水平。

（2）换模步骤　现在的换模作业步骤和时间是多少？要把目前的整个换模过程记录下来，做时间观测，做流程分析。

（3）换模频率　模具更换的频率也是要注意的。一家企业的机台换模时间居然高达 8h，后来发现它的换模频率非常低，低到 2 个月换一次模具。所以这个换模时间并不是改善的重点。

（4）换模人员　要了解换模过程是一个人做，还是两个人做，换模要不要一些技术人员参与进来。

（5）产品型号　要了解换模前后的产品型号。比如注塑机，前一个产品是黑色料，下一个产品是浅色或者白色料，从黑色变成白色需要做很多料筒的清洗。如果第一个产品不是黑色的，是一个透明色，下个产品是黑色，对料筒的清洗并不是特别重要。两者花费的时间不同。所以要尽可能把换模前后的产品型号找出来。

（6）现状时间　了解不同型号模具的换模时间，是设定目标的关键。

（7）现场观测　现场观察换模过程并将所有的步骤记录在观测表上。

表 11-6 是一个流程分析表，也就是 IE 里面的作业流程分析。当然这个表是个简化版的，可通过摄影机和秒表的方式，把整个的换模过程全部记录下来。

所有的换模步骤越细越好。比如说，有时候会有些等待、作业、检查、确认、寻找，这样的作业过程要全部表达出来。表达完之后，还要把每个步骤的时间测量出来。这样就可以通过作业流程的方式观察整个换模的过程。换模的全过程记录最好采用摄影的方式，中间不要停顿，以便能用录像分析各步骤的时间。另外要注意换模人员手、眼、身体的运动，因为要通过动作分析，观察作业人员的作业方法是不是最高效的。记录完成后，在会议室回顾录像内容，并记录各活动内容。这里面要强调的是，换模过程的重复性不强，抓取的时间一般只有一次。如果用秒表，很容易漏掉一些动作。

同时尽可能使用行走路线图分析。如图 11-18 所示，中间是一个设备，旁边是作业员行走的动态路线图。通过这个方法，可以看出换模人员都到了哪些

第 11 章
设备加工型车间的精益改善

地方、整个路线的状态表现怎么样。这样可以更加形象地知道目前的换模过程到底存在哪些问题。

表 11-6 换模过程程序分析表

换模基本资料：			模具型号：12511　脚垫				分析人：		
部门别：塑胶课			号：3#		吨数：130t		日期：2015.01.17		
			现状作业						
步骤	作业流程	说明	换模人员			过程耗时			备注
			A	B	C	起	止	工时/min	
1	下模具			√				0:05:00	
2	模具搬运至放置区			√				0:01:04	
3	拆水嘴			√		0:00:17	0:01:10	0:00:53	
4	模具上架			√		0:01:10	0:01:50	0:00:40	
5	寻找吊环			√		0:01:50	0:05:17	0:03:27	
6	需换模具装吊环			√		0:05:17	0:05:25	0:00:08	
7	天车吊起模具			√		0:05:25	0:06:51	0:01:26	
	等待取水嘴			√		0:06:51	0:07:15	0:00:24	
8	寻找水嘴		√			0:06:25	0:07:15	0:00:50	
9	水嘴缠绕生胶带			√		0:07:15	0:07:50	0:00:35	
10	装水嘴			√		0:07:50	0:09:10	0:01:20	
11	模具搬运至机台			√		0:09:10	0:09:40	0:00:30	
12	拆压板螺钉		√	√		0:09:40	0:14:40	0:05:00	1
13	等待			√		0:11:40	0:14:40	0:03:00	
14	模具放入机台内			√		0:14:40	0:15:10	0:00:30	
15	对模具进胶口			√		0:15:10	0:15:38	0:00:28	
16	调模具			√		0:15:38	0:16:44	0:01:06	
17	对射嘴			√		0:16:44	0:17:04	0:00:20	
18	寻找防锈油			√		0:17:04	0:17:53	0:00:49	
19	对射嘴			√		0:17:53	0:18:07	0:00:14	
20	装压板螺钉固定模具		√	√		0:18:07	0:28:15	0:10:08	
21	松天车吊钩			√		0:23:45	0:24:25	0:00:40	
22	装水管油管		√			0:28:15	0:29:10	0:00:55	
23	等待			√		0:24:25	0:29:10	0:04:45	
24	松模具并检查模具			√		0:29:10	0:29:18	0:00:08	
25	擦拭模具内腔			√		0:29:18	0:29:49	0:00:31	
26	寻找清洗剂			√		0:29:49	0:30:50	0:01:01	
27	清洗模具内腔			√		0:30:50	0:32:20	0:01:30	
28	寻找清洗剂			√		0:32:20	0:33:18	0:00:58	清洗剂不够
29	清洗模具内腔			√		0:33:18	0:35:23	0:02:05	
30	擦拭模具及机台作业区域			√		0:35:23	0:35:45	0:00:22	
31	将工具归还至工具放置区			√		0:35:45	0:36:10	0:00:25	
	合计		1	1	0	/	/	0:51:08	

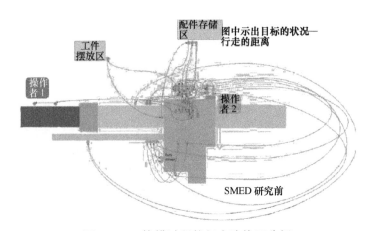

图 11-18　换模过程的行走路线图分析

2. 分离内部和外部作业

要在流程上下功夫,将机台开机时就能做的工作与必须停机才能做的工作分开,浪费时间的实例包括:停机后才将模具或工具等移至机台;在换模时才发现工具或模具缺陷;在换模过程中更换或维修配件;在模具安装好后才发现模具的缺陷;在换模过程中到处找配件、螺钉、材料等;没有合适的升降设备、作业标准等。

IE 工程师、换模人员及必要的管理人员要开会研讨,针对流程中的内、外部时间进行区隔,针对流程中的等待进行讨论,讨论后的内容形成书面结论。第二步的工作重点是把观察的作业流程的每个步骤做区分。用 IE 里面的 ECRS,特别是重排,把原来停机后做的工作调整为外部作业,见表 11-7。

表 11-7　区分内外部作业

换模基本资料:　　　　　　　　　　　　　　　　　　　　　分析人:
部门别:塑胶课　　机台号:9#　　吨数:320t　　　　　模具型号:029 支撑面板

步骤	作业流程说明	换模人员 A	换模人员 B	换模人员 C	过程耗时/min 起	过程耗时/min 止	过程耗时/min A	过程耗时/min B	备注	改善建议
1	关闭机器									
2	洗料管	√				0:04:38	0:04:38		2/3 同步	
3	加原料		√		0:01:51	0:02:16		0:00:25	2/3 同步	可同步进行
4	关闭中子油缸	√			0:04:38	0:05:14	0:00:36		4/5/6 同步	
5	拆水管	√	√		0:05:14	0:07:55	0:01:41	0:02:41	4/5/6 同步	
6	寻找水管油管工具	√			0:06:55	0:07:40	0:00:45		4/5/6 同步	提前准备好
7	等待		√		0:07:55	0:08:45		0:00:50	7/8 同步	取消
8	下水管油管	√			0:07:40	0:14:03	0:06:23		7/8 同步	
9	等待	√			0:14:03	0:14:38	0:00:35			取消
10	寻找吊环	√			0:14:38	0:17:05	0:02:27			提前准备好
11	准备工具		√		0:14:03	0:14:50		0:00:47		提前准备好
12	天车对位		√		0:14:50	0:15:54		0:01:04		
13	寻找吊环		√		0:15:54	0:17:05		0:01:11		提前准备好

第 11 章
设备加工型车间的精益改善

（续）

步骤	作业流程说明	换模人员 A	换模人员 B	换模人员 C	过程耗时/min 起	过程耗时/min 止	过程耗时/min A	过程耗时/min B	备注	改善建议
14	上吊环	√			0:17:05	0:17:45	0:00:40		14/15/16/17/18/19 同步	
15	模具上天车吊钩	√			0:17:45	0:18:12	0:00:27		14/15/16/17/18/19 同步	
16	等待		√		0:17:05	0:18:20		0:01:15	14/15/16/17/18/19 同步	取消
17	整理模具水管	√			0:18:12	0:18:40	0:00:28		14/15/16/17/18/19 同步	
18	松压板螺钉	√			0:18:20	0:23:11	0:04:31	0:03:05	14/15/16/17/18/19 同步	
19	等待		√		0:21:25	0:23:25		0:02:00	14/15/16/17/18/19 同步	取消
20	松压板螺钉			√	0:23:25	0:23:40		0:00:15	20/21 同步	
21	等待	√			0:23:11	0:23:40	0:00:29		20/21 同步	取消
22	松开模具		√		0:23:40	0:24:03		0:00:23	22/23/24 同步	
23	拆水嘴	√			0:23:40	0:25:53	0:02:13		22/23/24 同步	
24	换射嘴			√	0:24:03	0:34:06		0:10:03	22/23/24 同步	
25	寻找工具			√	0:34:06	0:34:50		0:00:44		提前准备好
26	将模具搬运至模具放置区	√			0:25:53	0:29:45	0:03:52			
27	寻找需换模具	√			0:29:45	0:30:22	0:00:37			提前准备好
28	吊起需换模具	√			0:30:22	0:31:25	0:01:03			
29	将模具搬运至机台	√			0:31:25	0:35:09		0:03:44		
30	对模具进胶口	√			0:35:09	0:36:26	0:01:17			
31	调模具	√			0:35:27	0:36:26	0:01:00			
32	装射嘴发热圈		√		0:34:50	0:43:05		0:08:15		
33	处理旁边机台异常	√			0:36:27	0:37:28	0:01:01			让其他同时准备
34	调模具	√			0:37:28	0:41:20	0:03:52			
35	等待	√			0:41:20	0:41:42	0:00:22			取消
36	寻找工具	√			0:41:42	0:42:34	0:00:52			提前准备好
37	等待	√			0:42:34	0:43:05	0:00:31			取消
38	将工具收集归位		√		0:43:05	0:44:15		0:01:10	同步作业	
39	对射嘴	√			0:43:05	0:44:42	0:01:37			
40	等待		√		0:44:15	0:44:42		0:00:27		取消
41	对射嘴		√		0:44:42	0:46:10		0:01:28		
42	等待	√			0:44:42	0:46:50	0:02:08			取消
43	装射嘴防护罩		√		0:46:10	0:46:50		0:00:40		
44	装压板螺钉	√	√		0:46:50	0:54:35	0:07:45	0:06:00		
45	松天车吊钩		√		0:52:50	0:53:20		0:00:30		
46	接水管		√		0:53:20	0:54:20		0:01:00		
47	寻找水嘴		√		0:54:20	0:55:57		0:01:37		提前准备好
48	调机	√			0:54:35	0:55:45	0:01:10	0:01:10		
49	等待	√			0:55:45	0:56:12	0:00:27			取消
50	换水嘴		√		0:55:57	0:56:45		0:00:48		
51	整理水管	√			0:56:45	1:01:10	0:04:25	0:02:43		
52	设置开机参数	√			0:59:28	1:00:10	0:00:42			

（续）

步骤	作业流程说明	换模人员			过程耗时/min			备注	改善建议
		A	B	C	起	止	A	B	
53	调机	√			1:00:10	1:04:00	0:03:50		
54	寻找抹布	√			1:04:00	1:04:22	0:00:22		提前准备好
55	擦拭模具内腔	√			1:04:22	1:04:38	0:00:16		
56	寻找清洗剂	√			1:04:38	1:05:16	0:00:38		提前准备好
57	清洁模具内腔	√			1:05:16	1:06:43	0:01:27		
58	寻找清洗剂	√			1:06:43	1:10:05	0:03:22		提前准备好
59	清洗剂装瓶	√			1:10:05	1:10:36	0:00:31		
60	清洁模具内腔	√			1:10:36	1:12:24	0:01:48		
61	将工具归还	√			1:12:24	1:13:00	0:00:36		
	合计	1	1	0	/	/	1:10:42	0:54:57	
	人员负荷						100%	78%	

3. 内部作业转换为外部作业

要了解每一步内部作业的真正目的和作用，用陌生的眼光去观察，思考将内部作业转化为外部作业的最好方法。将内部作业转换成外部作业后，形成新的作业流程。图11-19所示为一些快速锁模的方法。U形槽、V形槽便于对位，定位销比螺栓紧固节省时间，标准垫块可以有效减少拧螺钉的时间，油压装置可以取消螺钉紧固。

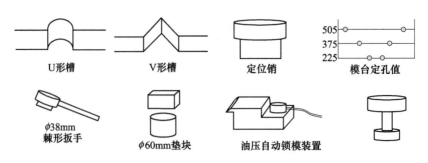

图11-19　常见的快速换模结构

针对研讨后的改善结论，排定合适的顺序进行新方法试行，试行过程由IE重新进行流程整理及工时观测，见表11-8。

第11章
设备加工型车间的精益改善

表11-8 改善前后的作业流程对比

换模基本资料：

部门别：塑胶课　　机台号：9#　　吨数：320t　　分析人：　　模具型号：029 支撑面板

步骤	现状作业 作业流程说明	换模人员 A	B	C	过程耗时/min 起	止	备注	步骤	改善建议	改善后作业 作业流程说明	换模人员 A	B	过程耗时/min 起	止	外部	内部	备注
1	关闭机器	√			0:01:51	0:04:38 0:04:38		1		寻找准备常用吊耳、拆装工具、压板螺钉、清洁剂之工具、射嘴、水管、水管等放置于机台旁	√				50		此时A产品尚未停机
2	洗原料		√		0:04:38	0:05:14 0:02:16	2/3同步	2	可同步进行	准备好洗料管原料，放置于料桶旁	√				50		
3	加原料		√		0:05:14	0:07:55 0:00:36	2/3同步	3		将天车搬运至模具	√				50		
4	关闭中子油缸	√			0:06:55	0:07:40 0:01:41	4/5/6同步	4	提前准备好	寻其需换模具	√					100	
5	拆水管	√			0:07:55	0:14:03 0:00:45	4/5/6同步	5	取消	机台模具装吊环	√					100	
6	寻找水管油管工具	√			0:07:40	0:14:38 0:06:23	7/8同步	6		机台模具上天车吊钩	√					100	
7	等待		√		0:14:03	0:14:50 0:00:35	7/8同步	7		拆下管水管	√					100	
8	下水管油管	√			0:14:38	0:17:05 0:02:27		8	取消	上廊料，洗射嘴	√					100	
9	等待		√		0:14:03	0:15:54		9		拆压板螺钉松模具	√					100	
10	寻找吊环	√			0:14:50	0:17:05		10	提前准备好	换射嘴	√					100	
11	准备工具		√		0:15:54			11		装射嘴发热圈	√					100	
12	天车对位	√			0:15:54			12		天车吊起换下模具	√					100	
13	寻找吊环		√		0:17:05	0:17:45 0:00:40		13	提前准备好	天车吊起已换下模具	√					100	
14	上吊环	√			0:17:45	0:18:12 0:00:27	14/15/16/17/18/19同步	14		将模具搬运至模具存放区	√					100	
15	模具上天车吊钩	√			0:17:05	0:18:40 0:00:28	14/15/16/17/18/19同步	15		模具落地放置于模具存放区	√					100	
16	等待		√		0:18:12	0:18:20	14/15/16/17/18/19同步	16	取消	松天车	√					100	
17	整理模具水管	√			0:18:20	0:23:11 0:04:31	14/15/16/17/18/19同步	17		天车吊起换上模具	√					100	
18	松压板螺钉	√			0:18:40	0:23:11 0:02:00	14/15/16/17/18/19同步	18		换模具搬运至机台	√					100	
19	松压板螺钉		√		0:21:25	0:23:25	14/15/16/17/18/19同步	19		对模具进胶口	√					100	
20	等待	√			0:23:25	0:23:40 0:00:15	20/21同步	20	取消	调枪嘴	√					100	
21	松开模具	√			0:23:11	0:23:40 0:00:29	20/21同步	21		对射嘴	√					100	
22	松射嘴	√			0:23:40	0:24:03 0:00:23	22/23/24同步	22		装射嘴防护罩	√					100	
23	换射嘴	√			0:23:40	0:25:53 0:02:13	22/23/24同步	23		锁压板螺钉固定模具	√					100	
24	寻找工具		√		0:24:03	0:34:06	22/23/24同步	24		领卫油管	√					100	
25	将模具搬运至模具放置区	√			0:34:06	0:29:45 0:00:44		25	提前准备好	松开天车吊环	√					100	
26	将模具搬运至模具	√			0:25:53	0:29:45 0:03:52	同步作业	26		擦拭模具内腔	√					100	
27	寻其需换模具	√			0:29:45	0:30:22 0:00:37		27	提前准备好	清洁模具内腔	√					100	
28	吊起需换模具	√			0:30:22	0:31:25 0:01:03		28		设置开机参数	√					100	
29	将模具搬运至机台	√			0:31:25	0:35:09 0:03:44		29		将工整理应还		√			50		此时B产品已生产
30	对模具进胶口	√			0:35:09	0:36:26 0:01:17											

215

（续）

步骤	作业流程说明	换模人员 A	换模人员 B	换模人员 C	过程耗时/min 起	过程耗时/min 止	过程耗时/min A	过程耗时/min B	备注	改善建议	步骤	作业流程说明	换模人员 A	换模人员 B	过程耗时/min 起	过程耗时/min 止	过程耗时/min 外部	过程耗时/min 内部	备注
31	调模具	√			0:35:27	0:36:27	0:01:00												
32	装射嘴发热圈		√		0:34:50	0:43:05		0:08:15											
33	处理旁边机台异常	√			0:36:27	0:37:28	0:01:01			让其他同时准备									
34	调模具	√			0:37:28	0:41:20	0:03:52												
35	等待	√			0:41:20	0:41:42	0:00:22			取消									
36	寻找工具	√			0:41:42	0:42:34	0:00:52			提前准备好									
37	等待	√			0:42:34	0:43:05	0:00:31			取消									
38	将工具收集归位	√			0:43:05	0:44:15	0:01:10												
39	对射嘴	√			0:43:05	0:44:42	0:01:37												
40	等待	√			0:44:15	0:44:42		0:00:27		取消									
41	对射嘴	√			0:44:42	0:46:10		0:01:28											
42	等待	√			0:44:42	0:46:50	0:02:08		同步作业	取消									
43	装射嘴防护罩	√			0:46:50	0:46:50		0:00:40											
44	装压板螺钉	√	√		0:46:50	0:54:35	0:07:45	0:06:00											
45	松天车吊钩	√			0:52:50	0:53:20		0:00:30											
46	接水管	√			0:53:20	0:54:20		0:01:00											
47	寻找水嘴	√			0:54:20	0:55:57	0:01:37			提前准备好									
48	调机		√		0:54:35	0:55:45	0:01:10	0:01:10											
49	等待	√			0:55:45	0:56:12	0:00:27			取消									
50	换水嘴	√			0:55:57	0:56:45		0:00:48											
51	整理水管	√			0:56:45	1:01:10	0:04:25	0:02:43											
52	设置开机参数		√		0:59:28	1:00:10		0:00:42											
53	调机	√			1:00:10	1:04:00	0:03:50												
54	寻找抹布	√			1:04:00	1:04:22	0:00:22			提前准备好									
55	擦抹模具内腔	√			1:04:22	1:04:38	0:00:16												
56	寻找清洗剂	√			1:04:38	1:05:16	0:00:38			提前准备好									
57	清洁模具内腔	√			1:05:16	1:06:43	0:01:27												
58	寻找清洗瓶	√			1:06:43	1:10:05	0:03:22			提前准备好									
59	清洗剂装瓶	√			1:10:05	1:10:36	0:00:31												
60	清洁模具内腔	√			1:10:36	1:12:24	0:01:48												
61	将工具归还	√			1:12:24	1:13:00	0:00:36												
合计		1	1	0	/	/	1:10:42	0:54:57		合并			1	0	/	/	4.17	40	工时节省
人员负荷							100%	78%		人员负荷							100%	100%	44%

216

第 11 章
设备加工型车间的精益改善

4. 找出并行的工作

并行的工作是相互独立的,并且可以同时进行。一般可通过实施并行作业,减少换模时间。团队作业是实施并行作业的必要条件。要尽可能推行并行作业。回顾 F1 赛车同时换轮胎的画面,尽可能多人一起去做换模的工作,每个人的工作是相互独立的,没有任何冲突,找并行动作也可以通过人员动线分析。

大型机器设备在换模的各步骤间常常需要一些来回移动,这些过多的移动浪费了时间和劳动,如图 11-20 所示。仔细考虑换模作业人员的移动线路并制定出最合理的作业顺序。发展并执行高效作业的程序,考虑使用一人以上进行模具/产品品种切换。每个人遵循一个固定的程序,对于平行操作建立信号/通知系统以确保安全。当设备特别大时,要建立一个信号通知系统,比如用对讲机。一般的设备左右各一个人,用语言传递信息就可以了,不需要特别的信号。

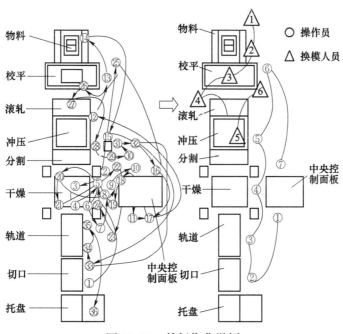

图 11-20 并行作业举例

5. 优化内、外部作业

前面 4 个步骤已经把内部作业调整为外部作业,能够多人协作的作业尽可能平行作业,归根结底都是一种流程的优化,没有太多技术层面的东西。接下来要进行技术层面的优化,详见表 11-9,对于紧固、消除调整、工具夹紧、机器设置等提出了一些常用的方法。这些方法在具体的环境下,不见得都合适,需要有一定的创新能力。

表 11-9　优化内外部作业的方法

紧固	快速接头 标准化"功能"尺寸
工具的位置和调整 "一次性定位" "消除调整"	位置线／标准尺、量规 防错工具为导向 滚珠轴承机床
工具夹紧 "一圈夹紧法"	最少化夹紧点 标准的夹紧工具 开裂线、U形垫圈、凹槽、梨形孔法
机器设置 "调节的降低／消除"	标准化"功能"尺寸 相对于量规的绝对位置 刻度盘／控制杆
防护设施	最小化／标准化保护装置
后勤	线上的物料／工具库存 传送带 可调高度的工具车 可替换的设备
工件组织	标准的手动工具（扳手等） 工具的色标
计划和组织	简单控制调整到外部去

换模前要进行功能检查。检查在换模时所有要使用的配件、工具状况是否良好，功能是否齐全。

优化外部作业，包括贮存和运输原材料、部件及工具的方式，要做到不必寻找配件和工具，不会使用错误的配件和工具，不要进行不必要的移动。这些都是企业追求的目标。图 11-21、图 11-22 所示为优化外部作业的实例。

带有切换配件的可移动小车　　带有切换配件的可移动小车　　在生产线附近用配件影像标明的配件板

图 11-21　优化外部作业实例（一）

如图 11-21 所示，在改善前，部件平放在地面上，部件运输前必须先找到一部推车。如果部件存储地点不固定，需要花时间寻找部件，很难区分各部件

第 11 章
设备加工型车间的精益改善

分别适合什么样的产品。改善后,部件储存在带轮子的架子上——不需要推车。通过定置管理固定存放地点,增加不同颜色的标示,很容易区分各部件分别适合什么样的产品。

改善前

改善后

图 11-22　优化外部作业实例(二)

6. 实验短期的计划

新的流程和方法要进行验证,找出可能存在的问题;对新的流程和方法进行完善;和相关人员沟通新的流程和方法,并且进行培训;要求生产部门根据新的流程去做,确保完全理解和接受;跟踪新的流程和方法的实施情况并进行记录,形成文档,把流程和方法调整到最合理的状态。

7. 确认效果和制定实施中/长期目标

对比改善前后的换模时间,验证实施的结果。制定一个行动计划,对中/长期解决方案的实施职责进行说明。为中/长期的改善设置目标,比如每三个月进行一轮改善,不断压缩换模时间。

8. 标准化作业流程

把整个换模过程文件化,及时更新标准化作业指导书。明确内部作业/外部作业的步骤以及并行的工作,定期举行会议来跟踪长期改善计划的实施。在实施改善后,更新标准化作业指导书,确保所有的换模人员受到系统的方法和技巧培训,相关部门根据新的作业标准来检查和监督。换模时间也会形成标准工时。换模的标准工时用处很多,比如做计划、做产能负荷分析。最终新的换模方法,由 IE 工程师进行工时梳理,交由生产车间确认无误后形成书面标准,发放至生产管理及其他相关部门作为备档使用,见表 11-10。换模标准书首先有一些基本资料,比如部门、机台、模具型号等,也就是表头的部分。表格的核心内容包括作业步骤的序号、作业内容说明、换模过程由谁负责、是内部作业还是外部作业、作业耗用时间等信息。表格最下面是信息汇总,包括内外部时间汇总、人员负荷等。

表 11-10　换模标准书

换模基本资料：　　　　吨数：320t　　　　　　　　分析人：
部门别：塑胶课　　　　机台号：9#　　　　　　　　模具型号：029 支撑面板

步骤	作业流程说明	换模人员 A	换模人员 B	过程耗时/min 起	过程耗时/min 止	过程耗时/min 外部	过程耗时/min 内部	备注
1	寻找准备需用吊环、拆装工具、压板螺钉、清洁剂及工具、射嘴、水嘴、水管等放置于机台旁	√				50		此时A产品尚未停机
2	准备好洗料管原料放置于料桶旁	√				50		
3	将天车搬运至模具放置区	√				50		
4	寻找需换模具	√				50		
5	关闭机器	√					100	
6	机台模具装吊环	√					100	
7	机台模具上天车吊钩	√					100	
8	拆油管水管	√					100	
9	上原料，洗料管	√					100	
10	拆压板螺钉松模具	√					100	
11	换射嘴	√					100	
12	装射嘴发热圈	√					100	
13	天车吊起已换下模具	√					100	
14	将模具搬运至模具放置区	√					100	
15	模具落地放置于模具存放区	√					100	停机换膜时间
16	松开天车	√					100	
17	天车吊起模具	√					100	
18	将模具搬运至机台	√					100	
19	对模具进胶口	√					100	
20	调模具	√					100	
21	对射嘴	√					100	
22	装射嘴防护罩	√					100	
23	锁压板螺钉固定模具	√					100	
24	接水管油管	√					100	
25	松开天车与吊环	√					100	
26	擦拭模具内腔	√					100	
27	清洁模具内腔	√					100	
28	设置开机参数	√					100	
29	将工具整理归还	√				50		此时B产品已生产
	合并	1	0	/	/	4.2	40	工时节省
	人员负荷	/	/	/	/	100%	100%	44%

第 11 章
设备加工型车间的精益改善

11.5 流线化群组作业改善

流线化作业可以理解为流水线。群组作业是一种规划的方法，也就是通过群组化的规划，使机加作业实现流线化。

11.5.1 功能式布置与流程式布置的区别

如图 11-23 所示，功能式布置是现场的设备根据机台别来布置，同种类型的机台放在一起，缺点是在制品量大，生产周期比较长。流程式布置就是流水线布置，它是严格依照工艺顺序进行布置的。这样可以实现单件流，快速交付产品，生产线的半成品特别少。

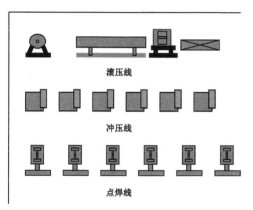

图 11-23 功能式布置与流程式布置

在一人多机环境下，功能式布置是一人操作多台相同类型的设备，流程式布局是一人操作多台不同类型的设备。一人多机环境下，流程式布置要求作业员是多能工。功能布置对员工要求比较低，会单一技能就可以了，如图 11-24 所示。

两者的区别列于表 11-11 中。近年来，

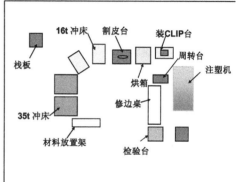

图 11-24 一人多机的差异

随着人力成本的提升，工厂对自动化开始重视起来，在工厂里购置自动化设备，更多采用功能式布置，自动化设备因为批量比较大，会造成现场浪费比较多。精益生产更偏向于小型的低成本自动化设备，可以按流程式布置。

表 11-11 两种布置方式对比

布置方式	功能式布置生产	流程式布置生产
合理化方向	多机台作业	多工序作业
作业者技能	单能工	多能工
在制品流向	乱流（同一工序相同设备越多，乱流程度越高）	整流（同一产品仅在专线生产，定向流动）
设备选用	注重个别效率，采用通用性、高速度、高产能设备	注重整体效率，采用速度适当稳定、加工质量好的专用设备，以及小型、廉价、速度不太快、强调可动率的设备

11.5.2 重新理解生产技术

生产技术包括制造技术和管理技术，如图 11-25 所示。要求干部不仅要懂得加工工艺技术，还要懂得管理技术。在流线化生产中，联结技术是最重要的技术，它决定了制造技术发挥多大的经济效益。

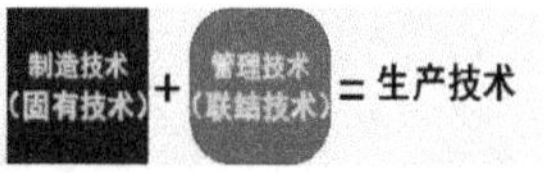

图 11-25 两种技术的关系

11.5.3 流线生产的八个条件

（1）单件流动 以一人一台的"手送"方式为主的单件流动生产线，做一个，传送一个，检查一个，将制品经过各加工工序而做成完成品，如图 11-26 所示。单件流动是将浪费"显现化"的思想与技术，在原有状况的基础上以单件流动方式试做，将批量生产时发现不了的浪费显示出来，以此作为改善及建立流线化生产的起点。

图 11-26 单件流动

（2）按工艺流程布置设备 将各工序设备紧密排列，消除搬运浪费。如果工序之间连接紧密，搬运成本是很低的。

（3）生产速度同步化 指的是每个工位的加工时间是一致的，也就是符合线平衡。生产速度不同步会造成中间在库、待工待料、生产不顺畅、整体效率低、生产周期长等问题，所以要想办法实现生产的同步化，使每个工位的速度都差不多。同步化生产可提高整体效率，减少浪费。

（4）多工序操作 一人一台的"手送"方式为主的单件流动生产。将工序分得过细，人员需求大，生产量变动时人员必须增减，人员调配难度大，很难

第 11 章
设备加工型车间的精益改善

实现少人化作业。以多工序操作为主的单件流动生产依产品类别设计垂直式布置，人员按多工序操作要求安排，实现少人化作业。也就是一个人操作多道工序。

（5）员工多能化　前面已经讲过，如果采用流水线方式，员工需要操作多台不同的设备。要实现多能化，必须彻底将设备操作和作业方法标准化，使每一位作业者都能简单操作多台设备，消除特殊作业和例外作业，减少对作业者技能的过度依赖。员工作业多能化可以实现少人化作业，减少人员调配的困难，有利于提高整体效率。

（6）走动作业　因为是少人化、多能作业，所以需要实现走动作业。走动作业比较灵活，员工间还可以互相帮助。员工作业姿态要符合多工序操作的要求，一边走动，一边进行加工作业。图 11-27 是站立式走动作业示意图。

（7）设备小型化　大型设备适合处理大量工作，但容易积压在制品，使生产流动不畅。大型设备维护也不是很方便，如图 11-28 所示。多品种小批量的市场需求要求生产细流快速，以提高弹性，应对变化。所以，设备小型化是必然趋势，只要质量稳定、故障率低、易维护，不必单纯追求高速度。也就是说要追求设备的可动率，而不是稼动率。设备尽量小一点，也容易调整。

图 11-27　员工走动作业　　　　图 11-28　大型设备维护不方便

（8）生产线U形化　生产投入点与完成品取出点尽可能靠近，如图 11-29 所示，以避免作业返程造成的时间和体力浪费。IO 一致原则同样适用于设备布置，亦可节省空间。当两个口方向一致时，物流就比较方便。U 形生产线内部作业以及日常管理都是比较方便的，所以尽可能采用 U 形化布局。

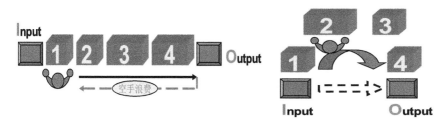

图 11-29　U 形线 IO 一致

八个条件分别与设备、方法、人员相关，见图11-30。在改善的过程中要多关注相关性强的条件。其中与设备相关的有按工艺流程布置设备、设备小型化、生产线U形化。与人员有关的是员工多能化。其他条件与作业相关。只有不断地向这些条件努力，单件流的效果才能发挥出来。

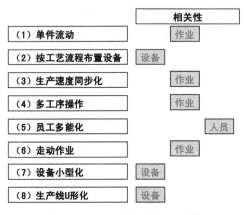

图11-30　八个条件的相关性

【思考题】

1. 设备加工型车间可以从哪几个方面改善？
2. 结合企业实际，选择关键机台，建立OEE计算表格。
3. 全员设备维护需要哪三类表格？
4. 安灯系统的工作原理是什么？
5. 快速换线八步骤是什么？

第 12 章
装配型流水线的精益改善

12.1 流水线的基本概念

12.1.1 流水线的定义及特点

将工序分解后,分配给多人,依照工艺顺序作业完成的生产线,称为流水线。流水线可以由机械动力传递,也可由人工直接传递,方式可以多样。流水线的形状不限,有些企业是"非"字形,有些企业是"一"字形,也有些企业是"U"形……流水线的作业方式可以是"坐式"作业,也可以是"站立式"作业。流水线配置的作业不限,可以为"装配型",也可以为"加工型",当然也可以是"包装型"。包装和装配比较接近。加工型是对某个零件的加工,分成若干个工序,做一个传一个。图 12-1 是流水线的图片。

图 12-1 流水线实例

12.1.2 流水线的起源与发展

19 世纪末,工业发展相对不错的国家还没有采用流水线,很多企业都属于传统的作业方式,也就是由一个人把多个作业做完,效率非常低。随着工业的发展,1914 年,第一条流水生产线诞生于美国福特公司。亨利·福特(见图

12-2）为了提高生产效率，把汽车底盘组装的工序分解成多人进行。在这之前，福特公司的工人装配一个汽车底盘所需时间是12.5h，而当流水线试验成功后，完成一件汽车底盘的装配时间是93min，工作变得简单，产出量特别大，劳动生产率提高了8倍多，给福特公司带来了巨大效益，使得福特公司称霸于全球汽车行业乃至制造业。在那个年代，福特公司就已经达到每分钟一辆车的水平，而丰田从成立到1950年十几年时间的产量还不如福特一天的产量。由此可以看出流水线出现的重要性，它给整个汽车制造业以及其他行业带来了一场彻底的革命，为制造业的发展起了推波助澜的作用。流水线的特点就是把工序分解，每个人作业的内容非常少，可以快速上岗。

图 12-2　亨利·福特和他的 T 型车

12.1.3　构成流水线的五大要素

流水线的构成要素和工厂的构成要素一样，分为人、机、料、法、环五个方面，如图 12-3 所示。流水线里需要作业员，需要机器、物料、方法，也需要营造一定的环境。随着工业的发展，人员呈现逐渐减少的趋势，机械化、自动化在很大程度上取代了人，但是人总是需要的，不可能完全被取代。

图 12-3　流水线五大要素

第 12 章
装配型流水线的精益改善

12.2 流水线平衡分析及改善

12.2.1 流水线平衡改善的意义

随着流水线技术的进一步发展，其存在的不足之处也逐渐显现。生产线经常出现停工待料、忙闲不均等现象，即生产线不平衡。

生产线不平衡是制约企业发展的最大隐患。它就好比企业的心脏，因为一切产成品都是经由生产线加工而成，一旦生产线出现问题，将对企业的健康成长有很大影响。目前国内企业生产线的平衡率普遍在 70% 左右，就连很多大型企业的平衡率也只在 80% 左右。为了增强企业的竞争能力，必须解决生产线平衡问题。生产线不平衡，会造成工作量不均衡，员工等待，半成品堆积，间接影响产品质量，如图 12-4 所示。

 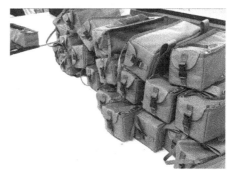

图 12-4 生产线不平衡的表现

12.2.2 流水线效率的制约

改善流水线必须要了解流水线的制约因素，分析是什么影响了流水线的效率，非常关键的一点就是流水线的瓶颈工序。瓶颈是企业在实现其目标的过程中现存的或潜伏的制约因素。瓶颈也是流水线生产力的最大制约点。如图 12-5 所示，左侧是一个木桶，木桶是由木片做成的。木片长短不一，木桶能装多少水，是由最短的木片决定的。木桶的最短板相当于产线的瓶颈工序，瓶颈工序决定了产线的产出量。如果换一种表达方式，如右图所示，决定链条强度的是最弱的那个环节，也就是瓶颈环节。对于流水线必须识别瓶颈环节。

图 12-5　木桶原理及瓶颈理论

12.2.3　平衡生产线的作用

1）减少单件产品的工时消耗，降低成本，也就是提高人均产量。
2）生产线平衡做得好，平衡率高，可以减少生产线的在制品。
3）提升整体生产线效率和降低生产现场的各种浪费。
4）消除人员等待现象，提升员工士气。
5）减少工序间的在制品，减少现场场地的占用。
6）可以稳定和提升产品品质。

12.2.4　平衡管理的原则

平衡管理有一些关键的原则，需要理解和掌握。

1）平衡物流要求，而不是平衡实际生产能力。流水线的核心目的是加快在制品的流动。从理论上讲，流水线越平衡，流水线效率越高，但现实生产环境中，会存在各种异常。如果异常比较多，各工序的产能又非常接近，某个工序出现异常，它前面的工序就会产生等待，后面的工序会缺料，如果浪费了瓶颈的产能，反而影响了物料的流动，降低了产出。所以，要以物流顺畅为中心，对平衡的追求应该建立在不断减少异常的基础上。实际操作中，瓶颈工序前面可以放一些缓冲库存。

2）非瓶颈的利用程度不是由其本身决定，而是由系统的瓶颈决定。非瓶颈较瓶颈具有更大的产能，非瓶颈的利用率不是越高越好，它的需求和表现取决于瓶颈的需要。比如，非瓶颈全力生产，会产生大量的库存。

3）瓶颈上时间的损失则是整个系统时间的损失。如果瓶颈工序损失5min，整条线都损失5min，所以要提升产能，改善的重点在瓶颈工序。

4）非瓶颈节省时间无益于增加系统的产出。要努力推动以瓶颈为核心的生产线平衡改善。

12.2.5 生产线平衡的定义

生产线平衡是指构成生产线各道工序所需的时间处于平衡状态，作业人员的作业时间尽可能保持一致，从而消除各道工序间的时间浪费，进而取得生产线平衡。生产线平衡的定义强调了要消除生产过程中的浪费和勉强，以及时而勉强时而浪费的不均衡。勉强指负荷大于产能，干不过来；浪费指负荷过低，人员空闲，如图 12-6 所示。这些都属于不平衡的状态，要去改善。

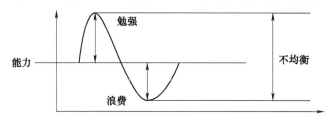

图 12-6　生产线平衡的含义

12.2.6 生产线平衡的做法

对生产线的全部工序进行均衡，调整作业负荷和工作方式，消除工序不平衡和工时浪费，实现"一个流"，如图 12-7 所示。有的企业，虽然做了生产线平衡，工序之间却是成批的周转，这个生产线平衡其实并不成功，员工看起来不会有太多空闲，因为采用了批量周转，这个过程中在制品多，不平衡可能被隐藏起来了。

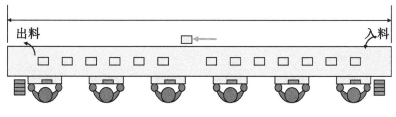

图 12-7　一个流

12.2.7 生产线平衡损失表现

生产线平衡损失如图 12-8 所示。从图 12-8 可以看出，一共有 5 个工序，各工序的标准工时分别是 8s、5s、18s、21s、6s。各工序配置的人数不同，分摊了工序的工时，比如工序 3，配置 2 人，分摊工时变成 9s。原本的瓶颈工序是第 4 个工序，因为配置了不同的资源，瓶颈工序发生了移转，整个过程中最慢的是第 3 个工序，工时为 9s。第 2 个工序做得比较快，产生等待，第 3 个工序做得慢，第 4 个工序又做得比较快，也产生等待。从整体上看，因为第 3 个工序导致前面后面的工序都做不快，时间就会损失掉。4 个非瓶颈工序都有时间损失。这种时间损失，称为不平衡的时间损失。用平衡率反映损失的程度。

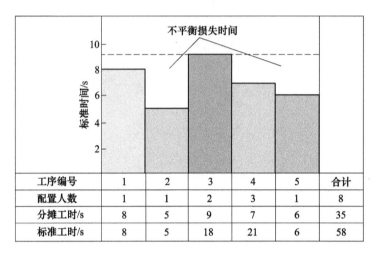

图 12-8　生产线平衡损失

12.2.8　生产线平衡率计算公式

1) 不平衡损失 =（瓶颈工时 × 合计人数）− 各工序工时总和 =（9×8）−58=14

说明：生产一个产品的工时应该是瓶颈工时 × 合计人数，而不是各工序工时之和。

2) 生产线平衡率 = 各工序工时总和 /（瓶颈工时 × 合计人数或工位数）= 58÷（9×8）=80.6%

说明：有时候，工位上作业的是机器而不是作业员，所以不能只考虑人数，工位数指分摊后的工位数，比如一道工序，由两个相同的工位完成，工位数计为 2。生产线的平衡率一般要求在 85% 以上，低于这个数值要进行重排。

3) 生产线不平衡损失率 =1− 生产线平衡率 =1−80.6%=19.4%

有些生产线比较容易做线平衡，有些不好做。当工位少、零件多时，节拍时间比较长，就比较容易做调整。比如一些电子厂，分工很细，一个员工只操作一两个零件，工序的时间不超过 10s，这样是很难做平衡的。对于做专用汽车的，节拍时间大概 1h，10 个工位，里面零件很多，调整起来就非常容易。所以零件多、节拍长时容易做生产线平衡；而生产线长、节拍短时就很难做调整。不过节拍太长，作业内容多，员工不容易熟练。

第 12 章
装配型流水线的精益改善

12.2.9 生产线平衡计算实例

表 12-1 是生产线平衡计算实例。计算平衡率，要测出每道工序的标准工时。首先要把每道工序的工时观测出来，给出宽放率，算出标准工时。从表中可以看出瓶颈工序在第一道工序，标准工时 12.72s，然后要根据每日计划产量和每天工作时间计算出节拍时间。每天工作 10h，共 36000s，计划产量 10000。每生产 1 个需要 3.6s。用每个工序的标准工时除以节拍时间 3.6s，就得出计算机建议人数，12.72/3.6=3.53 也就是理论的人数。理论人数是有小数的，根据理论人数，可以给出实际人数。比如 3.53 人，实际取整为 4 人。根据各工序标准工时和实际分配人数，可以计算出人均分摊工时。这样瓶颈工序发生了变化，为第三个工序。有了瓶颈工时，每小时、每天的产量都可以算出来，即可得出每个人的工作量。工作量（负荷率）是用人均分配工时除以目标周期时间（理论节拍时间）计算，也可以用计算机建议人数和实际分配人数相比得出。最高的是第三个工序 102%。为了更直观，可以绘制柱状图，表示不同工序的工作量大小。如果想算出生产线的瓶颈工序，必须要知道标准工时和实际投入人数。当确定了瓶颈工序之后，就可以用瓶颈工序的工时乘以总人数算出一条线做一个产品的总工时为 3.66s×11=40.26s。需要补充的是，生产产线实际节拍一般要比理论节拍快一点，以应对一些小异常。另外，如果一条生产线每天生产多个品种，可以按各自所需的总工时按比例分配一天的时间，再分别计算各自的节拍时间。

表 12-1 生产线平衡计算实例

产品标准工时表

生效日期：
页 次：
版 次：

产品型号			每日计划产量/件	10000	每日最大产量/件		9844	生产线平衡率
产品名称		自动扣-打磁铁	每日工作时间/h	10	每时最大产量/件		984	87.7%
相关产品		通用	目标周期时间/s	3.60	标准工时总计/s		35.30	标准工时/h
生产单元		包装一组	最长周期时间/s	3.66	使用人数总计		11	0.01117

工序代码	工序名称	观测时间/s	宽放率（%）	标准工时/s	计算机建议人数	分配使用人数	每人均分工时/s	每小时总产量/件	每日总产量/件	工作量	备注
1	擦扣	12.0	6.0%	12.72	3.53	4.0	3.18	1132	11321	88%	
2	上磁铁	3.2	6.0%	3.39	0.94	1.0	3.39	1061	10613	94%	
3	装插销及跳板	6.9	6.0%	7.31	2.03	2.0	3.66	984	9844	102%	
4	打后夹	6.4	6.0%	6.78	1.88	2.0	3.39	1061	10613	94%	
5	包装	4.8	6.0%	5.09	1.41	2.0	2.54	1415	14151	71%	

（续）

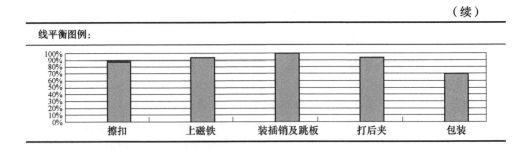

12.2.10 影响线平衡计算的关键词

这里有几个关键词要注意：

（1）节拍时间　依照客户需求（计划量）计算出来的生产节奏，也称客户节拍，生产线的设计节拍要在这个基础之上确定。比如，客户节拍时间比较短，可以考虑设计两条生产线，产线实际的节拍时间就变长了。

（2）标准工时　依照标准工时测定方法制定的工位工时。

（3）投入人数　根据节拍和标准工时，决定工位实际配置的人数。

（4）瓶颈工序　工时最长的工序。

12.2.11 以客户需求为导向的节拍计算实例

$$
\begin{aligned}
\text{节拍时间} &= \frac{\text{每天可用工作时间}}{\text{每天客户需求数量}} \\
&= \frac{(60\times \text{工作小时}/\text{天}) - (\text{休息} + \text{午餐} + \text{其他停顿时间})}{\text{每天客户需求数量}} \\
&= \frac{(60\times 17.0)\,\text{min} - [(15+15+30+20)\times 2]\text{min}}{258\,\text{件}} = \frac{860\,\text{min}}{258\,\text{件}} \\
&= \frac{860\,\text{min}\times 60\,\text{s/min}}{258\,\text{件}} = 200\,\text{s/件}
\end{aligned}
$$

争取使每一工位每 200s 生产一件合格品。

演练：计算出线平衡率及标准工时

表 12-2 给出了实际的工艺流程和标准工时，请读者练习计算标准工时、周期时间（节拍时间）以及线平衡率。每天的计划产量是 900，每天的工作时间是 11h，请问目标周期时间是多少？做一个产品的总工时是多少？线平衡率是多少？

第12章

装配型流水线的精益改善

表 12-2 产品标准工时表

产品标准工时表

生效日期：
页　次：
版　次：

产品型号	31101	每日计划产量/件	900	每日最大产量/件	914	线平衡率	
产品名称	斜锯机	每日工作时间/h	11.0	每时最大产量/件	82		
相关产品	31201	目标周期时间/s		标准工时总计/s	842	标准工时/h	
生产单元	电动机组合生产	最长周期时间/s	44.0	使用人数总计	21		

工序代码	工序名称	观测时间/s	宽放率（%）	标准工时/s	计算机建议人数	分配使用人数	每人均分工时/s	每小时总产量/件	每日总产量/件	工作量	备注
1	碳刷座入电动机壳，止付螺丝	32.0	10%	35.2	0.80	1.0	35.2	102	1125	80%	电动机
2	定子入电动机壳，穿入电动机壳，定子锁付，定子线接入碳刷座	78.0	10%	85.8	1.95	2.0	42.9	84	923	98%	电动机
3	滚针轴承入锯片箱，按键装入安全板，轴承入锯片箱，限位片转子入锯片箱，电动机壳装入锯片箱	70.0	10%	77.0	1.75	2.0	38.5	94	1029	88%	电动机
4	6000轴承入转子，碳刷装入电动机壳	35.0	10%	38.5	0.88	1.0	38.5	94	1029	88%	电动机
5	前轴装入锯片箱	36.0	10%	39.6	0.90	1.0	39.6	91	1000	90%	电动机
6	测电，电动机后盖	45.0	10%	49.5	1.13	1.4	35.4	102	1120	80%	电动机
7	镭射组立，镭射入锯片箱	63.0	10%	69.3	1.58	1.6	43.3	83	914	98%	电动机
8	电源线入端子台	28.0	10%	30.8	0.70	1.0	30.8	117	1286	70%	电动机
9	下把手入电动机壳，装DC-AC，电源装入下把手	76.0	10%	83.6	1.90	2.0	41.8	86	947	95%	电动机
10	开关安装	35.0	10%	38.5	0.88	1.0	38.5	94	1029	88%	电动机
11	把手内布线	35.0	10%	38.5	0.88	1.0	38.5	94	1029	88%	电动机
12	上把手安装4颗螺钉	37.0	10%	40.7	0.93	1.0	40.7	88	973	93%	电动机
13	上下6颗自攻螺钉组装把手安装	35.0	10%	38.5	0.88	1.0	38.5	94	1029	88%	电动机
14	班长（事务处理）	40.0	10%	44.0	1.00	1.0	44.0	82	3600	100%	辅助干部
15	储干+物料员	80.0	10%	88.0	2.00	2.0	44.0	82	3600	100%	辅助干部
16	修理（不良修理及协助班长）	40.0	10%	44.0	1.00	1.0	44.0	82	3600	100%	辅助干部

12.2.12　影响线平衡的因素

图 12-9 采用鱼骨图的形式，分别从人、机、料、法、环五个方面整理了生产线不平衡的原因。

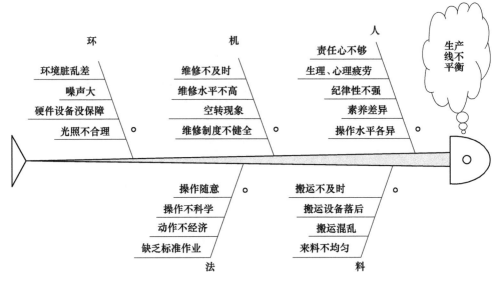

图 12-9　影响线平衡的因素

12.2.13　影响线平衡的因素及改善对策

（1）人员

1）工人自律性不够。

2）工人技能差异。

3）工人生理、心理疲劳，影响时间。

4）工人对操作不够熟练，导致失误。

5）工作没有按需分配。

6）工人责任意识、节约意识不够。

7）企业员工流动率大。

8）员工缺少团队合作精神。

9）员工技能单一。

10）班组长领导能力欠缺。

11）企业没有安排适当休息。

对策：

1）充分尊重人性，提高满意度。

第12章
装配型流水线的精益改善

2)建立团队工作法。
3)开展合理化建议活动。
4)培训多能工。
5)加强班组长管理能力。
6)建立正确用人制度。
7)设置合理的休息时间。

(2)机器

1)机器故障频发。
2)机器维护制度不健全。
3)机器维修不及时。
4)没有建立机器设备维修日志。
5)机器设备落后、设计不合理。

对策:

1)全面生产维护(TPM)。
2)加强设备相关人员的管理,培养责任意识。
3)提高维修工的维修水平。
4)注重设备的保养。
5)生产设备上安装自动检测装置。

(3)物料

1)物料配送搬运不及时。
2)生产布局不合理,导致搬运混乱。
3)搬运工责任意识不够。
4)搬运设备落后。
5)来料品质不良。

对策:

1)合理安排车间的布置。
2)规划安全准时的物料配送机制。
3)选择合适的搬运设备。
4)巧用重力原则、自动化原则、空间利用原则等来使搬运轻松化。
5)与供应商一起形成精益链,降低缺料风险。

(4)方法

1)动作不科学、不经济、不合理。
2)操作时动作随意。
3)工序顺序安排不合理、不科学。

4）原材料或零件设计不合理，导致花费更多时间甚至带来不必要的操作。

对策：

1）做好程序分析，对产品整个过程进行全面分析，找出改善机会。

2）善用五 WHY 分析法，寻找原因。

3）常用 ECRS 改善原则展开改善。

4）用动作分析、作业分析进行改善。

5）设定标准作业，确保方法高效。

（5）环境

1）生产车间脏。

2）生产车间乱。

3）生产车间差。

4）企业硬件条件没有保障。

5）噪声危害。

对策：

1）5S 管理。

2）目视化管理。

3）降温、取暖改善。

4）降噪措施。

此处详细列出了影响生产线平衡的五大要素和相应对策。在平时观察生产线的时候，要留意到底是哪方面的问题。有时候确实是人的问题，如懒散、纪律不好、能力问题；有时候是管理的问题，比如物料配送、设备故障等。一定要找出原因。不找出原因，没办法寻求精准的改善对策。

12.2.14　生产线平衡的改善步骤

生产线平衡改善一般遵循下面 6 个步骤：

（1）选择产线　确定需研究的生产线。一般情况下应该是从平衡率比较低的产线开始。

（2）现状研究　工艺流程调查、工时测量、山积表制作。通过现状研究得出主要的问题点。

（3）改善分析　用 ECRS、动作改善分析、探讨工序调整简化的可能性。

（4）方案建立　制作新的方案、新的工艺顺序、新的山积表。

（5）方案实施　导入新的方案并验证。新的方案实施过程中会有各种问题，

第 12 章
装配型流水线的精益改善

需要持续解决。

（6）标准化　将有效的方法形成 SOP。

12.2.15　提高生产线平衡率的四大法宝

ECRS 四大原则是工业工程改善的必备技法。前面已经讲过 ECRS 在流程改善中的应用，此处进一步复习，强调在生产线平衡改善中的作用（见表 12-3）。

表 12-3　ECRS 的解释

符号	名称	内容
E	取消（Eliminate）	任何无价值的作业，如搬运等，予以取消
C	合并（Combine）	对于无法取消而又必要者，看是否能合并，以达到省时简化的目的
R	重排（Rearrange）	重新排列组合
S	简化（Simplify）	考虑能否采用最简单的方法及设备，以节省人力、时间及费用

12.2.16　生产线平衡改善的主要手段

（1）作业分割　就是把作业量多的分割出来一部分，给别人做。

（2）利用或改良工具、机器　开发工装夹具，减少作业员手持的动作，减少手移动的距离，用设备替代人的部分工作。

（3）提高作业者的技能　建立多能工机制，加强培训，导入标准的教育训练方法。

（4）调换作业者　合适的岗位安排合适的员工，比如瓶颈工位，可以安排手脚麻利的员工。

（5）增加作业者　必要的时候，增加人员，打破瓶颈。

12.2.17　生产线平衡改善模拟图

生产线平衡改善目标有两大方向：一个方向是提高产能，一个方向是减少人员。图 12-10、图 12-11 给出了相应的模拟图。

（1）缩短瓶颈时间——单位产量提升　想办法减少瓶颈工序的时间，就可以增大流速、提升产能，可以把瓶颈的工作量分割一部分给工作量少的工序，也可以直接缩短工序时间。双手作业分析、人机作业分析、联合作业分析、动作分析等工具都可以用来减少工序的时间。这两种方法都不会增加成本，有时候产品就卡在瓶颈工序，没有好的办法，就要投入资源，加人进去。只要人均产能提升就是合理改善。

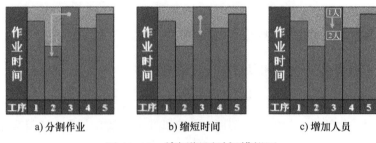

图 12-10　缩短瓶颈时间模拟图

（2）减少人员——产量不变　很多企业的改善重点不在提升产量，而是减少人员。比如在产能不变的前提下，把人力缩减20%。这种情况就不是突破瓶颈了。把工作量比较小的工序分解开，分摊到不同的工序上，只要工序的时间不超过瓶颈工序，就相当于不同的工序把某个工序的时间吸收掉，这样这个工序的人员就省掉了。另外，可以把两个时间比较短的工序合并起来，或者直接减人，某个工位原来是两个人做，直接抽走一个人。人在工作量轻松时速度慢，当工作量紧张时，速度自然会提起来。另一方面，可以采用IE的改善方法如动作分析提高工位的效率。

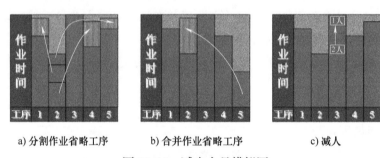

图 12-11　减少人员模拟图

12.2.18　工作站减少工时的方法

工作站减少工时的方法前面章节已经讲过，包括作业分析和动作分析，这里简单回顾一下。作业分析包括双手作业分析、人机作业分析、联合作业分析；动作分析包括动作顺序、工装治具、工位布局等方面的分析和改善。当然也需要工时测定的技能，在进行生产线改善的过程中，一定要熟练掌握经典的工业工程方法。

12.2.19　案例：某企业生产线平衡分析

图12-12是某企业生产线平衡的改善案例。改善前作业人员及产能：120/h，

42 人，人均产值为 120/42=2.86，生产线平衡率 64.1%。改善后作业人员及产能：112/h，35 人，人均产值为 112/35=3.2，生产线平衡率 91.1%。改善的效果是非常明显的。

MF-2000产品标准工时表

生效日期：2012.12.07
页　次：1/1
版　次：A/0

产品型号	MF-2000	每日计划产量(PCS)	960	每日最大产量(PCS)	736	Line 均衡率
产品名称	奶泡机	每日工作时间(H)	8	每时最大产量(PCS)	92	64.1%
相关产品		目标周期时间(s)	30.0	标准工时总计(s)	1053.6	标准工时(H)
生产部门	装配部	最长周期时间(s)	39.1	使用人数总计(含品管)	42	0.436

工序代码	工序名称	观测时间(s)	宽放率(%)	标准工时(s)	电脑建议人数	分配使用人数	每人均分工时(s)	每小时总产量(PCS)	每日总产量(PCS)	工作量	备注
1	造杯本体	25.9	12%	29.1	0.97	1	29.1	124	991	97%	
2	点焊端子线	25.6	10%	28.1	0.94	1	28.1	128	1024	94%	
3	锁把手	35.6	10%	39.1	1.30	1	39.1	92	736	130%	
4	造中座	27.2	10%	30.0	1.00	1	30.0	120	962	100%	
5	锁控制板	21.2	10%	23.3	0.78	1	23.3	155	1238	78%	
6	锁地线	20.8	10%	22.9	0.76	1	22.9	157	1258	76%	
7	锁保险丝A	16.0	10%	17.6	0.59	1	17.6	205	1637	59%	
8	锁中座固定片一	26.1	10%	28.7	0.96	1	28.7	126	1004	96%	
9	锁中座固定片二	27.3	10%	30.0	1.00	1	30.0	120	959	100%	
10	锁保险丝B	28.1	10%	30.9	1.03	1	30.9	116	931	103%	
11	锁马达固定片	23.6	10%	26.0	0.87	1	26.0	139	1109	87%	
12	焊接马达	20.8	10%	22.9	0.76	1	22.9	157	1260	76%	
13	锁NTC	16.9	10%	18.5	0.62	1	18.5	194	1554	62%	
14	地线焊锡	23.9	10%	26.3	0.88	1	26.3	137	1096	88%	
15	锁马达	26.3	10%	28.9	0.96	1	28.9	125	997	96%	
16	测试马达	11.0	10%	12.1	0.40	1	12.1	298	2382	40%	
17	检查漏水	17.0	10%	18.7	0.62	1	18.7	193	1540	62%	
18	锁PCB板	18.5	10%	20.4	0.68	1	20.4	177	1414	68%	
19	锁中心开关上	26.5	10%	29.1	0.97	1	29.1	124	988	97%	
20	插PCB板端子A	18.9	10%	20.8	0.69	1	20.8	173	1386	69%	
21	插PCB板端子B	19.4	10%	21.3	0.71	1	21.3	169	1353	71%	
22	扎束线带	18.1	10%	19.9	0.66	1	19.9	181	1446	66%	
23	[illegible]	25.5	10%	28.1	0.94	1	28.1	128	[illegible]	94%	
24	锁中座底盖	23.7	10%	26.1	0.87	1	26.1	138	1105	87%	
25	装拉伸弹簧	15.5	10%	17.1	0.57	1	17.1	211	1688	57%	
26	插中心开关下端子线	14.3	10%	15.7	0.52	1	15.7	230	1837	52%	
27	锁中心开关下	14.0	10%	15.4	0.51	1	15.4	233	1866	51%	
28	锁底盖	28.0	10%	30.8	1.03	1	30.8	117	934	103%	

MF-2000产品标准工时表

生效日期：2012.12.07
页　次：1/1
版　次：A/1

产品型号	MF-2000	每日计划产量(PCS)	896	每日最大产量(PCS)	908	Line 均衡率
产品名称	奶泡机	每日工作时间(H)	8	每时最大产量(PCS)	113	91.1%
相关产品		目标周期时间(s)	32.1	标准工时总计(s)	1011.1	标准工时(H)
生产部门	装配部	最长周期时间(s)	31.7	使用人数总计(含品管)	35	0.308

工序代码	工序名称	观测时间(s)	宽放率(%)	标准工时(s)	电脑建议人数	分配使用人数	每人均分工时(s)	每小时总产量(PCS)	每日总产量(PCS)	工作量	备注
1	造杯本体	25.9	12%	29.1	0.90	1	29.1	124	991	90%	
2	点焊端子线	25.6	10%	28.1	0.88	1	28.1	128	1024	88%	
3	锁把手	27.9	10%	30.7	0.95	1	30.7	117	939	95%	
4	造中座	27.2	10%	30.0	0.93	1	30.0	120	962	93%	
5	锁控制板	28.8	10%	31.7	0.99	1	31.7	113	908	99%	
6	锁地线及保险丝A	26.4	10%	29.0	0.90	1	29.0	124	992	90%	
7	锁中座固定片一	26.1	10%	28.7	0.89	1	28.7	126	1004	89%	
8	锁中座固定片二	27.3	10%	30.0	0.93	1	30.0	120	959	93%	
9	锁保险丝B	28.1	10%	30.9	0.96	1	30.9	116	931	96%	
10	锁马达固定片	23.6	10%	26.0	0.81	1	26.0	138	1109	81%	
11	焊接马达	20.8	10%	22.9	0.71	1	22.9	157	1260	71%	
12	锁NTC(带锁地线)	27.3	10%	30.0	0.93	1	30.0	120	961	93%	
13	地线焊锡	23.9	10%	26.3	0.82	1	26.3	137	1096	82%	
14	锁马达	26.3	10%	28.9	0.90	1	28.9	125	997	90%	
15	测试马达及漏水	28.0	10%	30.8	0.96	1	30.8	117	935	96%	
16	锁PCB板	25.4	10%	28.0	0.87	1	28.0	129	1029	87%	
17	锁中心开关上	26.5	10%	29.1	0.91	1	29.1	124	988	91%	
18	插PCB板端子A及扎线	27.9	10%	30.7	0.96	1	30.7	117	937	96%	
19	插PCB板端子B及扎线	28.4	10%	31.2	0.97	1	31.2	115	922	97%	
20	内部检查	27.6	10%	30.3	0.94	1	30.3	119	949	94%	
21	锁中座底盖	23.7	10%	26.1	0.81	1	26.1	138	1105	81%	
22	插锁中心开关下端子线	28.3	10%	31.1	0.97	1	31.1	116	926	97%	
23	锁底盖	28.0	10%	30.8	0.96	1	30.8	117	934	96%	

图 12-12　某企业生产线平衡改善案例

12.2.20　生产线平衡改善的盲点

生产线的管理人员，如对工业工程的改善技法缺乏了解，当生产线出现不平衡状态时，习惯用人员增补来弥补，这是一个不动脑筋的做法，不足为取。有些管理者在产量不满足要求时赶紧加人，虽然产量增加了一些，但是人均产量降低了。很多产线都有改善空间，加人不应该是首选的策略。

除了上面介绍的技法以外，也可以从材料、零件包括设计方法等方面来检查是否有缩短工时的方法，也就是从设计的层面思考改善。其实从源头改善效果是最好的，这方面国内大部分企业做得还是比较欠缺的。

生产线补进新手时，因新手对工作不熟悉，熟练度不够，在配置上尤其要注意会造成很大的不平衡使产量大幅度下降，或对新手造成异常的工作压力。当有新员工进来时，不要马上放进生产线里，特别是不要放在瓶颈工序。另一方面，过度紧张的节奏会导致员工流失。

12.3 快速换线改善

前面章节已经介绍过快速换模。快速换线在很多概念与快速换模有相似之处，不同之处在于改善对象不同，一个是单机台，一个是整条线。

12.3.1 改善背景（某企业装配线转型改善）

某工厂生产小家电产品，装配线均为站立式大型流水线，从生产成品排程表（见表12-4）可以看出，生产工作中都需要进行产品换线。

在换线时，人员、机器、物料均会产生不同程度的等待浪费。如按每个产品换线时间为40min，每个产品完成整个生产过程平均需要人数为85人计算，即每次切换的损失工时为40min/60×85=56.67h。如果按一天8h计算，就是7个人一天的工作量。生产线人数多，在换线过程中浪费就大。从表中可以看出，一个星期换线4次，每次50多工时，4次就是200多h的损失工时。

表12-4 某公司生产排程表

序号	日期	星期	工序描述	制造订单编号	客户订单编号	当日产量	所需工时/h	累计产量	放单日期	到期日期
17	2005/07/25	一	F030130L2	S20907908	402640	2000		2310		
18	2005/07/26	二	F030130L2			194	0.97	2504		
19			F030231M20	需换线2次	402724	1004	5.58	10h	2005/07/16	2005/07/22
20			F030231L2	S20907910	402655	620	3.44	620	2005/07/21	2005/07/28
21	2005/07/27	三	F030231L2	需换线1次		1384	7.69	10h		
22			F030235L19	S20925083	306771	420	2.33	420	2005/07/25	2005/08/01
23	2005/07/28	四	F030235L19			1800		2220		
24	2005/07/29	五	F030235L19	需换线1次		1284	7.13	10h	2005/03/03	2005/03/10
25			F030238L25		401435	460	2.88	460	2005/08/01	2005/08/06
26	2005/07/30	六	总换线数为4次，共损失工时为：226.68小时							
27	2005/07/31	日								

12.3.2 生产线换线时间统计记录

首先设计表格对换线的现状做统计。安排一些人对生产线换线情况进行跟踪记录，见表12-5，主要包括：换线日期、生产线名称、换线前产品、换线后产品、换线的开始时间和完成时间。其中：A产品停止生产时间即换线前产品停止投料时间（第一个工序）；A产品生产完成时间即换线前产品完成最后一个工序时间（此工序现定为"成品上带拉"）；B产品开始投产时间即换线后产品开始投料时间（第一个工序）；B产品换线完成时间即换线后产品完成最后一个工序时间（此工序现定为"成品上带拉"）。

换线总时间=B产品换线完成时间-A产品停止生产时间

第 12 章
装配型流水线的精益改善

经过统计，得出 A 厂同类产品换线约为 15min，不同类产品换线约为 40min。B 厂同类产品换线约为 12min，不同类产品换线约为 32min。说明同类别时间比较短，当两个产品规格差别比较大，切换的内容会比较多，换线时间就比较长，通过表格统计掌握了改善前的现状。

表 12-5 某公司换线时间记录表

序号	日期	线别	换线前状况 产品型号（A）	换线后状况 产品型号（B）	A产品停止生产时间	A产品生产完成时间	B产品开始投产时间	B产品换线完成时间	换线总时间/min	换线时间/min	备注
1	2005/08/08	Line23	F150812G1	F150468G2	15:48	16:14	15:55	16:45	57	31	
2	2005/08/10	Line22	F150514M10	F150888M2	08:25	08:50	08:32	09:14	49	24	不用换模板
3	2005/08/12	Line22	F150514M10	F150407M2	16:32	17:00	17:10	17:40	68	40	换模板和胶带
4	2005/08/12	Line20	F150485M4	F150485M5	14:30	14:42	14:32	14:45	15	3	同类型产品不须换模板
5	2005/08/13	Line6	F020532S1	F150592M1	14:35	14:55	15:10	16:07	92	72	换线时需更换模板
6	2005/08/16	Line22	F150407M2	F150888M2	16:38	17:10	17:20	17:52	74	42	换模板和胶带
7	2005/08/16	Line16	F150459M5	F150522M11	10:00	10:30	10:40	11:10	70	40	换模板和胶带
8	2005/08/16	Line20	F150485M5	F020710I11	13:45	14:00	14:05	14:45	60	45	换线时需更换模板
9	2005/08/17	Line16	F150522M11	F150482M3	09:30	10:00	10:10	10:40	70	40	换模板和胶带

12.3.3 生产线换线流程及存在的问题

对换线的流程进行了梳理，形成转产流程图，如图 12-13 所示。从左向右看，图的最左侧是相关职能，比如线长、IE、IQC、物料员、作业员等。换线的过程中会涉及很多岗位的参与，把每个参与对象的作业流程从左到右列出来。比如最上面的线长，在换线过程中第一步是核对物料，第二步是挂作业指导书，一直到最后对生产线进行整理整顿都记录下来。不同职能的人员繁忙程度是不一样的。线长就比较忙碌，一直在做事情。PE 和 IE 的工作比较少。IQC 的工作稍微多些。物料员在换线前做很多工作，机修人员在换线后做很多工作。流程图反映了不同岗位做的事情。图的最下面是时间线，最左侧是 -60，然后是 -30、-20、-10、0、3、6、9。这些就是换线前后的时间节点。从中间 0 时间点，用实线隔开。左侧是换线前的准备，从 0 开始到后面 15min，这个过程相当于停线过程中做的工作。通过联合作业分析，找到过程中的问题点。把这些问题点进行整理，做原因解析。

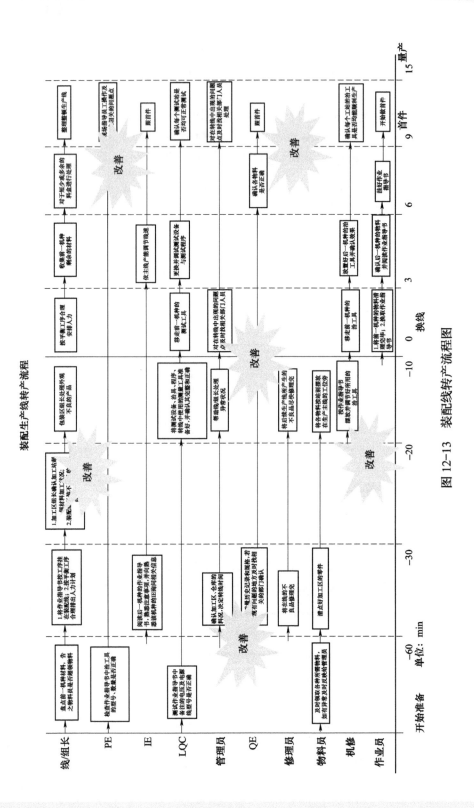

图 12-13 装配线转产流程图

第 12 章
装配型流水线的精益改善

12.3.4 生产线换线存在的问题解析及措施讨论

把发现的问题按人员、机器、物料、流程、方法进行分类整理,以鱼骨图的形式呈现出来,如图 12-14 所示。有了问题,就要分析原因,给出对策,进行改善,见表 12-6。

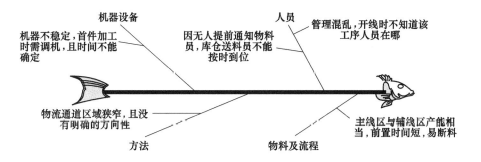

图 12-14 换线问题分析

表 12-6 换线问题管制表

类别	问题点描述	原因分析	建议改善措施	评估改善结果
人员	1. 管理混乱,开线时不知道该工序人员在哪 2. 因无人提前通知物料员,库仓送料员不能按时到位	1. 因换线时间长,等待时间也长,员工趁此时间离开岗位去洗手间或做其他的事情 2. 换线前没有具体人员通知,而物料员要退还上批余料又要送下批物料,这样导致物料不能及时到位	1. 禁止员工利用换线时间离开工作岗位,如有此现象将进行惩罚 2. 在换线前通知相关物料员,提高换线时工作效率	人员管理制度化,避免等待时间;物料及时到位,缩短换线时间
物料及流程	主线区与辅线区产能相当,前置时间短,易断料	主线区与辅线区产能相当,这样换线时加工区如有异常,即影响到主线转线后无物料而断线	建议加工区上班时间提前,加长加工区产品前置时间	避免因加工区物料异常而影响到主线

243

（续）

类别	问题点描述	原因分析	建议改善措施	评估改善结果
方法	物流通道区域狭窄，且没有明确的方向性	两线之间物流通道仅有1m的过道，在换线时影响物料进出	开始换线前15min要求物料员准备物料的进出	提高换线工作效率，避免因过道狭窄而堵塞物料
机器设备	机器不稳定，首件加工时需调机，且时间不能确定	生产部在换线时才开始通知机修人员调试机器，而机器不稳定	提前通知机修人员，做好首件生产	减少因机器调试而影响换线时加工区物料到位时间

12.3.5　成立快速换线小组

具体改善过程应该建立一个由相关人员组成的小组，如图12-15所示。要明确每个岗位的职责，比如IE工程师负责标准工时及排位图的提供（提前1天）；生产组长负责生产计划的安排、换线过程的督导、协助物料员完成换线工作；跟线物料员负责根据生产计划及实际进度完成换线的全部备料工作；操作员负责配合物料员完成换线时工具的更换动作、余料的整理及物料异常的及时反馈；机修人员负责根据计划协助生产线进行换线时的设备调校。通过职责分工，把快速换线小组成立起来。

图12-15　快速换线小组

12.3.6 换线目标设定

改善前要设定改善目标，换线时间的目标设定为6min/10min/15min。前一机种比后一机种速度快，换线时间为15min。前一机种与后一机种速度相同或前一机种速度慢，换线时间为10min。同一系列机种，换线时间为6min。前一个机种流动的速度慢，给切换过程提供更多的时间，这个时间属于外换模时间，所以，目标要定得高些。首次量产机种，换线时间为25 min。首次量产进度会慢些。

12.3.7 换线改善的主要思路

要确定换线的思路。首先要进行换线时间切分，例如当前的换线时间90 min，如图12-16所示。柱状图由两部分构成，上面为外部换线时间，下面为内部换线时间。哪些可以提前准备，至少可以让停线时间减少到60 min。下一步的目标是把60 min的时间压缩到40 min，这时停线时间越来越短，总工作量不变。接下来还是一样的思路，随着改善的深入，不断缩短停线时间。

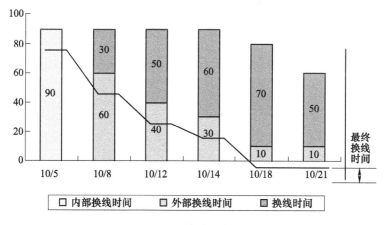

图12-16 换线改善思路

12.3.8 换线改善——流程调整（方案设想）

通过对目标的设定和问题点的分析和对策，可以将新的流程规划出来，新方案的形成一定是在原有的基础上持续优化的过程。画图时可参照图12-17的格式进行。

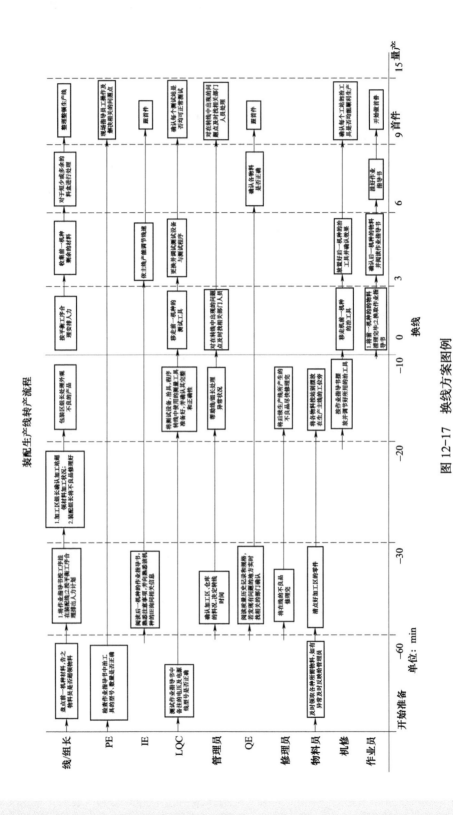

图 12-17 换线方案图例

第 12 章
装配型流水线的精益改善

12.3.9 实际换线过程监控

新的流程制定出来，要让生产部门按照新流程执行，推行过程中要进行换线过程监控。图 12-18 把每一天换线过程的表现都标示出来了。10 月 9 日，换线时间是 105min，其中外部准备时间 45 min，停线时间是 60min。10 月 11 日，外部 75min，内部 29 min。从整体上看，内部时间在大幅减少，外部时间也在减少。10 月 15 日出现了大的异常。通过这样的方式，可以看出，经过不断改善，换线时间总体上是减少的，过程中也会有异常出现。

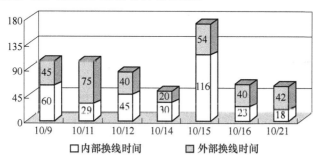

图 12-18　换线过程监控

12.3.10 实际换线时间趋势

图 12-19 所示为内部换线时间和标准换线时间的对比，可以看出，除了 10 月 15 日换线明显异常外，其他换线时间都呈下降趋势，随着时间的推移越来越接近标准时间。要把 10 月 15 日延误的原因找出来。

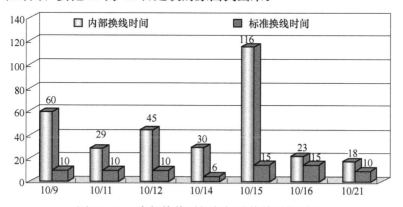

图 12-19　内部换线时间与标准换线时间对比

12.3.11 实际换线延误分析

延误主要发生在 10 月 15 日换线，所换机种为 ADP-90FBF，换线中频繁出现异常问题，因为换线人员对该机种不熟悉，规格错误较多，换线前工作准备不足。图12-20中，不同的日期用不同的颜色表示。对相同的原因进行归类，比如第一项材料加工错误，有4天发生了这类问题，把对应的时间合在一起，画出柱状图。从图中可以看出10月15日发生的异常有六种，可以先针对最严重的问题进行改善。

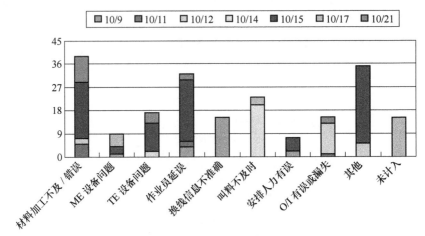

图12-20　换线延误分析图

从图12-21可见，材料准备不及时、作业员作业不熟练及规格不清造成换线困扰。

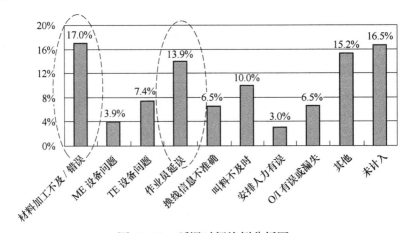

图12-21　延误时间比例分析图

12.3.12　改善对策及效果追踪

表12-7列出了出现问题的日期、问题点、原因、对应的改善对策、责任人、

第 12 章
装配型流水线的精益改善

计划完成日期以及改善效果。比如第一项"换线信息不准确",原因是主任和加工中心主管信息不一致,解决对策是以生产管理部门提供的信息为准,并指定责任者。下次换线要检查是否按制定的对策在执行、执行的效果怎么样。

表 12-7 改善对策管制表

机种	日期	延误时间/min	问题点	原因分析	改善对策	责任者	完成日期	改善效果
ADP-50SB DD (7S)—ADP-90AB AD (Rate:10S)	10/9	15	1. 换线信息不准确	主任和加工站生管信息不一致	主任要从加工站生管处确认换线信息及料况信息,否则不换线	周××	下次换线	对策有执行,没有造成延误
		2	2. 插件段第2站作业员不会折脚造成延误	1. 组长安排人力不当 2. 作业员没有熟读O/I	1. 组长在换线前半小时安排好下一机种的人力 2. 作业员在做首件前要认真阅读O/I	周××	下次换线	下次换线中对策2执行效果不佳
		2	3. 第7站作业员制作标签时间过长造成换线延误	制作标签动作繁琐,所花时间过长,可剔除该动作	生产线使用加工站制作的PASS标签(仅适用于第一批材料)	谢××	下次换线	对策有执行,减少换线延误
		3	4. 作业员传O/I、传材料浪费时间	作业员在传O/I和材料的过程中需挑出本站的O/I和材料,寻找的时间太长	1. 组长提前半小时把O/I按站别挂在栏杆上,换线时作业员只将面前的O/I换好 2. 送料员按事先挂好的O/I上零件的位置摆放零件	周×× 谢××	下次换线	对策有执行,没有造成延误
		1	5. ME在换线前没有将插件12站的胶布机台准备好	ME预先不知道该机种的胶布机台摆放何处	1. IE在O/I中把治、工具的型号填写清楚 2. 组长事先将O/I排好,ME按O/I中所列治、工具准备好	李××	下次换线	对策有执行,没有造成延误

12.3.13 标准化：将转产过程流程化

通过上面的解决过程，就可以形成新的转产流程图。新的转产流程图跟原来的流传图绘制方法一样，把不同的人员、不同的时间段做了哪些事情，用流程图的形式记录下来，就形成了新的转产作业标准。

12.4 精益物流配送机制规划

精益物流配送也是流水线改善的重点。很多企业都有专门配送物料的团队，对装配线的效率保证和车间在制品控制非常重要。

12.4.1 精益物流总览

精益物流是一个非常大的范畴，如图12-22所示。外部物流指从供应商工厂发货，经运输到第三方仓库或客户仓库的过程。内部物流从仓库收货到质检，再到分拣包装、配送，然后到线边规划管理，最后到生产执行环节。

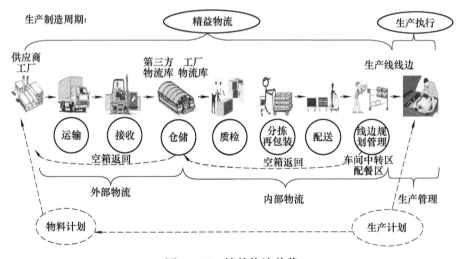

图12-22 精益物流总览

12.4.2 流水线作业的追求与效率保证条件

流水线改善往往是希望通过个别工位的改善来提升整体的效率。也就是说，流水线追求的是整体效率或者说是整体产出，并不是强调某个工位的效率，如图12-23所示。左图表示作业员各自为政，追求局部效率，右图表示作业员同

第 12 章
装配型流水线的精益改善

步有序,整体效率高。流水线要保证整体效率,必须要保证人员安定化、物料安定化、设备安定化、品质安定化。一条流水线,人员不稳定,经常离职,经常缺料,设备经常故障停机,或者经常出现品质问题,则效率很难发挥。人员不稳定、生产线经常性缺料是很多民营企业的典型问题。很多工厂因为物料的原因影响了员工的正常工作。

图 12-23　个别效率和整体效率

12.4.3　流水线常见的问题

如图 12-24 左图所示,某企业管理人员为了减少员工离岗取料而影响工时的情况,将工位旁边物料放得很满,导致工位物料较多,无法直观展现生产过程。右图是某企业由于配送的物流放置的容器较大,员工无法快速拿取物料,因为转身及动作幅度过大而造成大量的动作浪费。

图 12-24　流水线上的物料问题

图 12-25 左图所示为某企业生产线在生产的过程中工位的物料用尽,由产线员工去线边物料区拿取物料,这导致了生产线因为员工离岗而停线。右图所示为某企业生产线在生产的过程中工位的物料用尽,导致整条线的员工都在等待物料员的配送,浪费工时。

图 12-25 物料问题影响员工工作

12.4.4 JIT 的物流目标

精益物流的目标是准时生产（Just In Time，JIT）。JIT 模式是丰田生产方式两大支柱之一。JIT 的含义是在正确的时间、以正确的方式、按正确的路线、把正确的物料送到正确的地点，每次都刚好及时。从供应商发货，一直到物料由线边仓到生产线，每个环节都要追求 JIT。

12.4.5 配送频率与缺料风险

物料供应的一个基本观念就是准时化。七大浪费中一个很大的浪费就是库存的浪费，不管是厂内的库存、生产线的库存，还是工位的库存，越少越好。如果想减少物料，就必须多频次供应物料。供应物料也是要消耗成本的。如果物料供应过于频繁，物流成本就会偏高。如果物料配送频率特别低，仓库或者车间的库存就会特别高。尽量找一个平衡点，要确保在没有缺料的风险下，线边库存量最低，配送成本不要太高。当然这个平衡点没有确切的定义，以能接受的配送成本保证物料尽可能少为出发点，如图 12-26 所示。

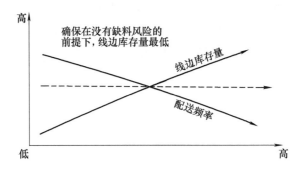

图 12-26 库存量的平衡点

第 12 章 装配型流水线的精益改善

12.4.6 物流与信息拉动

物料的移动过程实际是信息流的指挥过程，所有物料的传递都有相应信息流的指引，如图 12-27 所示。不管是主动送料还是被动送料，都需要信息驱动。那信息是什么样的表现形式呢？或许是一个纸质的卡片，或许是一个空箱的拉动，或许是电子信息的拉动。

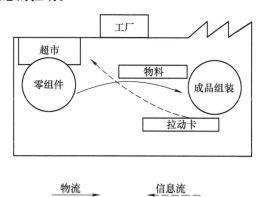

图 12-27 物料拉动信号示意图

12.4.7 常见的物料拉动方式

拉动的方式有很多种，比如卡片拉动、空箱拉动、电子拉动、生产拉动等。卡片拉动在丰田应用比较多，也是精益中最经典的拉动方式。另外一些工厂采用空箱拉动的模式，取料的时候，放一个空箱，装满拉走。电子拉动用电子设备传递信息，比如电子看板、安灯系统。生产拉动是利用生产作业过程中上下过程间的关联性，比如某个位置的物料筐被取走，就需要对这个位置进行补货。图 12-28 是一个比较宏观的物料配送过程，属于供应商或第三方物流直接把物料送到生产线的模式。生产线缺料，发出一个信号，这个信号经过信息控制中心处理，通过网络发送，可能发给供应商，也可能发给第三方物流，他们将物料配送到工厂。不管是大物流还是小物流，都是通过信号的拉动，驱动物料需求的满足。

12.4.8 看板拉动式的物流配送模式

图 12-29 所示为生产线边物料拉动的模式，是以看板卡作为驱动的方式，分为五个过程，分别是取料投卡、收集卡片和空箱、阅读卡片、取料和送料。图中已经给出了一些细节的解释。拉动模式是一种补货机制，根据消耗掉的量进行补充。这样可以控制车间的在制品数量。车间在制品少，可以减少空间占用，

生产设备、物流器具可以更紧凑，员工移动的距离小，浪费少，效率高。

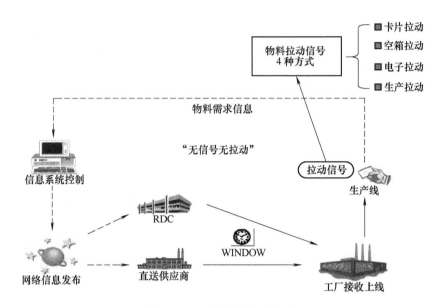

图 12-28　物料的拉动方式

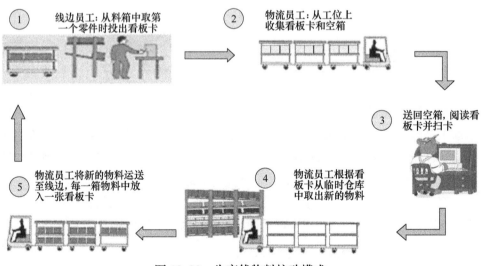

图 12-29　生产线物料拉动模式

12.4.9　换线过程与配料时机

表 12-8 是一个换线过程记录表。首先看一下换线过程。在换线 24h 之前，组长确定生产计划，组长与 IE 确定工时及排位标准，组长通知预加工。5h 前物

第 12 章
装配型流水线的精益改善

料员确认预加工品完成，3h 前物料员确认所有料件完成接收，1h 前根据标准备好料，5min 前物料员开始换料。在换线开始后 10min，物料员开始整理余料。生产线在换线前几个小时，物料员要确保所有的物料全部准备好，在一小时前确保所有物料到位。物料员的准备工作在换线前都要完成。换线完成后，物料员要把前一个产品留下的余料清理掉。这就是换线过程中的配料过程。

表 12-8 换线过程记录表

序	工作内容	距前一机种最后一件完成品时间
1	组长确定生产计划	24h 前
2	组长及 IE 确定工时及排位标准	24h 前
3	组长通知前置开始预加工	24h 前
4	物料员确认所有预加工品完成	5h 前
5	物料员确认所有料件完成接收	3h 前
6	物料员根据标准备料并完成	1h 前
7	物料员根据实际生产开始换料	5min 前
8	组长、作业员进行工作台位置调整	-5min
9	作业员进行工具切换	-8min
10	物料员开始整理埋尾余料	-10min
	换线结束	-10min

12.4.10 物料配送路径图

物料配送一般有两种配送方式：一种是主动配送，一种是被动配送。一般建议以主动配送为主。图 12-30 显示了两种配送的原理。左边是出租车原理，右边是公交车原理。主动配送就是主动把物料送到相关工位上，公交车会有明确的时间和地点，有固定的站台，按照固定的路线移动，每次配送的物料较多，物料配送成本较低。主动配送推荐用公交车的方式进行。出租车方式是在系统呼叫模式下去配送，属于点对点式的，针对某种急需的物料进行配送，成本较高。主动配送一般用于新的产品上线时，需要配套物料配送清单。

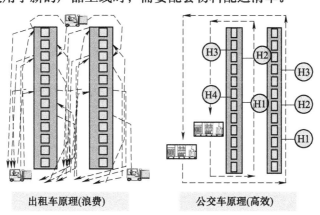

图 12-30 被动配送和主动配送原理

12.4.11 配送物料表——物料员配送标准书

确定实施"水蜘蛛"供料的产品及制程，要求做到按节拍时间准备一套供应一套的均衡供料方式为改进的目标，并做出物料配送清单，见表12-9。

表12-9 物料配送清单

物料员专用

物料配送清单

型号：F110566L50/L60　　班组：A3　　标准产能：200个/h　　生产线节拍：18s/个

工序号	工序名称	物料名称	工位用量	最高存量	最低存量	上料频次	上料数量	单位容量	物料暂放位置
SD5	接喉接头入合身装螺钉	盒身组合	1.0	28	5	8min	28	28/车	BA2/9
		接喉组合	1.0	800	50	4h	800	800/中盆	SD58
		螺钉	3.0	6000	100	10h	6000		A1
SD6	PCB板入盒身	PCB板组合	1.0	50	5	15min	50	5/中盆	PCB1
SD7	PCB板装螺钉（1）（含解微动制线）	螺钉	2.0	4000	100	10h	4000		A1
SD8	PCB板装螺钉（2）（含解微动制线）	螺钉	2.0	4000	100	10h	4000		A1
SD9	盒身装微动制开关组合	螺钉	3.0	6000	100	10h	6000		A1
SD10	放气阀组合装螺钉	放气阀组合	1.0	80	10	25min	80	80/中盆	V3
		螺钉	2.0	4000	100	10h	4000		A1
SD11	发热线原子线装螺钉（含套介子）	螺钉	1.0	2000	100	10h	2000		A1
		介子	1.0	2000	100	10h	2000		A1
SD12	发热线原子线接插片	热缩管	1.0	600	50	6h	600	600/小盆	
SD13	发热线原子线收缩热缩管（含解线）								

12.4.12 异常配料——安灯呼叫

生产线有时候并不会按计划进行，做的过快或过慢都有可能，有时候因为异常导致物料不能够按原有的节奏展开。这个时候可以通过安灯呼叫系统，如图12-31所示，线边操作人员要按动按钮，指示灯发出信号，物料配送人员要

第 12 章
装配型流水线的精益改善

及时取料配送。这个在很多工厂都有运用，具体流程见图中文字。

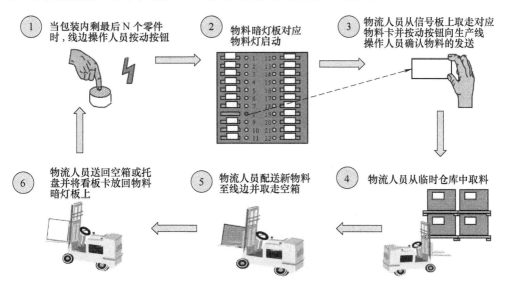

图 12-31　安灯物料呼叫系统

12.4.13　配送区间

物料配送的区间一般有两种：一种是从仓库到车间，另一种是从车间到产线。仓库到车间：根据生产计划，提前备料至现场物料暂存区（物料超市）。车间到产线：根据产线工位需要，由专人适时配送至工位，一般根据产线的备料明细，提前 1 小时备料或实时备料，水蜘蛛作业，以物料配送表做指导。所以在车间要有个配料区进行周转，如图 12-32 所示。

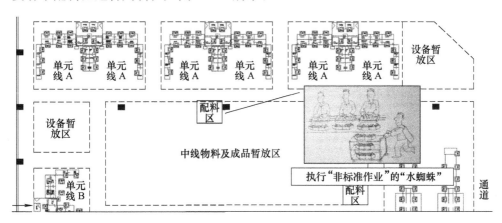

图 12-32　配送区间

12.4.14 配送人员

物料配送要选择合适的人员，要求不但动作要迅速，同时头脑也要清晰灵活，能够掌握生产线的瞬息变化，懂得采取相应措施。一般这些人员属于生产线的多能工，同时对产品非常熟悉，非常细心，工作勤恳。如果配送人员不能做到细致的整备工作就把物料配送到工位上，会造成员工的二次操作。一般都是由作为下一任的基层管理者的人选来担任配送人员。图12-33所示为配送人员正在配料。

图12-33　专职配料员

12.4.15 线边超市

线边超市是在生产线旁专为物流工作提供的专用场地。线边超市将备货地到装配地之间的运输距离缩到最近，保证正确的零件以正确的数量在正确的时间送往生产线，有利于减少生产线上不创造价值的工作。线边超市可以简单地理解为线边的仓库，也可以说是物料的暂放区，要进行规划。图12-34是线边超市的实例。

图12-34　线边超市的设置

12.4.16 线边超市储位规划

线边超市需要制作储位规划,规划统一有序的物料区,各种原材料及半制品应按类摆放,标识明确,方便配料员捡取,如图 12-35 所示。

图 12-35 储位规划示范

12.4.17 物流器具规划

所需的容器大小、形状,以及标准容量的设计,要考虑到制程的作业性质及质量要求(考虑容器对工位布置的影响)。很多时候物料盒在配送时是直接放在员工旁边的,把空盒拿走,把盛满物料的盒子放上去。物料容器的标准化就非常重要,如图 12-36 所示。什么料用大箱子,什么料用小箱子,要尽可能规范起来,以免每次放物料时,工位的架子不合适,改来改去。

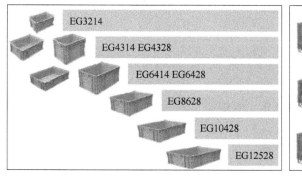

图 12-36 物流容器的标准化

12.4.18 配料区及称具选择

线边超市旁设置必要的配料周转区,用于物料的收、发、称重整理等,要配套相应的称具。物料从仓库送到车间,是没有拆封的物料。这些物料到生产线的工位上要放到物料盒里,要做二次拆解作业。另外有些料要做二次加工。比如一家生产电机的企业,齿轮要提前涂润滑油。这些齿轮是涂好油放在物料盒里,并不是员工做一个涂一个,需要在配料区提前把这个工作做好。有些工位配送的物料有数量要求,可以根据需要配置不同的称具,如图12-37所示。

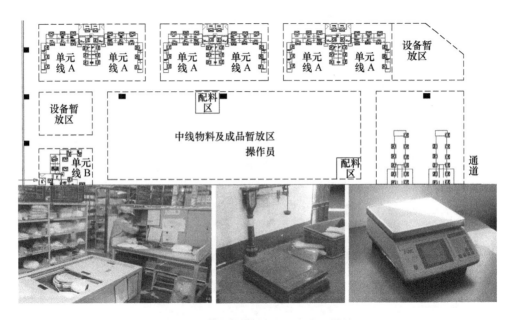

图12-37 配送区规划及称具配置

12.4.19 物料配送车规划

根据物料状况来规划相应的物料配送车。配送车的设计需要考虑:零件放置的稳定性、物料的配套性、操作的灵活性、方便性及运送量。

图12-38所示为不同的配送车,可根据不同的需要进行选择。

12.4.20 物料配送改善的效果

图12-39是一个物料配送的改善案例对比。通过改善前后的图片对比,可

第 12 章
装配型流水线的精益改善

以发现实行水蜘蛛配料减少了在线的库存量,拉组空间得到改善。线边的物料不多,整洁。物料由线外人员处理,作业员可专心做操作类标准作业。

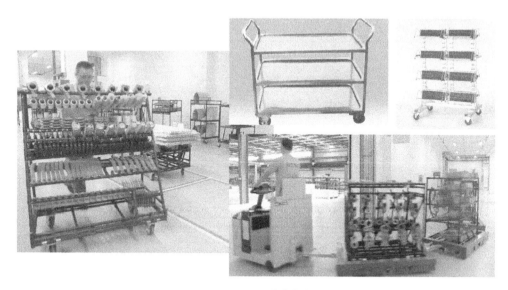

图 12-38 配送车规划

图 12-39 物料配送改善对比

表 12-10 给出了改善的数据和走势图。通过水蜘蛛物料配送,给工厂带来了很大的效益。项目实施后生产效率提升了 11%。实施"水蜘蛛"配料方式,物流过程更顺畅,物料员可以提前把物料的配套性做好,拉组物流配套率达到 95%。

表 12-10 生产线数据分析表

组别：9A/B　　组长：×××　　领班：×××　　工程师：×××

类别	日期	正品数	人数	消耗时间 /h	人均产能 /(件 /h)	平均人均产能
改善前	11 月 17 日	2000	11	13.77	13.20	13.97
	11 月 18 日	1901	11	13.35	12.95	
	11 月 19 日	2000	11	11.54	15.76	
第一阶段	11 月 20 日	1400	11	7.87	16.17	15.45
	11 月 22 日	2000	11	12.09	15.04	
	11 月 23 日	2040	11	12.02	15.43	
	11 月 24 日	1804	11	11.5	14.26	
	11 月 26 日	2000	11	12.3	14.78	
	11 月 27 日	1920	11	12.1	14.43	
	11 月 28 日	1700	11	8.59	17.99	

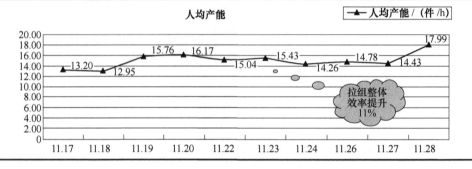

现在很多工厂生产线旁边像仓库一样。一方面是从视觉上不美观，另一方面是员工取放物料的时间长，造成很大的浪费，影响生产线效率。物料配送改善是装配线改善的重要一环，需要给予足够的重视。

【思考题】

1. 装配线改善可以从几个大的方面展开？
2. 如何提高流水线的平衡率？
3. 快速换线可以应用基础工业工程中哪些改善技法？
4. 物料配送规划有哪些关键环节？

第 13 章

柔性单元细胞生产线的规划

13.1 单元细胞生产线的基本概念

13.1.1 大环境消费习性对企业造成的影响

越来越富裕的社会，大大提升了消费者的多元诉求，最终导致越来越多的制造企业不得不接受"多品种、小批量、短交期"的市场现状，而且这将成为 21 世纪的主要趋势并会愈演愈烈！比如，大家日常穿的衣服、使用的手机很少是同款或同一个型号的，这就是消费习惯的变化。在任何一个商店内，同一类产品，会看到非常多的品牌与规格。图 13-1 左侧是产品生命周期对比图，浅色柱状图代表 50 年前的产品生命周期，深色柱状图代表现在的产品生命周期。右侧图是超市的商品种类推移图。从 1970 年的 200～300 种，到 2000 年的 5000 种，可见商品种类的大幅增长。这些数据说明了多样少量时代的到来。

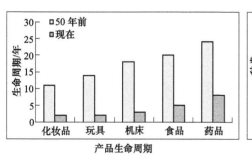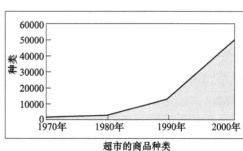

图 13-1 产品生命周期和超市的商品种类趋势图

13.1.2 制造业普遍存在的订单状况

表 13-1 是某电子公司音圈产品批量分析。音圈是扬声器音膜下面的小铜圈，是用铜线绕出来的。通过 PQ 分析，订单数小于等于 500 个的订单笔数占比

90%。这种产品一条产线一小时可以做几百个。如果一小时产量按 400 个计算，9s 生产一个。如果订单量不超过 500 个，大部分产品一个小时左右换一次线，换线相当频繁。

表 13-1 某电子公司音圈产品批量分析

订单 PQ 分析表　　　　　期间：2012-04 ～ 2012-06

产品大类	产品中分类	尺寸/mm	≤50	≤100	≤200	≤300	≤500	≤1000	>1000	合计
×× 电子公司							外销	订单数/个		
×××类别音圈	直接引出（铜）	<70	0	1	3	2	2	6	3	17
		<90	6	0	2	13	0	1	0	22
		>90	0	4	9	3	21	2	2	41
	非直接引出（铝）	<70	10	5	9	3	30	2	0	59
		<90	5	7	10	2	4	0	0	28
		>90	0	2	1	0	1	0	0	4
	合计		21	19	34	23	58	11	5	171
	比率		12%	11%	20%	14%	34%	6%	3%	100%
						78%				

表 13-2 是某公司渔具产品批量分析。订单数不超过 300 个的订单占比 59%，小于 1000 个的订单占比 94%。可以看出小批量占绝大部分。

表 13-2 渔具产品批量分析

每笔制令生产量/个	1～299	300～999	>1000	合计
笔数	3509	2103	313	5925
笔数所占比例（%）	59	36	5	100
产品数量/个	433573	922553	531368	1887494
数量所占比例（%）	23	49	28	100

13.1.3　多种少量对制造业造成的困扰与挑战

企业产品研发面临更多的新产品开发品项、更短的研发周期要求，没有新品持续上市，很容易被市场淘汰。采购面临更多的零件采购数量、更复杂的供应链管理要求。生产频繁地换线、换模，面临复杂的工序、多技能工的要求。

第 13 章
柔性单元细胞生产线的规划

人力资源面临多元化的人才需求与培育，管理难度增加（见图 13-2）。

图 13-2 研发、采购、生产、人力资源面临的挑战

13.1.4 精益企业常见的应对措施

多种少量对制造业造成的困扰是系统性的。精益企业采取的一些常见的措施如图 13-3 所示。

图 13-3 精益企业应对措施

（1）产销管理信息化　依靠信息化管理工厂，而不是单纯依赖人，防止人为操作过程中产生错误，比如 BOM 表录入错误，同时也通过信息化提高作业效率。

（2）产品开发"三化"　产品开发简单化、标准化、专业化，减少规格差异的复杂度。比如一个月开发两款产品，一年就是二十几款。如果没有标准化、模组化，模具就需要很多种类，成本会很高。

（3）低成本自动化　抛弃昂贵高速的自动化设备，选用低成本、实用的简易自动化设备。既可以降低工作强度，减少人力，又能避免高速的自动化设备带来的高库存或频繁换线损失。

（4）JIT 物料配送　"适时、适量、适物"地完成供应商及各工序间的物流供应，确保工序间有序高效衔接，库存最低。

（5）快速换模/线　让内部消耗时间降至最低，确保因换线而造成的损失时间最少化。

（6）柔性作业模式　"细胞式"生产群组规划，也称Cell线，根据不同的订单，柔性快速调整，多产品同步生产。

（7）快速服务体系　构建"以生产车间为中心"的全工厂快速服务体系，确保生产过程的安定化。

13.1.5　传统大批量生产线作业的特点

（1）分工过细　熟练度虽然能够快速提升，但过于单调乏味，员工积极性差。长时间作业容易导致职业病。

（2）人数较多　大批量生产线示例如图13-4所示，换线或线平衡不佳时系统损失工时较多。如果一条线有20个人，换线时停线10min，损失时间为10min×20=200min，这种损失是很大的。

图13-4　大批量生产线示例

（3）设备大型固定　大批量生产多采用大型设备，产量高，订单量变化时不能够灵活变动。有很多大型设备都是用混凝土固定的，在产线重组时设备的移动非常困难，适应性差。

（4）线平衡难　人数多会导致生产线平衡率较难提升，人均产能低。人员越多，节拍越短，可供分配的作业越少。所以平衡难度大，效率提升难。

（5）取放次数多　大流水线节拍短，取放次数多，花费的时间就多，取放站在客户的角度上是不创造价值的。

（6）不利于管理　生产线比较长，人数多，很容易超出班组长的视线，管理的难度会比较大，管理水平较难提升。

（7）半成品较多　大批量生产线工位多，分工细，生产线上的半成品自然就比较多，有些企业的产品是套装的，比如，生产四件套，四件产品要同时生产出

第 13 章
柔性单元细胞生产线的规划

来，才能组在一起发货。如果只有一条生产线，只能一种一种做，做完之后因为不齐套，没法包装，只能摆在车间，所以，在制品很多，容易产生质量问题。

13.1.6 精益柔性单元细胞线的特点

具有建立容易、调整方便、切换时间短、设备小型化、投资少等特点。具体表现为：

1）由于为小幅度的成组调整产能方式，可避免订单起伏变化造成的产能不足或产能过剩。临时加开或关闭小单元，就可以调节产能的需求变化，比较容易操作，也不会影响其他产线。

2）流程设计上减少了断点的次数，其流线化作业效果更佳。可以同时投入的机种多。等待的物料品类少，并行生产，流动性好。

3）压缩单次切换时间，分流切换次数，避免无效切换，人人减少了切换所带来的时间损失。产线规模小，节拍慢，可以较长时间不用切换，节省了换线时间。同时产线人数少，换线影响的范围小，损失少。

4）拥有技能熟练的全能工，减少不必要的工时损失。一个员工可以操作多个工位，减少了员工之间物料转移的时间，提高了效率。

5）单元生产线示例如图 13-5 所示，由于工作台可以随意拼接，当产能变化时，可随时增加或抽减人员。组合灵活，产线形状容易改变。工作台的数目可以根据人数增减。

图 13-5 单元生产线示例

6）生产效率更高，机种切换需要的时间更少，保证了快速制造的要求。

13.1.7 大量生产与单元生产的区别

大量生产线产能大，线体少，更换品种、调整节拍时需要不断切换，同时因为工位多，浪费的时间长。大量生产与单元生产对比如图 13-6 所示，一条流水线，生产数量从 600 台降低到 450 台，再提升到 900 台，需要进行切换，重新排线。如果采用单元线，只需要减少或增加一些小型单元线就可以了。比如，日产能 50 台的小型生产线，要生产 600 台产品，需要开 12 条线，生产 450 台，需要 9 条生产线，也就是停掉 3 条产线就可以了，所以调整快捷、方便，不会影响到其他产线。这就是单元线的灵活性。

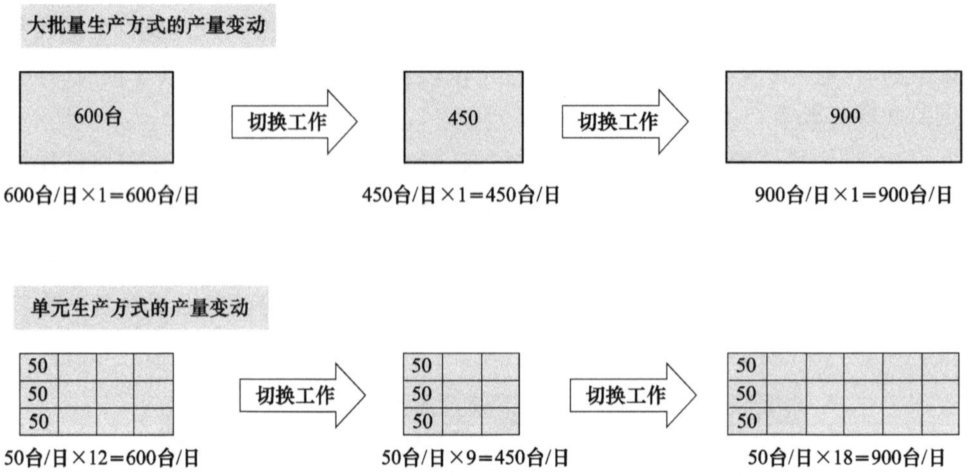

大批量生产方式的产量变动
600台
切换工作
450
切换工作
900
600台/日×1=600台/日
450台/日×1=450台/日
900台/日×1=900台/日
单元生产方式的产量变动
50
50
50
切换工作
50
50
50
切换工作
50
50
50
50台/日×12=600台/日
50台/日×9=450台/日
50台/日×18=900台/日

图 13-6 大量生产与单元生产对比

13.1.8 单元生产线面临的挑战

单元生产线本质上还是流水线，差异在于短、灵活，核心还是在于流动，如图 13-7 所示，效率的发挥依赖品质、物料和员工稳定性。如果品质不稳定，做做停停，流动的效果不好，影响效率。如果做装配，需要很多物料，物料的齐套性就非常重要，缺一种物料就没法装配，造成停工待料，损失工时。员工稳定性也是一个挑战，单元线对多能工要求比较高，员工更换频繁，对作业不够熟悉，生产线效率会大打折扣。这三个方面的稳定性至关重要。

第 13 章
柔性单元细胞生产线的规划

图 13-7 单元生产线面临的条件

13.2 单元细胞生产线的规划

13.2.1 单元生产线的布线形态

单元生产线主要的布线形态有三种，分别是分割式、逐兔式和屋台式，如图 13-8 所示。分割式单元生产线，多人共用一条生产线，根据员工的技能状态尽可能合并作业。作业方法为分工作业＋互相协助，也就是除了完成自己的作业内容，还可以帮助旁边延迟的工友。生产布局为 U 形布局，物料流动为一个流。物料进口和出口在生产线的同一侧。

  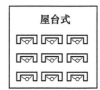

图 13-8 三种布线形态

逐兔式单元生产线为作业员采用一人完结式作业方法，一个人完成所有工序，多人共用一条生产线，并通过你追我赶来完成作业。作业方法为分工作业＋互相追赶，类似于几个员工在相同的跑道上跑步。作业过程中，可能发生超车作业，产线人数不能太多，以免产生混乱，造成等待。生产布局为 U 形布局。物料流动为一个流。

屋台式单元生产线，指一位作业员拥有一条单独的生产线。作业方法：一人完成全部工序。生产布局采用 U 形布局。物料流动为一个流。适合于产量较小的产品。这种方式需要投入很多的设备，每个独立的单元都要一套设备，如果设备很贵，需要谨慎考虑。

13.2.2 单元生产线的布线图例

如图13-9所示，制造业组装类单元生产线大多都采用可拆卸式的柔性管制作的作业台，布线方式比较灵活。这种柔性管称为精益管，铝制的比较轻便，成本稍高；铁制的成本较低。精益管柔性比较好，相对焊接来讲容易拆装，调整高度比较方便，容易重新组合。也有企业喜欢用铝型材搭建单元线，铝型材比精益管承重强度大，可以根据产品大小、重量选择。图13-10是单元生产线工作台示例。设计这种工作台，可向相关厂家索要管材和连接件规格清单，给出二维和三维图样，三维图样可以画得简单些，便于供应商掌握结构，核对相关材料。需要说明的是，有些企业为了节省材料，两个工作台合用一根立柱，这样就不能分开了，灵活性会下降。

图13-9　单元生产线示例

第 13 章
柔性单元细胞生产线的规划

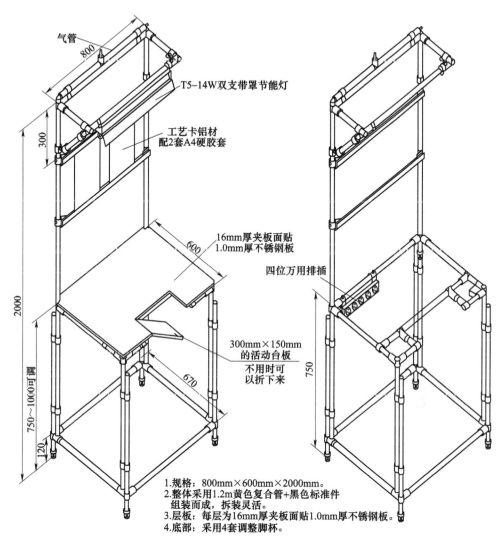

图 13-10 单元生产线工作台示例

图 13-11 是单元线布线图例，有些布置成规则的 U 形，有些是近似圆形。大部分情况下，物料从正面送过来，作业员伸手就可以拿到。物料、工具较多时，要仔细规划，减少作业员取料、取工具的时间。这种生产线都很短，Cell 线的一个好处是容易移动。很多工作台是带轮子的，可以推动。就算是没有台子，因为比较轻，也容易移动。

图 13-11 单元线布线图例

13.2.3 PQ 分析，依据订单状况规划生产线

企业里不是所有的产品都适合用单元线。有些企业里会有些量大的产品，需要进行 PQ 分析，也就是把一个阶段的订单按种类合并，订单量从大到小排列，然后做出柱形图，如图 13-12 所示，可以把产品分为大量、中量和少量，根据量的多少决定是否采用单元生产线。

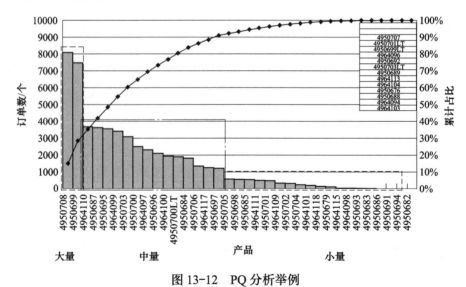

图 13-12 PQ 分析举例

第 13 章
柔性单元细胞生产线的规划

13.2.4 根据订单量选择生产线类型

对于大批量的产品，还是适合用大线，因为可以保持长时间不换线，员工熟练度容易提高。对于中量和少量订单可以考虑用 Cell 线，如果订单量大，没有必要把大线改成小线。如果订单量特别小，可以考虑一人完结式作业单元。图 13-13 给出了几种生产线的图例。

传统大型流水线

中型短线

一人完结式作业单元

图 13-13　根据订单数量选择生产线类型

13.2.5 利用工艺途程规划生产群组

单元生产线再多，也不可能每条线只生产一种产品，需要找出工艺有共性的产品，规划其于同一条生产线生产，称为途程分析，也称 PR 分析，见表 13-3。先在表格左侧列出所有产品的编号，水平上方列出所有的工艺流程，如果某个产品需要对应的流程，就在对应处打 √ 或 ×。然后可以通过筛选等措施，把流程接近的产品归为一类，有时候需要对产品和工艺在表格中的顺序做调整。如果产品差异比较大，种类不是特别多，也可以根据经验分类。如果产品种类特别多，需要对产品工艺特征进行研究，定义一些关键特征，然后对产品进行特征编码，再进行筛选分类。

表 13-3 PR 分析员生产群组划分

零件号	预估需求量	物料代码	顶部处理	顶部测试	自动副洗	预研磨	抛丸	剪切	铆接	修光	外购件处理	把手铆洗	装螺钉抽拉孔	交叉处钻孔	脉冲研磨	表面硬化	脉冲研磨2	钢研磨	端磨	细研磨2	微铆	镀膜	铆线	超研加工	包装	分类返工	终检
3163572	8	22-SMSR-CP													×	×	×					×			×	×	×
3186015	0	22-SMSR-RCO-NCP											×	×	×	×	×	×	×	×	×	×	×	×	×	×	×
4939947	3	22-SMSR-RCO-NCP											×	×	×	×	×	×	×	×	×	×	×	×	×	×	×
4950896	7	12.5-HSR-NCP	×																								
4964156	1154	12.5-HSR-CP	×																								
4964158	6430	12.5-HSR-CP	×									×			×						×	×			×	×	×
4974843	133	16-SMSR-CP	×												×			×				×			×	×	×
4974857	301	16-SMSR-CP	×												×							×			×	×	×
4993667	951	16-SMSR-RCO-CP	×				×					×			×	×		×			×	×			×	×	×
5541364	8	22-SMSR-CP	×													×		×					×			×	×	×
22017536	1638	12.5-HSR-CP	×			×	×																				
22125010	1543	12.5-HSR-RCO-CP	×		×	×	×	×	×			×															
22125013	1829	12.5-HSR-RCO-CP	×		×	×	×	×	×			×															
22125022	1951	12.5-HSR-RCOXJ	×	×	×	×	×	×	×			×															
22125025	6500	12.5-HSR-RCOZJ	×	×	×	×	×	×	×			×															
22125026	1940	12.5-HSR-RCOXJ	×		×	×	×	×	×			×															
22125031	1	12.5-HSR-RCO-CP	×		×	×	×	×	×			×															
22125034	188	12.5-HSR-RCO-CP	×		×	×	×	×	×			×															
22129859	4164	12.5-SMSR						×	×																		
22134468	1077	12.5-HSR-CP	×																								
22165776	329	12.5-HSR-CP	×																								
22165928	17	12.5-EV1-SR								×																	
汇总	31173	预估量	25986	14952	6500	14952	14952	4164	4164	17	3891	1406	955	955	31173	31173	31173	20	20	31154	31162	1406	29760	31173	31173	31173

第 13 章
柔性单元细胞生产线的规划

13.2.6 以客户（计划量）节拍为目标规划生产线

单元线节拍计算方法与大流水线相同，节拍时间比大流水线长，至少是原来的两倍。精益单元生产线需要以客户为导向（即厂内 PMC 计划量），根据订单交货要求，计算出生产节奏，是柔性单元生产线配置的关键依据。

$$节拍时间 = \frac{每天可用工作时间}{每天客户需求数量}$$

$$= \frac{60 \times 工作小时 / 天 - 休息 \& 午餐 \& 其他停顿时间}{每天客户需求数量}$$

$$= \frac{(60 \times 17.0) \text{min} - [(15+15+30+20) \times 2] \text{min}}{258 \text{ 件}} = \frac{860 \text{min}}{258 \text{ 件}}$$

$$= \frac{860 \text{min} \times 60 \text{s/min}}{258 \text{ 件}} = 200 \text{s/ 件}$$

争取使每一工位每 200s 生产一件合格品。

上面算例是按照两班制计算的，算出的节拍时间是 200s/ 件。实际的节拍要比理论节拍快一点，保证在有一定异常的情况下也能准时出货。有些时候要结合瓶颈设备的加工周期，决定合适的生产节拍。

13.2.7 利用标准工时规划工位

每个作业的工时计算出来后，做 Cell 线通常需要把工时合并。哪些部位能合在一起，要看工艺的特征。合并之后就可以算出新的人力。

表 13-4 中，把左盖前置和右盖前置合在一起，作为一个工位，算出总工时，除以节拍，就得到这个工位需配置的人数。以前这条产线需要 46 个工人，每小时做 260 个，经过合并后 14 个人做 90 个。产量变小了，但是人均产量提升了。生产线平衡率从 82% 提升到 89%。

表 13-4 利用标准工时规划工位

工序号	工序名称	说明	物料	工具及设备	标准工时	分配人数	人均工时	小时产能	工序号	标准工时	修正工时	分配人数	人均工时	小时产能	备注
右盖前置	橡胶板垫片涂油	前置			13.2	1	13.2	273	Q01	57.5	57.5	1.55	37.1	97.1	
	齿盘轴组合品（排垫片）	线外			22	2	11	327							
	勾鸟片弹簧	线外	鸟片弹簧	尖嘴钳	4.53	0.5	9.06	397							
	齿杆组合品	线外	齿杆、套筒	手压机	8.78	1	8.78	410							
	勾拨动片弹簧	线外	弹簧、拨动片	尖嘴钳	5.38	0.5	10.76	335							
左盖前置	滴答钮穿垫片	前置	滴答钮、垫片		3.58	0.5	7.16	503	Z01	47.0	40.0	1.0	40.0	90.1	通过料件摆放及熟练度提高速率，同时前置加工位可协助帮忙
左盖组合	滴答钮组立		滴答片、螺钉、垫片、绿胶水、黄油	电笔、小模座	12.06	1	12.06	299							
	套铜组立		止退垫片、套铜、黄油		9.99	1	9.99	360							
	传动齿组立		螺钉、传动齿轮、套铜、黄油	电笔	11.86	1	11.86	304							
	弹片组立，装箱		弹片、螺钉、黄油	电笔、毛刷	13.12	1	13.12	274							
右盖组合	离合器扳手组立		右盖、离合器轴、弹簧、螺钉、扳手	电笔	12.16	1	12.16	296	Y01	38.2	38.2	1.0	38.2	94.2	
	调钮内孔上油		调钮、黄油	毛刷	2.7	0.3	9	400							
	调整钮组立（含入弹簧）		O形圈、止退垫片	尖嘴钳	11.17	1	11.17	322							
	星型扳手组立		星型扳手、齿盘轴组合	（支撑模具）	12.18	1	12.18	296							
	上齿盘油及离合器油		黄油		2.00	0.2	10	360	Y02	39.8	39.8	1.0	39.8	90.4	上齿盘油及离合器油动作可由线外或机动人员协助完成
	鸟片组立		套筒、垫片、轴销		12.09	1	12.09	298							
	锁固定板		固定板、螺钉1、螺钉2	电笔、底模	27.72	2	13.86	260							
	齿盘轴锁螺钉		垫片、螺钉	电笔、底模	11.91	1	11.91	302	Y03	36.2	36.2	1.0	36.2	99.6	
	齿杆组立		弹簧2个、离合板、齿杆组合		11.64	1	11.64	309							
	拨动片组立		螺钉、拨动片组合	电笔	12.6	1	12.6	286							
	上计数器外壳黑胶		黑胶、外壳		9.31	1	9.31	387	Y04	47.6	38.0	1.0	38.0	94.6	通过增加辅助模座来提升速率
	贴面板（含擦面板灰尘）		面板		12.28	1	12.28	293							
	装主侧盖，计数器，外壳汇组		计数器、螺钉3颗		13.06	1	13.06	276							
	锁计数器外壳螺钉，装箱			电笔（支撑模具）	12										
主线前置	导线轴装E形扣（1端）	15、20机种，前置	导线轴、E形扣	尖嘴钳					Q02	15.8	15.84	0.45	35.2	102.3	
	导线轴组合品（另1端）	30机种以上，前置	导线轴、传动齿、E形扣	尖嘴钳	11.2	1.0	11.2	321							
	导线环取一字螺母（装O形环）	机动协助	导线环、O形环		4.6	0.5	9.3	388							

> 所有柔性生产线都需要以标准工时为基础的生产工序分析及分配。

第13章

柔性单元细胞生产线的规划

（续）

			现状数据						Cell后数据					
工序号	工序名称	说明	物料	工具及设备	标准工时	分配人数	人均工时	小时产能	工序号	标准工时	修正工时	分配人数	人均工时	小时产能	备注
主线组立	锁支轴螺钉（仅15机种）		螺钉、支轴	电笔					F01	38.5	38.5	1.0	38.5	93.6	通过增加辅助模座来提升速率，导环取一字螺母及O形圈由"水蜘蛛"协助完成
	导线环取一字螺母（装O形环）	机动协助	导线环、O形环		4.6	0.5	9.3	388							
	导线环护筒组立（含装垫片）		轴套2种、垫片、护筒、导线环组合		12.7	1.0	12.7	283							
	导线支轴组立		垫片、导线支轴、导线轴		13.1	1.0	13.1	275							
	导爪组立	仅有导线机种	一字螺母、导爪、垫片	电笔（支撑模座）											
	导线轴传动齿组立	30以上			12.7	1.0	12.7	285							
	副侧盖与主体汇组		左盖组合、齿轮		11.9	1.0	11.9	302							
	装副侧盖螺钉		螺钉4个		11.8	1.0	12.5	305	F02	48.9	39.152	1	39.152	91.9	考虑增加自动螺钉机来加快装螺钉速度，提升作业效率。另合并工序会提升整体作业速度
	锁副侧盖螺钉			电笔	12.5	1.0	12.5	287							
	锁线轮盖		线轮、线轮盖、2个螺钉	电笔、支撑模座	12.7	1.0	12.7	283							
	组立线轮传动齿		线轮组合、传动齿		3.0	0.5	6.0	600							
	主体、线轮及主侧盖组合		右侧盖组合		13.2	1.0	13.2	274	F03	40.4	36.4	1.0	36.4	99.0	增加装配底模，合并作业后可整体节省工时
	装主侧盖螺钉		螺钉4个		12.1	1.0	12.1	299							
	锁主侧盖螺钉			电笔	12.2	1.0	12.2	295							
	组立摇臂		垫片、摇臂组合、六角螺母	电笔	13.7	1.0	13.7	262							
	顺滑	取消		顺滑机	11.0	1.0	11.0	327	F04	39.5	39.5	1.0	39.5	91.2	取消顺滑工序，增加固定底座
	锁摇臂盖（含板螺母）		摇臂盖、螺钉	电笔、专用扳手	13.1	1.0	13.1	274							
	导爪及一字螺母组立	30后			12.6	1.0	12.6	285							
	功能检验	FQC													少人多工序的生产线，线平衡应当更高
	外观擦油			抹布	38.0	3.0	12.7	284							
	贴彩盒条码				12.4	1.0	12.4	290	F05	88.7	79.8	2.0	39.9	90.2	提升彩盒贴纸包装速度
	彩盒、外箱包装				38.3	3.0	12.8	282							
					总人数：46.5		时产能：260			总人数：14.0			时产能：90		
					人均产量：5.59					人均产量：6.43					
					生产线平衡：82%					生产线平衡：89%					

13.2.8　工位采用柔性多样组合

人数算出来以后，就可以做排位了。因为工作台是独立的，拼接比较自由。基本的原则是按照工艺路线进行排位下面有两个方案。方案一（见图13-14）是右盖组合和左盖组合共同组成一个U形，在中间汇合，与主线衔接，最后经过功能检查、修理、清洁、包装到码放区，是U+L的形式。方案二（见图13-15）是把主线变成一个U形，支线和主线连在一起形成两个U形。从感观上，方案二比较规整，看起来舒服一些。人数和机台都没有改变，只改变了形状。一般Cell线做方案至少要有两个，以便选择最优方案。

13.2.9　整体布局及物流考虑

单元线规划同样需要考虑整体的布局和物料配送，如图13-16所示。表13-5、表13-6给出了改善前后效率的数据对比。可以看出，单元线与皮带线相比，搬运距离和搬运时间都有较大改善。

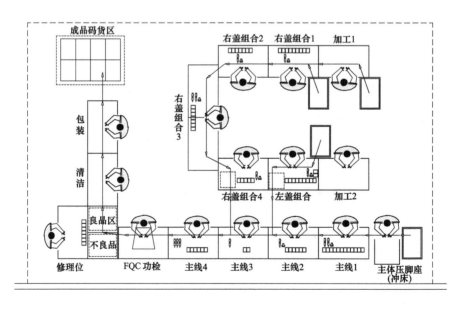

图13-14　排位方案一

第 13 章
柔性单元细胞生产线的规划

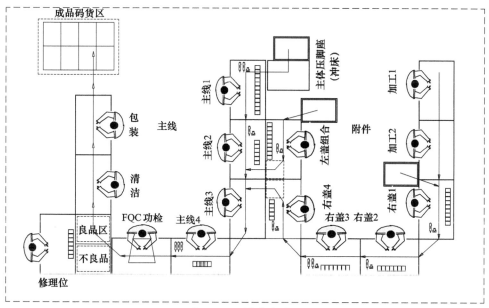

图 13-15 排位方案二

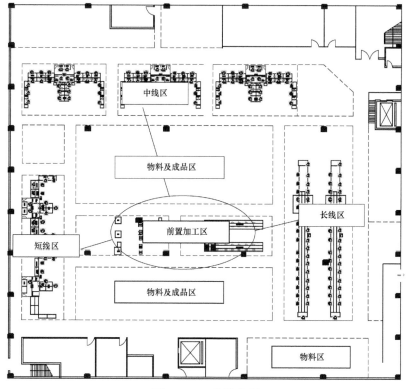

图 13-16 整体布局

表 13-5 改善前数据

单次搬运距离及时间（皮带线）

区域	线轮组合		摇臂组合	
	搬运距离 /m	搬运时间 /s	搬运距离 /m	搬运时间 /s
物料区至前置加工	22	20	15	20
前置区至物料区	27	30	15	20
物料区至组立线	29	30	29	30
合计：	78	80	59	70

表 13-6 改善后数据

单次搬运距离及时间（单元线）

区域	线轮组合		摇臂组合	
	搬运距离 /m	搬运时间 /s	搬运距离 /m	搬运时间 /s
物料区至前置加工	5	10	5	10
前置区至物料区	6	15	6	15
物料区至组立线	5	10	5	10
合计：	16	35	16	35

13.2.10 物料配送由专人处理

单元线跟普通流水线一样，物料要由专人配送，不影响产线的员工，效率比较高，需要通过物料配送管控表对物料的送达进行管控。也可以采用主动配料和被动叫料相结合的方式。图 13-17 中为专人配送。

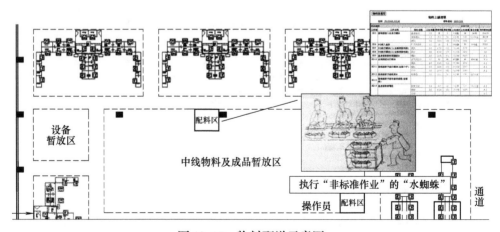

图 13-17 物料配送示意图

13.2.11 设备及工具的配置思考

尽量实现设备小型化、可移动、自动化、可快速换模、可自动侦测、不"落地生根"、不"螳臂当车"、不"闭关锁国"（见图 13-18）。传统观点认为设备越大效率越高，通常将设备固定在地面而无法移动。设备不能移动，自然缺乏弹性，也就失去了改进布置、应对市场变化的能力。这种生产线的设备一定要灵活，具备一定的柔性。

图 13-18 "落地生根""螳臂当车""闭关锁国"示意图

13.3 单元细胞生产线的配套管理

13.3.1 在线半成品的控制

如图 13-19 所示，各工位基本上做一个传一个，工位间最好有个小盘子或者有个小框，限制在制品的数量。由于各工位间可相互协作，各工位之间控制在制品数量在 2 个以下，可有效减少由产品堆积碰撞而造成的制程内不良。

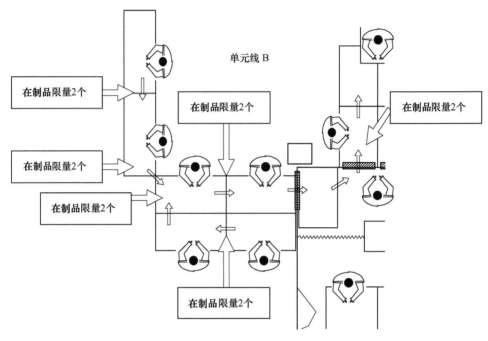

图 13-19 半成品控制

13.3.2 站立式作业更具灵活性

绝大多数日系企业采用更为柔性的站立式作业方式，因为操作的灵活度提高，实现了高效的生产效果。

1）为缓解前后工序的平衡性，有时候需要相邻作业员在堆积时进行协助，需要走动，就必须采用站立式作业方式。

2）站立式作业不容易使人发困，避免打瞌睡现象出现。

3）站立式作业可使工人全身活动起来，活动空间大，有利于工人的身体灵活性，间接提升了作业效率。

4）降低站立疲劳可以采用两小时集中休息制、软底疲劳垫、高脚椅过渡等手段，如图 13-20 所示。

13.3.3 排产系统的调整配合

单元线导入过程要经历一个爬坡阶段，刚开始效率会比较低，员工会有抵

第13章
柔性单元细胞生产线的规划

触情绪。员工的学习曲线如图13-21所示，可见产能经过八周的时间才达到了最高的水平。学习曲线反映了产能的提升规律，供排产人员参考，避免排单多，影响出货。同时，前期试行阶段可选择量大的产品，再逐渐转为量小，可以快速提升员工的熟练程度，减少员工的抵触心理。生产管理部门可以特别为试行线设置专门的生产计划表（见表13-7）。

图13-20 疲劳垫和高脚椅在站立式作业中的应用

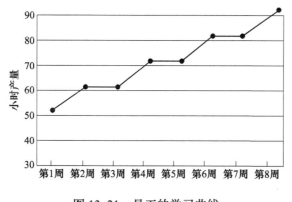

图13-21 员工的学习曲线

表13-7 单元线导入阶段的生产计划示例

××××加工课周计划

下单日期	订单组号	客户名称	成品名称	计划完成日期	本周计划	线别/机合别	星期一 3月3日 P	星期一 3月3日 A	星期二 3月4日 P	星期二 3月4日 A	星期三 3月5日 P	星期三 3月5日 A	星期四 3月6日 P	星期四 3月6日 A	星期五 3月7日 P	星期五 3月7日 A	星期六 3月8日 P	星期六 3月8日 A	星期日 3月9日 P	星期日 3月9日 A	本批制令数	本批制令欠数
10月14日	K17100565	特特步	550朗逸	3-5	201	A1	201														201	201
10月20日	K17100582	新美乐	1507-2000	3-5	333	A1	333														333	333
11月1日	K17110611	二滴水	1522-800	3-6	100	A2			100												100	100
11月6日	T17110616	美丽常规	1617-2000	3-6	200	A2			200												200	200
9月27日	L17090534	临沂	1616-500	3-10	2000	A3			350		650		650						350		2000	2000
10月11日	K17100560	伟生物	1607-2200	3-4	90	A3	90														90	90
10月20日	K17100581	施美乐	1506-2000	3-10	600	B1									600						600	600
10月20日	K17100581	施太乐	1506-2000	3-10	600	B1											600				600	600
10月26日	K17100593	二滴水	1715-1800	3-10	160	B1													160		160	160
10月26日	K17100593	二滴水	1715-1800	3-10	240	B1													240		240	240
					4524																	
						需求工时	624	600	650	650	650	640	650	640	600	600	600	600	750	650		
						可用工时	42000	39000	42000	39420	42000	39420	42000	39420	42000	38550	42000	38000	42000	41000		
						计划负荷率	93%		94%		94%		94%		92%		90%		98%			
						完成数量	624		650		650		650		600		600		750			
						计划达成率	96%		100%		98%		98%		100%		100%		87%			

计划:　　　　　　　　　　　　执行:　　　　　　　　　　　　审核:

第 13 章
柔性单元细胞生产线的规划

13.3.4 生产看板及必要的目视化准备

（1）下拉工位安装蜂鸣器　如图 13-22 所示，可以在有效的节拍时间内提醒员工投料生产，利于防呆。

（2）生产线头安装状态信号灯　让生产线状态一目了然，利于管理，利于快速改善。生产线上有对应不同色灯的开关按钮，员工根据生产线的状态选择不同的开关。绿色代表正常的状态，红色代表异常，黄色代表需要支援，如图 13-23 所示。

图 13-22　蜂鸣器

图 13-23　信号灯示意图及图例

（3）拉头设置单元线进度表　目的是加快信息反馈，使生产实绩透明化，有利于改善，可以展示每小时的产出，发现异常，立即查找原因，进行改善，见表 13-8。随着电子产品价格下降，现在的趋势是用电子显示屏显示生产进度，如图 13-24 所示。

表 13-8　单元线进度表

单元线进度表						二 组 4 线
时段	生产产品	目标产量	实际产量	不良品	异常记录	备注
8：00～9：00	PSXXXXXXXXX	90	85	5	功能不良3件，外观不良2件	
9：00～10：00		90	90	0		
10：00～11：00		90	88	2	外观不良2件	
11：00～12：00						
14：00～15：00						
15：00～16：00						
16：00～17：00						
17：00～18：00						
19：00～20：00						
20：00～21：00						
21：00～22：00						

图 13-24　生产线产出电子看板

（4）安灯系统　安灯系统重点是通过信息传递实现快速反应。比如设备坏了，呼叫维修人员快速到现场，如图 13-25 所示。

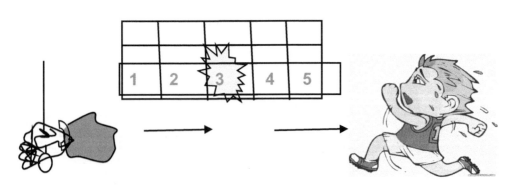

图 13-25　安灯系统快速反应示意图

13.3.5　标准化作业有助于效率及品质保证

为了保证品质，标准作业要落实到位。所有的作业过程需要形成作业指导书，挂在生产现场，见表 13-9。所有的检验工序需要形成检验指导书，见表 13-10。

第13章
柔性单元细胞生产线的规划

表13-9 作业指导书示例

产品作业指导书		产品名称	海钓		工位名称	左侧盖上啤令		工位编号	Z02	标准工时	
		成品编号				PTOKA0350520D01					
序	物料名称	物料编号	工位用量	单位	序	物料名称	物料编号	工位用量	单位	注意事项	
a	啤令	0910227	1.0	PC							
b	华司	13020002	1.0	PC							
c	套筒	17090004	1.0	PC							
d	黄油			G							
序	设备名称	设备编号	数量	调校参数	序	设备名称	设备编号	数量	调校参数	附图	
										上端放：啤令 下端放：华司 套筒	
序	工序名称	作业方法		质量标准	频率	责任人	监督人				
1	零件拌油	将啤令、华司及套筒在使用前分别在零件袋内用黄油均匀搅拌。		表面薄涂一层即可	100%	作业员	组长				
2	放华司	将华司有凸点朝下放入左盖中孔内		位置如图示	100%	作业员	组长				
3	放啤令	将啤令放于华司上		啤令超出孔端面	100%	作业员	组长				
4	放套筒	将套筒套入胶柱上		位置如图示	100%	作业员	组长				
5	自检、下拉	目视自检完成品，合格后流拉		无漏装零件	100%	作业员	组长				
更改记录	第1次发放，2009年4月16日						制作	Jack	日期	4/16/09	
							审核		日期		
							批准		日期		
							版本	A	页码	1 of 1	

表 13-10　检验指导书示例

×××××有限公司			进料检验标准书		编号	QZ-PQ-2014016
					版本	A0
物料名称		天地盖彩盒		物料规格		
	检验项目	检验工具	检验方法	检验标准	标准依据	抽样数量	允收水准	责任人

	检验项目	检验工具	检验方法	检验标准	标准依据	抽样数量	允收水准	责任人
外观	表面外观	目视	双手翻动样本观察	无印刷污染、无运输污染、无变形	标准样	一般检验Ⅱ水平		质检员
	印刷外观	目视	双手翻动样本观察	与标样无明显色差，图案无错印漏印，套色准确无叠影。条形码清晰、可扫描	标准样	一般检验Ⅱ水平		质检员
	覆膜	目视	双手翻动样本观察	覆膜平整无气泡	标准样	一般检验Ⅱ水平		质检员
	切边	目视	双手翻动样本观察	光滑、无残缺口、无毛边	标准样	一般检验Ⅱ水平		质检员
规格尺寸	长	目视	目视比对	与标样尺寸大概一致	标准样	特殊检验 s-2 水平		质检员
	宽	目视	目视比对	与标样尺寸大概一致	标准样	特殊检验 s-2 水平		质检员
	高	目视	目视比对	与标样尺寸大概一致	标准样	特殊检验 s-2 水平		质检员
性能		试验	将折好的盒与标准盒底、塑适托配	配合良好	标准样	特殊检验 s-2 水平		质检员

总体合格率98%

附图：

案无错印漏印,套色准确无叠影
覆膜平整无气泡
光滑、无残缺口、无毛边

13.3.6　必要的多技能员工训练

多能工训练不管对于普通线还是 Cell 线都是必要的，后者对多能工要求更高。多能工训练要有计划进行。表 13-11 是多能工技能盘点表，也叫技能矩阵，员工对各种技能的掌握情况都反映出来，根据产线的需要，提前做好训练计划并实施。多能工训练可以分为以下几个步骤：

1）理清作业员作业范围，选定需要掌握工序能力的产品。

2）盘点作业员工序掌握能力水准。

3）制订训练计划。

4）落实训练。

5）考核、上岗。

第 13 章
柔性单元细胞生产线的规划

表 13-11　多能工技能盘点表

姓名	工号	工序内容							
		主体装配	线壳装配	摇臂加工	线轮加工	功能检验	外观清洁	外观检查	包装
作业员 A	0KC007	◎	◎	◎	●	△	○	△	△
作业员 B	0KC012	●	●	●	●	○	△	○	△
作业员 C	0KC009	◎	◎	△	△	●	◎	●	◎
作业员 D	0KC123	●	◎	◎	◎	◎	○	◎	△
作业员 E	0KC321	△	◎	◎	◎	○	●	○	●
作业员 F	0KC072	△	△	◎	◎	●	◎	●	◎

训练程度：　　△计划学习　　○基本掌握　　◎完全掌握　　●精通

13.3.7　必要的正向激励制度实施

在单元线开始导入时，建议增加一些奖励机制，比如人均产量提升多少比例，奖励多少奖金。这样员工会有积极性配合做好改善。表 13-12 给出了奖励实施办法示例，包括根据效率提升的标准、奖励金额、奖励的成本、效率提升带来的收益、扣除奖励后的净收益等。

表 13-12　某企业柔性生产变革效率奖励办法部分标准

月整体生产效率达成	奖励金额标准/[元/(月·人)]				月奖励成本投入/(元/月)		效率提升节省金额/(元/月)		投入&产出收益/(元/月)
	操作员	物料员	修理员	班组长	对象人数标准	月奖励金额	平均效率提升	节省金额	
53% 以下	0	0	0	0		0	0%	0	0
53.1%～57%	20	30	30	30	作业员12人，物料员2人，修理员1人，班组长2人（实际人数视当月参与为准）	390	3%	810	420
57.1%～61%	30	40	40	40		560	8%	2160	1600
61.1%～65%	50	70	70	70		950	13%	3510	2560
65.1%～70%	80	100	100	100		1460	18%	4860	3400
70.1%～75%	100	130	130	130		1850	23%	6210	4360
75.1%～85%	120	150	150	150		2190	28%	7560	5370
85.1% 以上	150	180	180	180		2700	33%	8910	6210

13.3.8　生产过程中的品质保证

为了保证单元线的产品品质，要做好以下四个方面：

(1)单件流动(见图13-26) 工序之间以不堆积为大原则,传递批量最小化。实务上因为产线有异常或平衡难度大,尤其是机加型单元线,容易产生在制品堆积。在制品越多,越容易出现品质问题。要通过标准作业,控制在制品库存,必要时要停止投料。

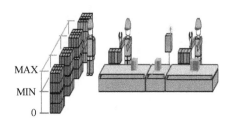

图13-26 单件流程

(2)标准作业(见图13-27) 每个作业员都应当依据最佳的作业方法完成操作,遵守节拍时间、作业顺序、标准手持量(在制品)。

图13-27 标准作业

(3)规范的现场(见图13-28) 以定容、定量、定位的规范保持现场,严格落实5S,标准化作业。5S做不好,产线上在制品数量失控,摆放混乱,磕碰、刮花现象会比较多,严重影响产品质量。

图13-28 规范现场

（4）工具化作业（见图13-29） 减少手工作业，增加治具化、工具化、低成本自动化作业。手工作业失误率会比较高，不如工装治具稳定。

图13-29　工具化作业

13.3.9　生产过程中的进度管理

（1）相互支援（见图13-30） 相邻工序之间，可以根据工作量而相互支援协助。不管怎么平衡，各工位时间也不可能绝对相等，而且会有一些异常，导致工作的提前和延误。相邻工序之间的协助是必要的。

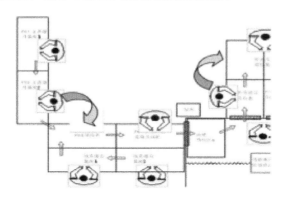

图13-30　相互支援

（2）进度看板（见图13-31） 生产线前端设置小时进度看板，以及计划产量。发现差异大，需要立即查找原因。具体多长时间更新一次看板、由谁负责，需要结合产线实际，以不影响员工的正常工作为前提。

（3）瓶颈管理（见图13-32） 以瓶颈工序为重要关注点，生产线外人员努力协助。瓶颈工序决定了产线的产量。要提高瓶颈的产出，瓶颈工序前一定不能断料，可以适当多放一点缓冲库存。另外要确保抵达瓶颈工序的产品都是合格的，就不会浪费瓶颈的时间。

图 13-31　进度看板

图 13-32　瓶颈管理

（4）U形配置（图 13-33）　生产线 U 形设置，出入口一致，信息快速传达。最好是出一个成品，投一个原料。整个产线在制品数目是固定的，产线运行有节奏感，进度容易平稳。

图 13-33　U形配置

13.3.10　生产过程中的库存控制

（1）流动生产（见图 13-34）　工序之间最小（单件）批量流动，减少在制品库存。单件流动在制品最少，是精益改善的目标。但有些零件特别小，比如电容，短时间单件流动有困难，可以用小的周转盒控制在制品数量。

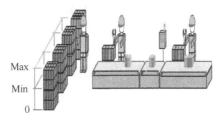
图 13-34　流动生产

第 13 章
柔性单元细胞生产线的规划

（2）少人化作业（见图 13-35） 少人化多工序操作，减少在制品库存。如果订单量不是很多，就要实现少人化生产。一个人做多个工位，工件跟随作业员移动，在制品库存会很少。

图 13-35　少人化作业

（3）动作改善（见图 13-36） 优化动作，使生产线顺畅，以避免半成品堆积。通过动作改善，缩短作业时间，提高产线平衡率，可以减少半成品堆积的情况。

图 13-36　动作改善

（4）依工艺布局（见图 13-37） 依工艺布局，避免制程布置导致的在制库存增加。通过群组设计，把工艺相近的产品放在一条线上，便于流水生产。

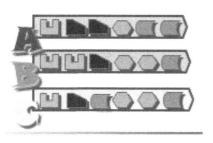

图 13-37　依工艺布局

13.3.11　日清日结式日常管理

生产线可以设置一个"日清日结"看板，记录每日生产异常，目的是通过异常记录驱动精细化管理改善。表 13-13 中，左侧是管理项目，管理项目可以细分。右侧是对应的问题是否发生。如果发生就在当日的位置处打√。发现问题立即采取措施。

表 13-13 日清日结看板示例

序	项目	管理细项	负责人	3-1	3-2	3-3	3-4	3-5	3-6	3-7	3-8	3-9
1	人员	是否有员工离职现象	组长	√								
		是否有员工请假现象	组长			√						
		是否有新员工上岗	组长					√				
2	机器	是否出现机器故障	组长	√		√						
		是否有快速排除机器故障	组长							√		
		是否有因机器故障导致生产线停顿	组长			√	√		√		√	√
		是否有设备保养未执行状况	组长			√			√	√		√
3	物料	生产现场是否有供料不正常现象	组长									
		生产现场是否有因投料造成停顿	组长									
		生产线是否有因物料不良停顿	组长		√		√					
		前日生产余料是否有及时退仓	组长									
		当日生产是否遗留尾数未处理	组长				√					
4	方法	生产现场是否悬挂作业指导书	组长							√		
		是否有因作业员技能不佳造成堆积	组长									
		是否有排位图供现场排位	组长	√		√	√		√		√	
5	环境	生产现场是否摆放混乱	组长				√		√	√		
		生产现场是否标识不清楚	组长									
		生产现场是否存在高噪声	组长					√				

【思考题】

1. 单元细胞线相对于皮带线有哪些优势？
2. 如果一条单元线每天生产三种产品，三种产品的节拍如何计算？
3. 单元线导入需要注意哪些问题？

第 14 章

工业工程师的角色认知及职场技巧

14.1 工业工程师的角色认知

工业工程师充当了变革者的身份,在企业里起着举足轻重的作用。这种身份要求工业工程师扮演多元化的角色。为了达成职业目标,工业工程师还需要多种思维以及工作技巧来实现人、事、物的良好交往。

14.1.1 工业工程师的定义

美国工业工程师学会的定义是:工业工程师是为了达到管理人员的目标(要使企业取得最大的利润且风险最小)而贡献出技术的人。工业工程师帮助上下各级管理人员,在业务经营的设想、计划、实施、控制方法等方面从事发明和研究,以期达到更有效地利用人力和经济资源的目的。

14.1.2 工业工程师的角色扮演

工业工程师几乎承担了外部咨询师的所有功能,在泰勒时代的咨询师被称为工业工程师。工业工程师可以扮演很多角色,下面是六种主要的角色。工业工程师要审视自己的角色,思考哪些方面做得好,哪些方面做得差。弱的地方要想办法补强。

(1)技术专家 企业里面有很多专家,有财务专家,有产品技术专家,工业工程师也是一类技术专家。工业工程师熟悉各种管理优化技术,尤其掌握传统 IE 手法及现场先进管理技术原理,可以说是 IE 改善方法的专家。

(2)顾问 工业工程师会扮演一个参谋的角色,为管理层提供决策的方案及建议。很多公司没有请外部顾问,而是由自己公司的工业工程师推动改善,工业工程师就扮演了顾问的角色。

(3)倡导者 工业工程师不断宣传浪费的坏处,倡导工作简化、方法科学化、改善的习惯养成。工业工程师要经常做宣传、倡导，比如培训、宣传栏等形式都是在倡导 IE 改善。

（4）教练　工业工程师会通过培训或现场指导的方式，教会现场干部及作业员如何改善。工业工程师会给出一些新的方法，要求其他人员去做，并且指导他们。

（5）研究者　工业工程师通过研究发现存在的问题，并根据问题研究、改善工具的选用及推进技巧的运用实现改善目标。例如要去改善某个车间或某项工作，就必须花很多时间去研究这份工作，才能发现问题。研究的内容包括时间、流程、问题点等。很多方案都是这样研究出来的，这个角色在工作中的占比较大。

（6）促进者　很多方案研究出来后，还需要落实，才能产生真正的成果，这种落地的推动过程就是促进者的角色。工业工程师将企业想要实现的目标或管理决策通过规划及良好的推动过程落实完成。

14.1.3　工业工程师的职业信仰

工业工程师是一个非常有成就感的职业。尤其是当看到某个企业、某个部门或某条生产线因为工业工程的方法提高了效率时，这种成就感更加明显。工业工程师是浪费的消灭者，工业工程师的责任是为社会、企业及个人提供实现更高价值的方法，要时刻因为自己是工业工程师而骄傲！工业工程师是：

1) 一个研究如何实现科学化管理方法的职业。
2) 一个能够消除不良习惯（浪费）的职业。
3) 一个能够提供劳资双方都受益方案的职业。
4) 一个可以优化硬件技术与软件管理的综合性职业。
5) 一个可以应用于任何行业效能优化的改革职业。

只有相信自己的职业价值，才能把工作做得出色。

14.2　工业工程师的成长路径

14.2.1　工业工程师成长的最佳路径

笔者在线下的交流活动中，接触了一些工业工程师，发现相当一部分工业工程师根本没有职业规划或者在职业生涯中不断摇摆。工业工程师的未来在哪里？图 14-1 给出了一个大致的成长路径。

第 14 章
工业工程师的角色认知及职场技巧

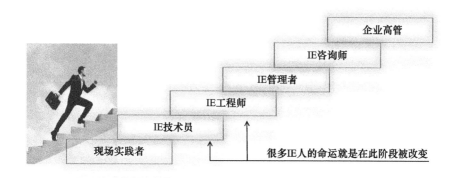

图 14-1　工业工程师发展路径

14.2.2　十年磨一剑的专注要点

不同阶段的 IE 工程师应该学习些什么呢？下面是一些建议。

（1）现场实践者　对于一名普通的实习生、一名班组长或者一名员工，未来的目标如果是做 IE，应该学什么？要站在对未来职业规划与发展的角度去参与任何形式的实践过程，每一个看似不起眼的过程都是学习机会，能够增加专业意识，甚至为未来职业发挥找到关键的题材。

（2）IE 技术员　要了解企业基本运作流程，熟悉不同产品的生产工艺、设备操作，掌握基础 IE 手法及企业运作流程，多实践，锻炼与人沟通的能力，尝试小项目推动，多进行同行交流，吸收外部经验。

（3）IE 工程师　在 IE 从业人群里占比 50% 以上。要深度了解企业运作流程，熟悉不同企业管理方式。从科学管理原理的本质去研究企业的改善点，从方法面和人性面去研究如何做改善。不断操练传统 IE 及现代 IE 技法，尝试中等以上项目推动，深化方案制作能力及演讲水平，与外部同行保持交流，进行经验互补。多参加一些交流会，可以开阔视野，拓展思维。

（4）IE 管理者　要具备推动大型项目的能力，能够从经营或系统管理层面找问题，提升项目及人员管理的能力，提升演讲及培训的能力。到了 IE 管理者的阶段，很多时候可以做一些 IE 工程师做不了的项目，做一些大一点的、跨部门的系统改善。这个时候特别强调演讲和培训能力。在每家工厂的 IE 团队里，都需要有一个人进行 IE 倡导。这里的倡导其实就是演讲、培训。通过这种方式，提升 IE 的影响力，提高 IE 方法的传播能力。IE 管理者还要培育 IE 的种子选手，要去影响其他部门，影响高层。

（5）IE 咨询师　要优化业务能力，提升专业水准，拓展综合知识面（如进修 MBA 课程），拓宽人脉（如同企业家、专家、教授、经理人常沟通），经常参与商务活动、高端聚会，提升个人修养和影响力，这都是咨询师要具备的素质。咨询师更多地是靠影响力开展工作，而不是依赖权力。

14.2.3　合理的多元知识结构规划及掌握

工业工程师和其他领域稍微不一样的地方是他们需要具备合理的多元知识结构，知识面要广。表 14-1 总结了工业工程师的知识结构，而且给出了各种知识的比重，仅供参考。

表 14-1　工业工程师的知识结构

	知识结构	比重	说明
1	基本的学历知识	15%	工业工程、机械、企业管理、工程管理等专业较佳
2	企业运营管理知识	10%	通过企业运营管理类书籍去了解各职能的运作
3	专业 IE 理念及手法	40%	深度掌握工业工程的各种手法
4	产品工艺知识	5%	了解产业界各类产品的工艺过程，掌握料、机特性
5	项目管理知识	10%	掌握项目管理技巧及方法，实现资源整合
6	报告文书处理能力	5%	方案编制技巧，确保方案及实施过程的展示、传播
7	沟通及交际能力	6%	良好的语言表达及亲和力
8	计算机操作能力	3%	Office、CAD、Visio、ERP 等必备软件
9	外语能力	2%	IE 侧重在企业内发挥，非外资无要求，一般投入即可
10	社会综合知识	4%	掌握综合的社会知识，如人文环境、政策法令、经济发展等情况

14.2.4　"三位一体"的学习方式

IE 技能的提升依赖于"三位一体"的学习方式，如图 14-2 所示。首先要有理论，理论是指导实践的，可通过书本知识获得。另外要多实践，通过"做中学"来掌握理论的精髓。实践之后要总结，常检讨，随时对做的过程思考总结，总结过程发现知识欠缺，再去学习。三个环节缺一不可。重视实践经验、轻视方法论是一些企业存在的问题。在科学的方法论指引下的实践才是高效的。

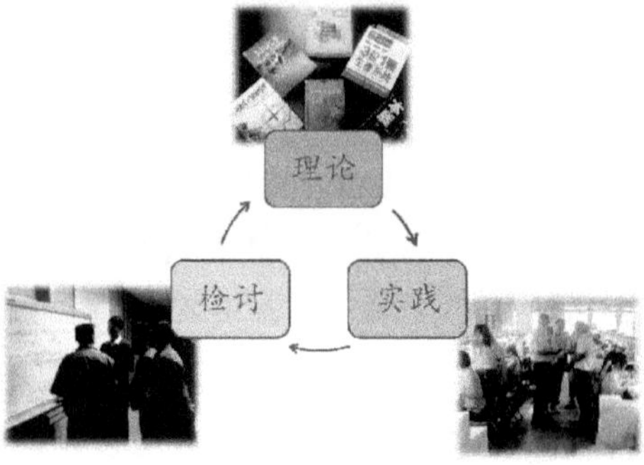

图 14-2　"三位一体"的学习方式

第 14 章
工业工程师的角色认知及职场技巧

14.3 工业工程师的职场技巧

14.3.1 "高情商"是 IE 改善第一推动力

前面提及的沟通能力、交际能力、表达能力,归根结底都属于情商。在企业里,对于一个不会沟通的改革者,很难有人愿意接受,所以情商非常重要。图 14-3 列出了情商的 12 个方面,可以对照检讨自己哪些方面有所欠缺,适当做些调整,以便更好地开展工作,改善人际关系。

图 14-3 情商的范畴

14.3.2 擅长与不同职级人员进行沟通

IE 工程师在企业里做改善要接触很多人,上到高层,下到员工。和不同的人打交道要采取不同的方式,如图 14-4 所示。比如,与高层沟通,要告诉他想要的结果,沟通要简明扼要;与同事沟通,要大度共勉,互相鼓励;与员工沟通,要保持尊重,力求细致;与班组长既要保持融洽的关系,又要坚持原则,要让他们清楚必须按照商定的方案去落实,通常称为亲和的严谨;与主管应多进行互动,这样改善工作容易得到支持。

图 14-4　IE 工程师的交往

14.3.3　体制的规划可以使绩效最大化

大部分 IE 工程师在企业里做的都是一些点和线的改善。点的改善可以是某个工位的改善，线的改善可以是一条流水线的改善。还有一种改善称为体制的规划，可以使绩效最大化。体制可以理解为游戏规则。如果工业工程师能为企业设计游戏规则，让很多人都愿意围绕这个规则来行事，这时工业工程师的影响力是非常大的。例如在很多企业里，可以建立由标准工时驱动的持续改善机制，也可以建立基于运营 KPI 的持续改善机制，来推动整个工厂的系统改善。这两种方式都可以让绩效更大化。这样的改善对工程师的要求是比较高的，要敢于挑战。图 14-5 列出了工时改善机制的基本流程和 KPI 改善机制的基本框架。

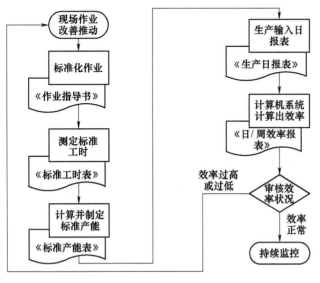

图 14-5　改善机制规划

14.3.4 忙忙碌碌的付出却得不到认可的原因

需要指出的是,很多工业工程师每天忙忙碌碌,做了很多事情,却得不到公司领导的认可。IE工作得不到认可主要是两个方面的问题:一是没有做对事,比如没有方法地忙碌、忙的不是重点的、忙的不是主管想要的,这样就不会得到领导想要的成果,价值就没有办法得到体现;另外就是没有清楚地表达,价值没有得到正确的认知,或者没有良好的人际关系,别人不配合。

14.3.5 各职能部门在改善活动中扮演的角色

IE工程师在开展工作时不应单兵作战,要能整合团队,推动各个职能部门发挥各自优势,一起改善,如图14-6所示。

1)研发部门应该负责产品的改良。产品设计有问题,比如产品设计影响加工工艺,如果能从设计阶段就考虑加工的效率,改善效果就会非常明显。

2)工程部门对工艺非常熟悉,对工装模具的加工非常精通,通过工艺工装的改善,可以简化流程、解放双手,进而提高效率。

3)品质部门对产品的品质问题非常熟悉,很多改善工作需要品质部门协助。

图14-6 各部门在改善中的作用

4)生产部门对工艺、品质、效率等都要管控,对于现场作业员有直接的领导权,新的改善流程的执行、过程控制,生产部门是关键。

5)采购部门原材料的准时、保质、保量、到位对生产正常运行非常重要。很多民营企业工厂效率低,就是供应商的供货有问题。

6）计划部门（PMC）负责整个工厂的调度控制，工厂的运营很大程度上取决于 PMC 的水平。中小企业的管理混乱，最需要改善的就是从接单到出货的整个流程，这正是 PMC 的主要职能。

7）工务部门类似于很多公司的后勤部门，负责设施的整改。

8）人力资源部门负责制度文化的建设。企业没有健康合理的文化氛围，很难凝聚人心，从而影响改善。

14.3.6　IE 进入新环境的关注要点

作为一个 IE 人，进入新的环境，首先要了解人、事、物。第一个月要了解这个公司的组织架构、职责分工、人际关系、各级领导的做事风格和诉求，了解公司的规章制度、企业文化、管理体系，如图 14-7 所示。物的层面要熟悉产品的工艺流程、设备、工装夹具、检测水平等。要了解公司环境，做好环境评估。第二个月做一些较容易做到的事情，要有把握能够成功。此时如果挑战风险大的项目，一旦失败了，就很难得到领导的信任和支持，甚至没有立足之地了。通过简单的改善赢得别人的认可后，可以挑战一些大一点的项目。

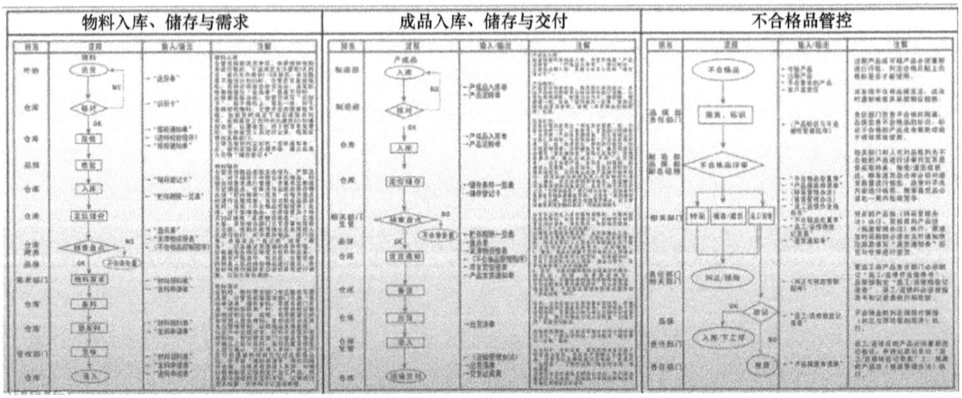

图 14-7　管理流程实例

14.3.7　系统化解决问题的步骤

企业里有很多问题需要解决。问题解决也需要科学的方法，要遵循系统化的步骤，才能够提高解决问题的效率。很多企业不注重系统化的步骤，有时候问题尚不明确就给出对策，有时候做了改善没有标准化，花费了大量的时间，改善效果不明显。图 14-8 列出了九个基本步骤，这九个步骤实际上是 PDCA 四

第14章
工业工程师的角色认知及职场技巧

步骤的细化，环环相扣，形成了一个闭环。

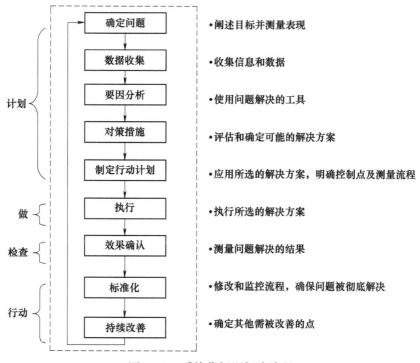

图14-8 系统化问题解决流程

首先要确定问题。企业的问题有很多，例如来料不良、交货不准时、设备效率低。问题是现状和目标之间的差距。确定了要解决的问题之后，要进行数据收集。比如要解决的是员工流失率高的问题。这个时候收集的数据，应该是一段时间内有哪些人员离职、所在部门、在职时间。然后要对数据进行分析，看各部门离职率是否有显著差异、入职时间是否有显著差异以及离职员工反馈的离职原因等。通过这些分析，找出影响离职的主要原因，称为要因分析。影响离职的原因可能很多，解决的重点应该是公司层面能控制的主要原因。通常为了使分析过程比较系统，防止遗漏，可以用鱼骨图的形式把原因进行归类，如图14-9所示。经分析，导致离职率高的原因有三项：入职介绍有偏差，员工有上当的感觉；班组长管理粗暴，不讲方法；培训模式不科学，员工掌握技能慢，工资收入低。找出原因后，要制定改善措施和行动计划，也就是明确措施完成的时间，见表14-2。然后就可以根据计划执行改善措施了。每过一段时间——一般为每月——汇报措施是否落实到位，效果如何。如果效果明显，就要把相关的一些好的做法形成标准制度文件，固化改善措施，确保同类问题不再发生。如果还有其他需要改善的地方，需要重新开启PDCA循环，进行持续改善。

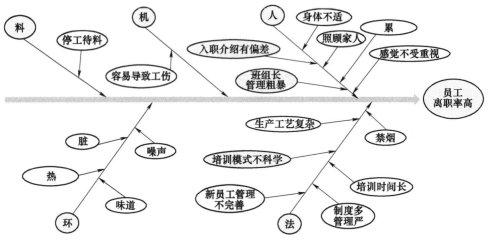

图 14-9　离职原因分析

表 14-2　离职率高改善计划

原因	对策	计划完成时间	负责人
工作与入职时的介绍有偏差	人力资源部门完善入职介绍标准，使之与入职后的实际工作情况保持一致	10月15日	王海
班组长管理粗暴	对班组长进行工作关系（JR）培训并考评	10月20日	张之广
培训模式不科学	导入工作教导（JI）培训并考评	10月30日	赵云

14.3.8　具有系统观

企业的职能绩效不是独立的，而是环环相扣的，不能够顾此失彼。改善的关键是抓住重点，哪些环节影响绩效最大就先改哪里。特别要强调的是，工业工程人员要具有系统观，当改善某一个环节，要考虑这个改善对其他环节可能造成的影响。比如，企业为了提高生产效率而大批量生产，效率得以提高，但是交期变差，导致客户流失。另外，多数情况下，80%的问题是由20%的原因导致的。如果想改善一个车间或工厂，要看一看哪里是重点，把重点改好以后，其他方面就很容易实现。如图14-10所示，某企业的加工零件种类很多，但占总量80%的零件只有八种，所以要优先把这八种零件的问题改善好，这样改善的效益就非常明显了。

第 14 章
工业工程师的角色认知及职场技巧

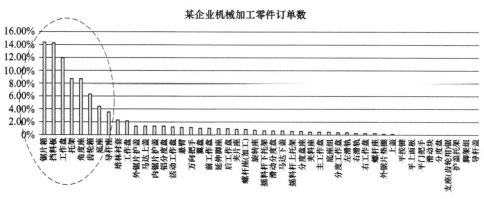

图 14-10　订单分析与二八定律

14.3.9　以事实为友

所有的流程与术语背后，都需要有大量数据或事实作为支撑。事实弥补了直觉的缺陷，可以提高可信度。所有的结论和目标设定都是基于庞大的数据。比如在企业里，想告诉别人库存很高，需要改善，就需要有数据支撑这个说法。如图 14-11 所示，通过原料库存、在制品库存、成品库存的统计，发现总库存量很大，再进一步分析库存高的原因是生产计划不够好，某些职能缺失，需要改善。有了这些数据的支持，才能说服生产计划人员。工业工程师要以事实为友，崇尚实事求是，这是工业工程师的基本素养。另外，不要被表象的问题所迷惑。有时候一个问题需要解决，如果基于问题表面采取对策，就不会见效，或者见效后很快又反弹。这时可以通过 5Why 分析，查找深层次的原因，以求从根本上解决问题。

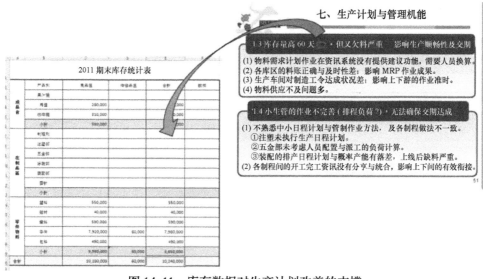

图 14-11　库存数据对生产计划改善的支撑

14.3.10 聆听的优点及做法

对于工业工程师而言，沟通很重要。沟通的基础是聆听。很多时候，不认真聆听会造成不必要的后果，比如误解主管的意思、做了不该做的事情，或者错失来自各方面的信息。图14-12形象地解释了"听"字的含义。

图14-12 "听"的解释

14.3.11 对任何技术的"怀疑"

工业工程师对任何事情都要有怀疑的心态。带着疑问的心态去审视问题，才有机会改进它。如果每个人对自己的做法都非常自信，就不可能说服自己找问题，更谈不上改善。很多工厂表面上看起来平静忙碌，运作顺畅，一旦用数据去做深层次挖掘，用流程进行分析，就会发现隐藏了很多问题。特别是一些技术岗位尤其是如此。图14-13给出了一些生产和生活的画面，可以想想有没有改善的机会。

图14-13 对生产和生活进行"质疑"

14.3.12 项目的执行参与度

前文提到,工业工程师在工作中要注重整合,不能凡事亲力亲为,但不能一概而论,有时也有必要亲自到一线解决问题。工业工程师既是改善的推动者,也是改善的引领者。有时候,冲到一线亲自示范,和所有人一起奋斗,更容易与众人打成一片,建立良好的群众基础,对一些参与意愿低的人也起到一定的促进作用,如图14-14所示。此外,不同企业的情况有所不同,不同人员的素质也有差异,工业工程师要能结合企业实际情况灵活应对。

图14-14 带动改善团队一起干

14.3.13 找到关键的驱动因素

影响企业的因素有很多,不能把有限的时间投入到无限的改善上,要关注那些关键驱动因素。关键驱动因素也可以理解为"KPI"、"瓶颈"。表14-3是某公司某部门职责三级展开表。通过逐级细化,列出了这个部门的职责,也就是部门负责的主要事情,对其中重要的事情定义了评价指标。再通过一些方法对这些评价指标进行筛选,得到关键的驱动因素,称为管理要项。这些指标反映了这个部门的工作业绩。要通过这些指标驱动部门运作绩效的提升。工业工程师要时刻关注这些指标,对于表现不好的指标要推动相关部门分析原因,必要时成立改善专案。

表 14-3 部门职责展开表

部门任务职责展开表											核决	主管	经办
部门：生产技术部门 日期： 年 月 日													
基本任务 （一次展开）	任务细项 （二次展开）	职能 （三次展开）	评价项目	区分		分析				重要度			管理要项
^	^	^	^	原因系	结果系	上级要业	本身拍	经常发	点数会	A	B	C	^
有效承接及掌握研发部新产品信息，来进行量产设计并主导量产试作，确保移转量产时的质量与产能达成目标，并不断进行生产技术改善，提升生产力与降低生产成本	1. 参与新产品试作，承接与掌握新产品必要信息及数据	1.1 新品参与试组，问题反馈及改善建议											
^	^	1.2 零件加工及组装的易制性评估及改善建议											
^	^	1.3 量产试作阶段细部计划拟定与管理	重试进度达标率/延误天数		√	5	2	4	3	14	√		√
^	2. 量产设计	2.1 研发移转量产试作之技术文件承接与研究											
^	^	2.2 加工/组装工艺流程的规划	生产线平衡率	√		4	4	4	4	16	√		√
^	^	2.3 制程作业标准的制修订											
^	^	2.4 设备、治具需求统筹，计划制定											
^	^	2.5 标准工时/产能的制修订											
^	^	2.6 厂区动线规划与改善											
^	3. 量产试作前准备作业	3.1 工装夹治量检具的制作、准备											
^	^	3.2 设备制程能力分析与决策											
^	^	3.3 试产问题点的改善追踪与确认	试作问题改善完成率	√		4	2	2	2	10	√		
^	4. 量产试作及量产移转	4.1 量产试作前说明会主办及数据/器具的发行											
^	^	4.2 量产试作的随线指导	量试效率		√	4	3	3	2	12	√		
^	^	4.3 量产试作的检讨会召开	量试品质良率		√	3	2	1	1	7		√	
^	^	4.4 量产试作问题的改善及执行追踪	量试规划缺失件数		√	5	4	5	5	19	√		√
^	^	4.5 治具、设备再次检讨确认											

（关键驱动）

14.3.14 先做有把握做到的改善

每个企业都有很多需要改善的问题。做哪些改善，做多少事情，工业工程师需要根据自己的能力和精力而定，当然也要结合企业的诉求。基本的原则是先做有把握的改善，如果不确定一定能成功，不要急于一时，也不要仓促之间大范围展开。一旦失败，很容易丧失企业的信任，从而失去生存空间。

第 14 章
工业工程师的角色认知及职场技巧

14.3.15　IE 人的社交圈

每个人的见识和能力都是有限的。要想不断提高自己,应多向他人学习。能够搭建、维持一个 IE 人的社交圈,参与其中的活动,是非常好的学习方式。与其他企业、其他行业的工业工程人员多交流、多互动,都可以提升自己。中国工业工程师联盟就是一个 IE 从业者的圈子,如图 14-15 所示。在这里,可以让大家互相认识,互相交流,互相分享。只有这样,才能开阔视野,快速成长。

图 14-15　中国工业工程师联盟线下活动

14.3.16　资源整合及应用

前面已经讲过,IE 要做整合者,改善成果要和其他部门共同完成,见表 14-4。

表 14-4　某公司改善收益计划表

	组别	预计年专案收益
技术课内部目标	开技组	20 万元人民币
	生技组	40 万元人民币
	BOM 组	10 万元人民币
	IE 专员	30 万元人民币
其他单位目标		50 万元人民币

预计年总收益:150 万元人民币

另外,IE 在满足自己的改善愿望时,切勿忽略其他人的诉求。在企业内部,每个人都有不同的诉求,不同层级诉求也不相同。只有兼顾这些不同的诉求,才能顺利地实现整合,达成改善的目标。

14.3.17　不断养成对广度、深度、高度的追求

(1)提升广度　多元化的产业研究:从制造各产业,延伸到非制造领域,例

如服务业、金融、生活领域。多元化的职能研究：从企业经营职能，到各细分运作支持部门，甚至上下游职能进行了解。多区域的发展研究：了解珠三角、长三角、环渤海、西部及其他城市，甚至全球经济及制造业发展状况。多元化的知识结构：计算机能力、项目管理能力、心理学、基础机械/电子/服装知识等。

（2）提升深度　要熟练掌握基础的工业工程手法、先进制造模式（如精益生产）等，这是工业工程师赖以生存的专业。

（3）提升高度　多与高职级的人士（企业家、教师、专家、经理人等）接触，从他们的经历与经验中获得能量，以协助自己逐渐实现靠近他们层级的机会，提升职业高度。站在企业系统性的高度去发现问题，并提供解决方案。

【思考题】

1. 尝试做个人职业规划，并总结自己知识结构的优缺点。
2. 你身边有高情商的人吗？思考高情商体现在哪些方面？
3. 在企业里与不同层面的人员打交道要注意什么？
4. 本公司的 IE 部门在公司的地位如何？有哪些改善空间？
5. IE 人需要具备什么样的系统观？

第 15 章

方案的制定、提报及项目管控技巧

15.1 方案的制定

15.1.1 方案制定的意义及时机

改善要经过方案阶段和执行阶段。执行固然重要,但如果方案设计有误,则会造成更大的浪费。大部分改善都需要方案,即便是一个很简单的物品,比如标识卡,都要有方案。要通过方案说服企业管理者支持改善项目。项目越大,方案资料的准备要越全面、严谨,数据量要越大。

15.1.2 方案的大纲拟定结构

一份好的方案,需要有非常完整的逻辑思路与内容表达。大纲决定了报告的主框架,只有先理清大纲,方案执行才会比较顺畅。通过大纲可以让别人一目了然,并快速找到想要看的内容,比如管理者比较关注的"投入产出效益"。如图 15-1 所示,大纲可以有不同的表现形式。大纲一般包括辅导背景、改善课题、方案建议、产出目标、辅导方式、辅导费用、公司经营资料等内容,这是管理咨询提报方案的一般步骤。对于企业内部的 IE 工程师,至少应包含前面四个部分。大纲有时候需要进一步细化,由粗到细,如图 15-1 最右侧图所示。

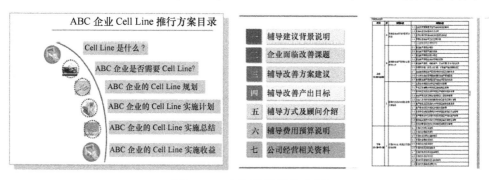

图 15-1 方案的目录和大纲

15.1.3 方案的过程编写细节

方案一般要求图、文、表并茂，避免过多文字表达。用数字说话，可以更加真实地反映状况，描述简要明了，并且能够表达清楚。所有的数据来源要符合IE精神——大量的数据统计，并经研究分析、推理后而形成决策依据。如图15-2所示，右侧图上部是原始数据，原始数据下面是统计分析的过程和结论。把订单按小于500和大于500进行分类，分别统计笔数和数量，然后计算占比，小于500的订单占比超过大于500的订单占比，从而得出企业订单的特征是"多样、少量"，体现了方案的严谨性和逻辑性，结论更容易被接受。左侧图是结论的放大图，便于读者看得清楚些。

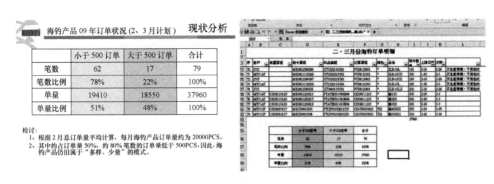

图15-2 企业现状分析示例

15.1.4 方案制定的注意事项

（1）以PPT演示　方案应尽可能做成PPT，以方便演示。工业工程人员应具备扎实的PPT软件应用技能。

（2）逻辑严谨　方案的逻辑如果站不住脚，很容易被推翻。逻辑的核心是因果关系，要充分论证达成目标的必要条件和充分条件。忽略必要条件将导致项目失败，徒劳无功。

（3）依赖数据　不能靠个人主观想法去撰写，要用数据表达自己的看法，没有数据就没有管理，数据体现一定的专业水准。

（4）数据充分　数据应充分，过于单薄的数据无法客观反映实事。比如不良率分析，用半天数据来说明就不够客观，至少要有一两个星期，甚至2～3个月的数据。

（5）财务思维　方案设计者要有财务思维，对投入产出要充分论证。

（6）"三现"主义　闭门造车，缺乏对各部门实际作业的了解，也会失败。

第 15 章
方案的制定、提报及项目管控技巧

改善者更应了解事实，多做调查研究，不可过度依赖以往经验。

（7）问题导向　方案无法体现出目前存在的问题，将突出不了变革的必要性。问题解决的紧迫性和必要性没有凸显，就不会受到高层的重视。

（8）表达要专业　尽可能用 IE 专业的手法表达内容，从资料感观上体现专业。如图 15-3 所示，用流程图、布局图、线路图等工具表达，更能体现出方案的专业性。

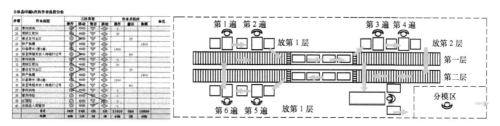

图 15-3　专业的方案展示

15.1.5　方案的自我及交叉论证方式

方案完成后要进行自检，即针对方案内容的逻辑性、用词、数据准确性等进行自我检验（见图 15-4）。

自检后的方案，需要与本部门内同事或直接上级进行互动论证，征求更广泛的建议，让他们协助找出不足之处，把一切失误都扼杀于内部，避免影响部门的权威。同时与直接上级进行互动，也是对领导的一种尊重。

图 15-4　方案的自我论证和交叉论证

15.2　方案的提报及立项

15.2.1　方案的提交与报告要点

（1）获取部门领导的支持及参与　选择合适的时机与部门领导说明方案的

想法，预约报告的时间，带着简要明了、逻辑清晰的报表，给领导演示，注意领导听取报告的过程表现，灵活掌握演示速度与要点，尽最大可能争取领导的支持甚至参与，如图15-5所示。

（2）取得主要参与部门领导的支持　获得主管领导支持后，私下拜访主要参与部门的负责人，表达自己的想法。表达过程尽可能表现

图15-5　给领导介绍方案

出真诚、谦虚、尊重的姿态。表明变革会给相关部门带来的好处，对变革困难的对策予以说明，以减轻他们的顾虑。

15.2.2　方案的展示与演说注意事项

发表的过程就是将方案推销出去的过程。发表过程中可能遇到一些疑问，要事先做好准备。比如想把员工的坐式作业改成站立式作业，可能被质疑，在发表前要想好对策，事先有预案。发表前要做出必要的会议通知及主题说明。提前到场，准备好相应的演讲材料。请必要的领导出场坐阵助力，充当"形象代言人"角色。发表过程沉着淡定，清楚陈述。对方案发表过程中出现的"质疑"进行技巧性回应，如果有人提出质疑，要通过一些技巧，把问题化解掉。不管任何人提出的问题，都要记录下来，一方面表示对提问人的尊重，另一方面方便回去整理、研究。发表会形成的结论，要有会议纪要。图15-6所示为方案发表会示例。

图15-6　方案发表会示例

15.2.3　方案的执行立项方式

改善方案通过后，要尽可能立项管制，成为正式的改善专案。部分企业设有专门的专案小组，权责在于"稽核"。专案小组可以通过行政权限来协助工程师进行项目推动。表15-1是项目的管制表，即把项目的细项列出来，明确计划开始和完成时间、负责人。可以根据进度计划推进项目。

第 15 章
方案的制定、提报及项目管控技巧

表 15-1 方案管制表

专案工作计划表

专案名称：_____　　　　执行日期：___月___日至___月___日

专案名称：U 形线专案管制表　　　执行日期：2009 年 03 月 03 日至 2009 年 5 月 30 日

日期	No	工作项目	工时	担当人	应开展日	计划完成日				进度状况					迟延次数	迟延天数
						12-31	1-1	1-2	取消	20%	40%	60%	80%	100%		
3-3	1	工作台的标准与确认		魏顾问	3-3	3-6								100%		
3-4	2	工作台料件的采购审核		王××	3-9	3-12								100%		
3-5	3	工作台的制作确认及验收		胡课长	3-12	3-19										
3-6	4	现场安装与排位		胡课长	3-22	3-22										
3-7	5	区域场地的确认		魏顾问	3-3	3-3										
3-8	6	拆边整理及重修		谢××	3-8	3-10										
3-9	7	场地验收完成		魏顾问	3-11	3-13										
3-10	8	U型线组员名单提报		张××	3-3	3-4										
3-11	9	作业人员岗位轮调培训		张××	3-4	3-23										
3-12	10	组长针对各机种工位合并排程训练		张××	即日起	不定										
3-13	11	未来生产计划排程		周课长	3-10	3-15										
3-14	12	单一机种备料		阳课长	3-15	3-15										
3-15	13	阶段性检讨报告		王××	4-10	4-13										
		以下空白														

说明	1. 专案小组长需于《专案设立申请表》（ATA33）核准后 2 天内完成本电子档表（经总经理核准后送总管理处经管组备案）；并每周四用电子邮件方式例行汇报专案实施状况 2. 总管理处经管组接受总经理核准后之本电子档表，需及时纳入 OKC《专案工作管制表》（TA50）中进行追踪管制作业 3. 专案小组长于每阶段工作结束后 1 天内，将本电子档表传送总经理审核，直至本专案完全结束 4. 每五天的计划为一阶段 可视专案特性增列任务管制阶段 5. 相关单位有要求增加管制细项的权力栏位不足可自行插入 6. 任务完成或逾期必须提出报告单经权限主管核准后交总管理处经管组结案或备案

ATA34（第一版）　　结案审核：　　存档单位：制表单位与总管理处经管组　　存档期限：永久

15.3 项目管理技巧

15.3.1 最佳的项目推动团队组成结构

推动改善要善于整合资源，高层当"领导者"、IE 作"参谋"、关联部门主管作"主将"。高层领导者要担任项目的负责人,要对项目负责,项目做不好,要承担责任。这样各部门都能对项目认真对待,同时,项目做得好,也是在领导带领下达成的。IE更多地是扮演参谋、助手、跟进者的角色,不要混淆改善的主体。有些跨部门的项目,IE可以作项目负责人,这样有利于项目实施中的协调沟通。表15-2列出了项目的团队组成,包括负责人、顾问、核心成员、隶属部门、项目中的职责等。图15-7是团队合影。

表 15-2　项目团队构成

职能	名单	部门	职责	备注
项目负责人	何副总	总经办	主导整个项目,包括会议的召集、各责任项目的监督等	
项目顾问	魏工	IE	项目展开的协助、跟进,方案对策的整理及改善的指导	
核心成员	王课长	制造	参与项目,针对生产现场出现的问题进行分析、改善及预防	
核心成员	肖课长	工程	参与项目,针对产品技术异常进行分析、改善及预防	
核心成员	张课长	品管	参与项目,针对来料的品质异常进行分析、改善及预防	
核心成员	杨课长	生管	参与项目,生产计划的饱和性落实	
核心成员	黎课长	采购	参与项目,缺料异常工时的分析、改善及未来的预防	
核心成员	龙课长	仓库	参与项目,缺料异常工时的分析、改善及未来的预防	

图 15-7　项目实施团队合影

15.3.2　最佳的项目实施过程计划

项目实施过程中要有计划,表明什么时间做什么事情,尽可能将项目实施的全过程提前拟定,大计划可以延伸出小计划。所有步骤都需要有时间、人物、地点、事件、输出。计划的周密性将会影响项目实施的时效性。表15-3是项目计划表举例,表15-4是在大计划基础上细分的小计划。

第15章 方案的制定、提报及项目管控技巧

表15-3 项目实施计划表

阶段别	改善主题	项目细项	改善产出	责任部门	责任人	协助人	1月	2月	3月	4月	5月	6月	7月	8月	9月	10月	11月	12月	备注
第一阶段	现状分析及方案制定	1.1 定单类别及数量分析	PQ分析表	IE	魏工	李课长	■	■											
		1.2 产品工艺途程分析	工艺途程表	IE	魏工	李课长	■	■											
		1.3 品质不良分析						■	■										
		1.4 人员技能不足分析						■	■										
		1.5 物料供应不足分析						■	■										
		1.6 生产设备及工治不足分析							■										
		1.6 精益柔性生产方案规划							■	■									
		1.7 精益柔性生产方案讨论定案							■	■									
		1.8 项目实施团队成立及启动								■									
第二阶段	设位准备及人员训练	2.1 硬件设备的购置或变更								■	■								
		2.2 人员多技能的教育训练								■	■								
		2.3 品质不良的对策检讨								■	■								
		2.4 物料供应不足的对策检讨								■	■								
		2.5 柔性生产线的预编工									■	■							
		2.6 水蜘蛛作业的教育训练									■	■							
		2.7 标准作业指导书SOP的制作									■	■							
		2.8 绩效激励方案的制定									■	■							
		2.9 快速换线方案的制定									■	■							
		2.10 样板生产线实施位置的选定									■	■							
		2.11 其他相应对策的实施准备									■	■							
第三阶段	样办线试行	3.1 样板生产线的布置										■	■						
		3.2 样板柔性生产线的持续实施										■	■						
		3.3 样板柔性生产线的阶段性检讨											■	■					
		3.4 样板柔性生产线的持续改善											■	■					
		3.5 样板柔性生产线的实施总结											■	■					
	项目总结	阶段性项目总结												■					
第四阶段	全面拓展	4.1 全面拓展方案的制定												■	■				
		4.2 全面拓展方案的论证及确定													■	■			
		4.3 全面拓展的准备														■	■		
		4.4 全面拓展的实施及检讨															■	■	
		4.5 全面拓展的持续改善及总结																■	■

表 15-4　项目方案试行计划

No	类别	执行动作	执行细则	产出附件	责任单位	开始执行时间	预计完成时间
1	设拉材料准备	1.1 试行区域选择及腾空			包装部	9月1日	9月5日
		1.2 作业台的申购	8张作业台，根据顾问提供的图纸标准及功能要求	《作业台图纸》	包装部	9月1日	9月10日
		1.3 气啤机、手啤机及其它机器的改装	生产工程根据顾问的思路进行机器模块化改良		生产工程	9月1日	9月8日
		1.4 状态指示灯准备	根据顾问提供的参考标准申购或制作		电工	9月1日	9月8日
		1.5 拉头看板、真传看板准备	由包装部申请2个，顾问负责内容的设计		包装部、顾问	9月1日	9月8日
		1.6 气、电等安装	10日前确定材料用量并申购回来，具体安装待作业台申购回来后再与顾问一起决定具体做法		电工	9月1日	9月12日
		1.7 设施验收	排位布线完成后，由顾问现场验收合格后方可进入生产运行状态		所有	9月13日	
2	组织人员安排	2.1 班组架构及团队成立	由顾问与包装主管确立班组架构	《cell line架构图》	包装、顾问	9月1日	9月12日
		2.2 组长选择及训练	由包装主管选定合适的组长人选，并由顾问进行管理方法的指导		包装、顾问	9月1日	9月12日
		2.3 "水蜘蛛"选择及训练	由组长兼任		包装		
		2.4 "多能工"选择及训练	每条包装线2人，进行多能工培养	《多能工培训人选表》	包装	9月1日	9月12日
3	生产计划制定	3.1 试行产品选择	试行产品选择"家意"的产品，手柄类型相同的		PMC	9月1日	9月12日
		3.2 选择产品量	产品量不限		PMC	9月1日	9月12日
		3.3 生产计划制定	由PMC排出生产计划出来	《生产计划表》	PMC	9月1日	9月12日
4	其他准备	4.1 生产日报表	由顾问对现行《生产日报表》进行修订	《生产日报表》	顾问	9月1日	9月12日
		4.2 品检日报表	由顾问对现行《品检日报表》进行修订	《品检日报表》	顾问	9月1日	9月12日
		4.3 修理日报表	由顾问根据需要设计《修理日报表》	《修理日报表》	顾问	9月1日	9月12日
		4.4 出勤时间安排	由于CELL LINE采用完全的站立式作业，因此考虑每作业2个小时则让工人自由休息10分钟，此10分钟需要以响铃的方式提醒工人，此10分钟主要作为工人喝水、入厕的时间，但特殊情况也允许此时间离位，但需要组长替位		顾问	9月1日	9月12日
		4.5 生产绩效管理	由顾问规划合适的《绩效奖惩管理办法》	《绩效奖惩办法》	顾问	9月1日	9月12日

第 15 章
方案的制定、提报及项目管控技巧

15.3.3 实施变革项目的启动仪式

大型企业改善项目，在通过立项后，要进行项目启动说明会。说明会参与成员为变革单位的全体干部。启动会上由变革主导者说明变革目的、做法、计划、注意事项等。通常，建议企业最高经营者参与启动会，并发表支持观点。必要时，进行"项目改善宣誓"以塑造氛围。启动会一般是先把启动会议题做成 PPT 进行演示，如图 15-8 所示。会议由主持人按议程引导进行。图 15-9 所示为宣誓仪式。

图 15-8　启动会 PPT 样式及议题

图 15-9　启动会宣誓

15.3.4 项目改善过程注意要点

这部分内容在上一章职场技巧里已经做过比较系统的阐述。此处对一些关键点进行强调。

（1）多使用导师的推动模式　导师和领导的做事风格是有差别的。领导的风格多是命令式的，强调执行；导师则以教导为主，一起分析问题，寻找答案，凝聚共识。

(2）鼓励改善者分享改善的成果　改善做出成绩，要帮助相关部门把改善的方法、过程、想法写出来，比如帮他们修改 PPT，指导他们发言。一方面每个人内心都有表现的欲望，通过分享，可提升被他人认可的成就感，同时也是激励进步、加强学习的一种方式。

(3）注意整合技术资源　很多时候 IE 不懂技术，但总是会遇到一些技术问题，比如模具改善、修模、调机等，要鼓励技术人员多帮忙解决问题。

(4）时刻把握企业文化习惯及人的心理变化　不同的企业文化对改善推进也有影响。比如，有的企业对快速见效非常在意，有的企业更注重人员的稳定性。在改善过程中，人的心理发生变化也是正常现象。例如，刚开始会对改善有一些期待，经过一段时间发现改善没有解决他关心的问题，心理上就会起变化，对改善工作的态度变得消极，这时需要改善人员分析原因，及时纠偏。

(5）对改善推行过程中可能出现的问题有所防范　风险管控也是项目管理的一个方面。比如，有些企业生产效率一提升，管理者马上要求降低工价，员工会有很强的抵触心理，导致员工不配合后续改善。

改善现场示例可见图 15-10。

图 15-10　改善现场示例

15.3.5　周、月度的阶段检讨

项目进行一段时间就要进行总结。项目如果跨月，可以一个月或一个季度总结一次。要发表阶段性总结报告，要正视改善效果，为修正方案做铺垫，以专业、严谨的表现，获得持续支持的要素。项目结束以后还要做整体总结，项目总结报告记录了宝贵的改善过程，对优劣不足的结果进行检讨，也是取得价值认可的证明。图 15-11 所示为项目小结和项目总结在整个项目进程中所处的阶段。

第 15 章
方案的制定、提报及项目管控技巧

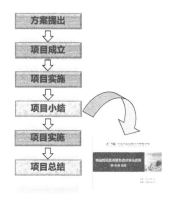

图 15-11　项目总结

【思考题】

1. 项目方案一般来讲应包括哪些内容？
2. 参照书中实例，尝试编写项目计划。
3. 项目改善过程中有哪些要点是需要注意的？

第 16 章

工业工程职能规划及团队组建

16.1 工业工程部的建立及运作

近年来，越来越多的企业认识到精益的重要性，有了改善的诉求。一家企业如果没有专职的工业工程团队，是很难实现有效的持续改善的。企业建立的改善团队叫法可能不同，有些叫精益推进办，有些叫工业工程部，还有些叫持续改善部。

16.1.1 工业工程部门的筹建时机

一个企业什么时候要筹建工业工程部门，是有一定规律性的，如图 16-1 所示。一般情况下，当企业的经营者或高阶主管意识到科学管理或成本改善重要性时，就是 IE 出现的最佳时机。

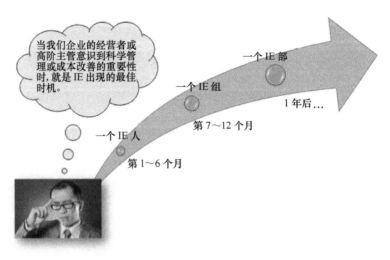

图 16-1　工业工程部筹建时机

第 16 章
工业工程职能规划及团队组建

一般刚开始时 IE 部门的人都不多,往往只有一个人,一个 IE 做得好,就变成两个 IE,然后是更多的 IE,最后成立一个团队。现在有些工厂的 IE 部门有几十个人,甚至上百号人。

初期的 IE 导入,可以尝试招聘专业人员进来,不求人多,但强调 IE 的实践性,确保绩效,取得认可。当 IE 的工作已逐渐成熟,则应当给 IE "正名",使之担当更大责任,赋予更多职能以创造更多的价值。

16.1.2 工业工程部门的架构归属

工业工程部门在公司里放在组织架构的哪个位置比较好,根据公司规模的不同,有三种常见的方案。

对于比较大的集团公司,IE 部门隶属于总部,如图 16-2 所示,采用矩阵式的管理方式,设置在总裁办下面,示例中称为持续改善推动委员会,负责拟定集团 IE 实施计划,监督指导各子公司的 IE 职能发挥,定期进行绩效检讨,总部 IE 要对各子公司 IE 绩效承担一定的责任。

常规独立公司,IE 部架构于最高职能层,如图 16-3 所示,由总经理或副总经理直接管控,充当"参谋""顾问"的角色,权力相对较大,工作展开容易,为较理想的 IE 架构组织。

常规独立公司,IE 部架构于工程技术(或制造)部门下面一个组级,如图 16-4 所示,较多地处理工艺规划及基础 IE 的工作,无法涉及系统 IE 的发展,工作面拓展机会不大。很多 IE 就是架构在工程部下面,工作发挥会受限于上级主管的思维、专业、格局以及部门的职责,IE 职能的发展就会非常有限。

16.1.3 工业工程部门内部的组织架构

IE 部门内部的组织架构也有不同的形式,关键是看 IE 部门的大小,人员越多,分工越严谨。IE 往往都是复合型人才,工资薪水也是比较高的,企业想找一群专业的高水平 IE 成本很高,不太现实,通常是大 IE 带小 IE,工程师带技术员。要根据公司职责界定招聘什么样的 IE 人才。大部分工程师不可能是全才,有些可能擅长做工艺、做工时,有些工程师擅长做培训,有些工程师擅长做某一方面的改善。可以根据个人的擅长点去分配工作,但更多时候是以岗定人,要界定到底需要哪些岗位。图 16-5 是一个中型企业的 IE 架构图。下面有 IE 技术员和 IE 工程师,各有其不同的分工。

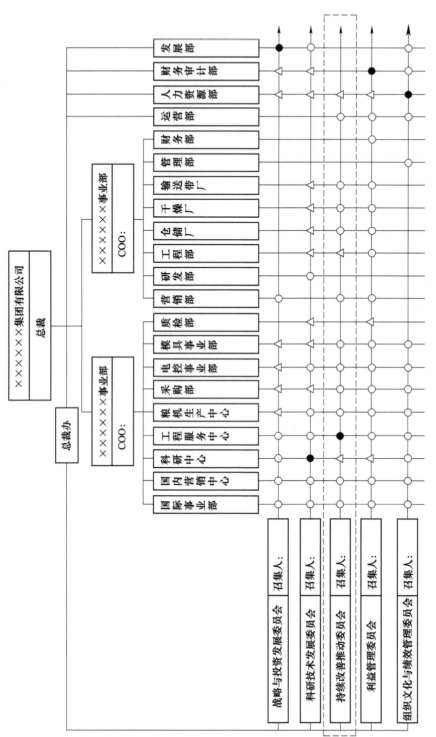

图 16-2 IE 部部门隶属于总部

第16章
工业工程职能规划及团队组建

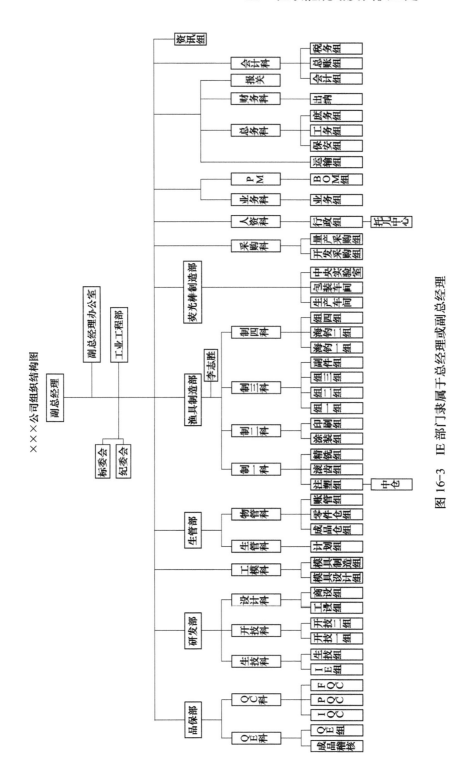

图 16-3 IE 部门隶属于总经理或副总经理

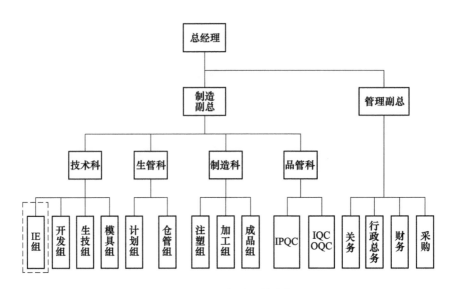

图 16-4 IE 隶属于技术部

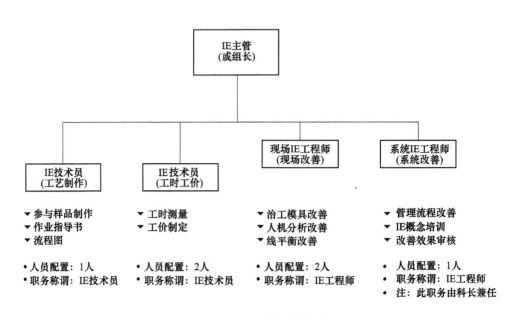

图 16-5 IE 部组织架构示例

图 16-6 是某大型企业的 IE 架构图。IE 主管下面还有 IE 部文员。还有一些根据不同厂别设置的副主管、高工。不同规模的企业设置的岗位会有所区别。

第 16 章
工业工程职能规划及团队组建

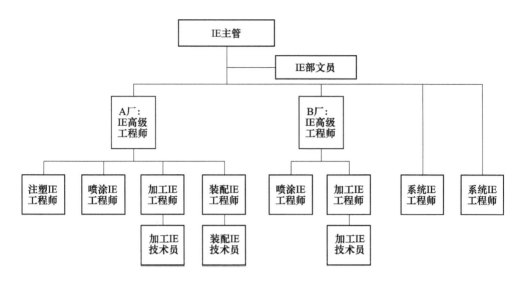

图 16-6　大型企业 IE 架构示例

16.1.4　工业工程部门的职能展开

组织架构确定以后,就可以进行 IE 部门的职能展开了。表 16-1 是 IE 部门职能展开的示例。这里的做法是顾问进行辅导时常用的方式,用职能展开表进行三次展开。

第一级是基本任务,一次展开;第二级是任务细项,二次展开;第三级是细项的再细化,三次展开。第一级要表达的是 IE 部门存在的价值和目的,要用一句话来表达概括。第二级是 IE 要达成的基本任务,比如生产任务标准书的制定维护,标准工时、产能资料的制定,产品报价等。三级展开包括:参与新产品的研发打样,参与新产品的试产、量产,制定新产品的作业指导书,监督生产人员对标准作业的执行等。对这些工作内容还要有评价项目。评价项目是衡量作业内容完成情况的指标,比如作业指导书提供的及时性,作业指导书提供错误件数,评价指导书制定在时间、质量上的表现。这些评价项目就是通常所说的 KPI。

每个企业的 IE 职能不同,职责展开就不一样。有些工厂的 IE 只做作业指导书、做工时、做报价,根据发展需要可以在此基础上增加改善的职责。上述示例所示职能展开的逻辑和格式可供参考,不可照搬。

表 16-1　IE 部门职能展开示例

基本任务 （一次展开）	任务细项 （二次展开）	职能 （三次展开）	评价项目	重要度			管理
				A	B	C	
通过工业工程四大职能规划、设计、评价、创新的实施，确保企业运营（尤其是生产管理）实现科学化、合理化、高效化，最终实现企业卓越经营	1. 生产作业标准书的制定及修正维护	1.1 参与新产品研发打样，了解产品结构并提供改善建议					
		1.2 参与新产品试产及量产过程，研究最佳作业方法					
		1.3 制定新产品作业指导书，并针对必要的内容修正进行维护	作业指导书提供及时性	√			√
		1.4 监督指导生产人员针对标准作业书进行有效执行	作业指导书错误件数		√		
	2. 标准工时、产能资料的制定及修正维护	2.1 根据新产品试制及旧品量产的过程跟进，测定出产品标准工时	标准工时提供及时性	√			√
		2.2 标准工时测定后须转化为不同的产能定额，并及时发至相关部门					
		2.3 督导相关部门对标准工时的有效使用及反馈修正	标准工时错误件数	√			√
	3. 产品报价、计件单价的维护及执行主导	3.1 根据标准工时、产能资料制定业务的报价支持					
		3.2 根据相应的资料制定产品工序工价的计算及执行原则	工序工价提供及时性	√			√
		3.3 每日计件工资的计算（或审核）执行	计件工资计算及时性	√			√
		3.4 定期针对贫富差距进行分析与改善的推动					
	4. 通过生产日报进行效率实绩的检讨分析	4.1 协助各生产部门规划设计合理的生产实绩日报表					
		4.2 督导各生产部门能够及时、准确地依照日报表要求记录数据	各部门日报表填写的准确性			√	
		4.3 每天通过生产日报识别重要的改善点					
		4.4 每周、月针对生产绩效数据进行汇整，确保异常分类表现					
		4.5 每周、月生产绩效汇整后的异常，要督导相应部门进行分析对策	各部门异常对策的及时性		√		
	5. 推动针对生产效率提升的改善活动	5.1 每日定时巡视生产线，或者通过日报数据识别浪费点					
		5.2 针对浪费点，协助生产部门进行及时的改善	有效改善件数（节省金额）		√		
		5.3 主导并推动异常工时的降低改善活动	工时降低比例（节省金额）	√			√
		5.4 规划并推动全员提案改善活动	有效提案件数（节省金额）	√			√
		5.5 规划并推动现场 5S 管理的改善					

第16章 工业工程职能规划及团队组建

（续）

基本任务 （一次展开）	任务细项 （二次展开）	职能 （三次展开）	评价项目	重要度 A	重要度 B	重要度 C	管理
通过工业工程四大职能规划、设计、评价、创新的实施，确保企业运营（尤其是生产管理）实现科学化、合理化、高效化，最终实现企业卓越经营	6. 企业运营效能的基准建立、实绩检讨及改善推动	6.1 参与制定公司各职能日常KPI指标体制					
		6.2 参与每月各职能KPI的达成实绩数据的计算、验证	各部门KPI提供的准确性		√		
		6.3 参与每月公司级绩效检讨例会					
		6.4 统合并推动各部门绩效改进的项目落实	KPI指标提升率（节省金额）	√			√
	7. 设备或项目投资可行性评估	7.1 设备及高额价值工具的购买可行性评估					
		7.2 公司投资项目的可行性评估参与	投资项目评估方案可行性	√			
	8. 新管理工具导入及企业经营管理参与	8.1 精益生产、六西格玛、TPM……等管理工具的导入评估与实施					
		8.2 公司经营管理例会的参与及必要建议的提出					
	9. 工业工程方法与技术的传播	9.1 每月至少1次的工业工程知识讲座	接受培训人数（时数）			√	
		9.2 每月定期针对公司改善案例进行宣传分享					
		9.3 负责公司管理人员与外界的管理交流联络					
	10. 其他必要的事务处理	10.1 新工厂设施布局及投产项目产导	设施规划方案可行性		√		
		10.2 高阶主管交办、企业突发需求事宜之主导处理					
		10.3 其他赋予的一切临时职能					

16.1.5 工业工程部门的岗位职责

部门职责明确以后，根据部门职责和部门组织架构，将部门需要完成的事情分配到具体的岗位上，就形成岗位职责卡。表16-2是某公司岗位职责卡示例。除了要完成的基本事项，还要有岗位职能目标、绩效评价基准、应具备的能力等，也是根据具体的工作需要梳理出来的。岗位职责卡也属于标准文件，有一定的格式要求。

表 16-2 岗位职责卡示例

××××有限公司		岗位职责卡		版本	1
				日期	2018/3/1
部门名称	IE 部	岗位名称	IE 部经理	直接上级	董事长室副总
岗位职能目标		负责部门日常事务处理,组织带领 IE 部员工完成相关任务,推动各部门持续改善及标准化建立			
绩效评价基准		作业指导书失误次数、标准工时相符率、物料损耗降本金额、标准工时改善下降比例、效率改善降本金额、定期培训次数、提案改善降本金额			
应具备的能力		专业知识:掌握工艺技术流程、工业工程专业知识技能、IE 改善手法、精益生产 TPS 管理、QCC 品管圈技能 管理能力:掌握企业运营管理、项目管理、报告文书处理,具备团队建设、人才培养 IE 学院建设,具备较强的组织、沟通、协调能力 计算机能力:熟练使用 Office、CAD、Visio 等软件			
应参加的培训		生产工艺流程、工艺工程、精益生产、企业运营管理、QCC 品管圈课程、六西格玛课程、项目管理体系、中高层管理技能			

工作内容及标准

序	工作内容	规律	月耗时 /h	工作标准
1	标准作业的管理与改善	每天	26	1. 制定标准作业标准,绘制生产工序作业流程图并审核 2. 负责检核标准作业执行 3. 通过 IE 方法的运用分析,优化改善员工作业流程
2	标准工时的制定与改善	每天	26	1. 组织新产品标准工时的制定,并审核 2. 每天检核日报表标准工时相符率 95%～105% 3. 每月 6 日组织生产、技术、品质、维修检讨效率异常 4. 组织标准工时的修订 5. 通过推动改善提高工作效率

16.1.6　工业工程部门的绩效指标设定

　　IE 部门和其他部门一样,也要有一些 KPI,每个月要对达成率进行检讨,见表 16-3。把关键的管理要项指标整理到一张表上,列出指标的单位、基准和目标。实绩是每个月指标的达成数据。差异是实绩和基准的差距。

第 16 章
工业工程职能规划及团队组建

表 16-3 IE 部门月度 KPI 报表

部门月度管理关键绩效指标检讨

部门：工业工程部　　　　　　　　　　　　　　　　　　　　年度：2014

NO	管理项目	单位	基准	目标		实绩											
						1月	2月	3月	4月	5月	6月	7月	8月	9月	10月	11月	12月
1	作业指导书提供及时性	%	90%	95%	实绩												
					差异												
2	标准工时提供及时性	%	95%	100%	实绩												
					差异												
3	标准工时错误件数	件/月	5	2	实绩												
					差异												
4	工序工价提供及时性	%	98%	100%	实绩												
					差异												
5	计件工资计算及时性	%	98%	100%	实绩												
					差异												
6	工时降低（节省金额）	万元/月	8	10	实绩												
					差异												
7	有效提案（节省金额）	万元/月	2	3	实绩												
					差异												
8	KPI指标提升（节省金额）	万元/月	3	5	实绩												
					差异												

16.1.7　某企业集团工业工程部年度实施计划

对于工业工程部门来讲，也需要制定部门的年度实施计划。这个计划的形式和其他部门是一样的。对于 IE 部门而言，大部分是专案性质的计划，这个计划既是工作计划也是项目计划。表 16-4 是某公司 IE 部门改善实施计划，供参考。

表 16-4　IE 部年度实施计划示例

	工作内容	10年8月 W1	W2	W3	W4	10年9月 W1	W2	W3	W4	10年10月 W1	W2	W3	W4	10年11月 W1	W2	W3	W4	责任人
1.	IE 团队的建立及培育																	
1.1	IE 技术员的招聘、选用																	袁/魏
1.2	IE 技术员的训练、考核																	袁/魏
2.	标准工时系统的建立及维护																	
2.1	标准工时制度及管理规定的制定																	袁婷
2.2	标准工时由生技移转 IE 后并不断维护更新																	All IE
3.	生产干部绩效评估制度建立及推行																	
3.1	现状工时在日常管理中的应用检讨																	魏俊超
3.2	新规定的制定及审查																	魏/郑总
3.3	新规定的核准、发行																	郑总/魏
4.	提案改善制度的建立、推动及持续跟进																	
4.1	现状提案改善制度的检讨																	袁/魏
4.2	新提案改善制度文件的制定、审查及发行																	袁/郑总
4.3	提案改善方法的教育训练课程培训																	袁/魏
4.4	各部门提案改善案件的指导及跟进																	袁/魏
4.5	阶段性提案改善收益总结报告																	袁/魏
5.	先进生产管理理念及技能教育训练（集团级）																	
5.1	《现场 IE 知识》																	袁婷
5.2	《现场八大浪费识别》																	魏俊超
5.3	《提案改善实务》																	袁婷
5.4	《一件流生产模式》																	魏俊超
5.5	《快速换模/线技术》																	魏俊超
5.6	《运用六西格玛来改善工作》																	袁婷
5.7	《防错、防误及防呆措施应用》																	魏俊超

第16章 工业工程职能规划及团队组建

（续）

工作内容		10年8月 W1 W2 W3 W4	10年9月 W1 W2 W3 W4	10年10月 W1 W2 W3 W4	10年11月 W1 W2 W3 W4	责任人
6.	OKC组装车间整体改善专案					
6.1	样办线的确定					魏/何经理/王课长
6.2	现状工时、效率、异常数据的收集及整理					魏/张俊伟
6.3	未来改善方案的制定及审查					魏/郑总
6.4	新方案的发布及改善小组的成立					魏/其他单位成员
6.5	新方案的实施及跟进改善					魏/王课长
6.6	第一次成效总结报告及会议召开					魏俊超
6.7	持续跟进样办线					魏/张
6.8	第2条生产线改善案启动（方法同上）					魏/张
6.9	同步进行第2、3…更多条组装线改善					魏/张
6.10	整体组装车间改善案结案报告发布					魏俊超
7.	OKC成品仓库管理优化专案					
7.1	OKC成品仓库现状把握分析					魏俊超
7.2	OKC成品仓库新方案制定及审查					魏/郑总
7.3	与总管讨论新方案并确定					魏/宋协理/杨课长
7.4	新方案的实施及验收、评估					魏/杨课长
8.	集团内部OKC协力厂商IE活动推动专案					
8.1	模具厂现场IE活动推动专案（具体方案另定）					魏俊超
8.2	冲压现场IE活动推动专案（具体方案另定）					魏俊超
8.3	精密现场IE活动推动专案（具体方案另定）					魏俊超
9.	集团内部其他事业部IE活动推动专案					
9.1	优宝厂现场IE活动推动专案（具体方案另定）					魏俊超
9.2	配件厂现场IE活动推动专案（具体方案另定）					魏俊超
10.	其他主管交办的任何专案					
10.1	其他任何时候主管交办的专案处理					魏俊超

16.2 工业工程师的能力建设

16.2.1 工业工程师的需求规划

前面讲了工业工程部门的规划,部门规划完成之后应该是对内部人员的需求规划,即部门需要多少人以及什么样的人。对某个岗位的人员提出的要求如图 16-7 所示。

图 16-7　IE 工程师需求规划

(1) 专业知识　专业知识是根据职能要求评估工业工程师的专业能力要求,就是招这个人回来做什么事情。如果是负责报价,这个人在专业上要懂报价。如果是负责工时,这个人要懂工时测定。

(2) 规划需求　即根据 IE 部的中长期职能规划,来选定适合企业的工程师。比如招 IE 工程师的目的不是希望他做工程师,而是希望他三个月或半年以后做 IE 主管,要求就要高过一般工程师。

(3) 工作负荷　到底要招几个人,要根据 IE 岗位设置及其工作负荷确定,工作负荷根据职务分工和每项工作的耗时确定。

(4) 产品知识　希望应聘者懂企业的产品和工艺,要根据企业产品特性,寻找不偏离太远的经验者。

16.2.2 工业工程师人才的引进方式

(1) 外部招聘　大部分企业会采用外招的方式去寻找专业的 IE 工程师。外聘的工程师不受内部人事关系复杂等状况干扰,容易客观识别问题,但在推动

第 16 章
工业工程职能规划及团队组建

落实上需要一定的时间去掌握企业的人、事、物。外面招来的人,思维相对企业内部人员是新的,在内部能不能生存下来,对企业内部的问题能掌握到什么程度也是有疑问的。比如一些在外企做得非常好的 IE 工程师,在民企或国企却没法开展工作,不得不离开。

(2)内部提升　有些企业确实很难招到人,只能从内部提拔。部分优秀的管理人员,也是 IE 工程师的最佳人选,优点是其非常熟悉企业内部的人、事、物等状况,可以快速识别问题和提出解决对策,但内部的管理人员往往在专业上比较欠缺,需要补强。另外,他们对有些事情过于熟悉,对问题的敏感度没那么高了,这方面比较欠缺。

(3)第三方托管　如果外聘困难,同时内部也无合适的人选,可以考虑请第三方托管,由第三方 IE 机构委派专业的工程师进驻企业改善,并在此过程中协助企业培养 IE 人才。

16.2.3　工业工程师的职级能力要求

工业工程师各职级能力要求各不相同,表 16-5 详细列出了各职级的定义和职责,供参考。

表 16-5　工业工程师职级能力

职级	定义	职责
IE 技术员	入门级 IE 水准,没有或有极少的 IE 实践经验,需要专业的 IE 工程师指导方可完成工作,主要从事协助性的工作任务	协助 IE 工程师执行各种生产改善活动的稽核及推动 产品工时基础数据的收集与整理 一般性的现场改善案处理
IE 工程师	普通级 IE 水准,可以完成传统 IE 职能的改善推动,侧重在生产系统效率目标的设定、监控及改善	标准工时系统的设定及应用推动 标准化作业的实施推动 工厂设施布置的规划与优化 自主及全厂性提案改善的推动 精益生产——制程段改善的实施
高级 IE 工程师	专业级 IE 水准,具有较强的项目整合及主导能力,侧重在较大 IE 改善项目的主导及推动	供应链端改善案的推动 人力资源端改善案的推动 开发及新产品导入段改善案的推动 精益(柔性)生产系统的推动 其他跨部门专业的主导

（续）

职级	定义	职责
IE 主管/经理	专业级 IE 水准，除具有较强的项目整合及主导能力外，且具备一定的领导特质，能够有效承上启下完成团队的管理及绩效达成	了解公司高层思维及规则 了解公司发展方向及经营方针 研究流程瓶颈并提出合理的改善方案 研究符合企业需求的高效生产方式并推动 培育 IE 团队种子选手，并督导团队良性成长 协助 IE 团队各成员与其他部门的必要沟通支援 逐渐成为企业高层的主要智库人选

16.2.4　工业工程师的聘用

企业评估和任用 IE 工程师可以从面谈、笔试、实践三个方面来把握。IE 工程师是一个比较特殊的岗位，IE 工程师是能说、能写、能干的复合型人才，既要有理论能讲出来，又要有专业能做出来，还要有经验能判断和推动改善，要求是比较高的。

（1）面谈　通过面谈，了解应聘者的性格、语言表达及沟通能力，同时了解应聘者的背景，以及他对未来工作的看法，能够看出应聘者的综合素质，包括价值观等。

（2）笔试　提供对应的书面考卷，可通过不同的笔试内容，了解应聘者的专业（理论）知识掌握状况。

（3）实践　引导应聘者通过短暂的现场走访，去快速发现问题，并给出解决方法，从而来了解应聘者的实务能力。例如请应聘者到现场，给他一个工位或生产线，让他看十分钟或半小时，要求给出改善对策。

通过这三个方面基本上就可以看出这个应聘者的能力是不是符合企业的要求。

16.2.5　工业工程师的实习过程

新任用的工业工程师必须要经过相关的实习过程，通过实习过程快速对掌握企业的人、事、物。唯有掌握清楚，方能够有效开展工作。任何工程师到任何企业上班，都建议有个实习的过程。如果是应届生，需要的实习时间更长，如果有经验，实习时间相对短一点。表 16-6 是某公司 IE 工程师训练计划举例。

第16章 工业工程职能规划及团队组建

表16-6 工业工程师训练计划实例

新入职IE工程师教育训练计划

序号	工作内容	指导人	学习产出	2013年1月～2月排程	备注
1	**企业组织、文化及部门职责了解（1周）**				
1.1	了解企业的发展历史（从网站及同事）	李课长		1/10–1/11	
1.2	了解××集团的组织架构	蒋专员		1/12	
1.3	了解公司各部门的职责	蒋专员		1/13	
1.4	了解公司的运作流程（研、产、销）	李课长	《接单～出货作业流程》	1/14–1/15	
1.5	了解公司的厂区环境、员工状态、生活文化…	蒋专员		1/16	
2	**生产作业及品质检验流程熟悉（1～2周）**				
2.1	仓库作业流程及管理细则了解	仓库主管	《仓库管理的重点》	1/17–1/18	
2.2	弯管组作业流程了解及实做（实做不少于4h）	杨主任	《弯管组各工序功能简述》	1/19–1/20	
2.3	弯管组机械、设备、工具了解	杨主任	《弯管组设施清单》	1/21	
2.4	焊接组作业流程了解及实做（实做不少于4h）	杨主任	《焊接组各工序功能简述》	1/22–1/23	
2.5	焊接组机械、设备、工具了解	杨主任	《焊接组设施清单》	1/24	
2.6	磨砂组作业流程了解及实做（实做不少于4h）	杨主任	《磨砂组各工序功能简述》	1/25–1/26	
2.7	磨砂组机械、设备、工具了解	杨主任	《磨砂组设施清单》	1/27	
2.8	烤漆组作业流程了解及实做（实做不少于4h）	杨主任	《烤漆、前处理SOP制作》	1/28–1/29	
2.9	烤漆组机械、设备、工具了解	杨主任	《烤漆组设施清单》	1/30	
2.10	组装组作业流程了解及实做（实做不少于4h）	杨主任	《组装课设施清单》	1/31–2/1	
2.11	组装课机械、设备、工具了解	杨主任		2/2	
2.12	品管课作业流程了解	品管主管		2/3	
2.13	检测设备了解	品管主管	《品管量具清单》	2/4	
2.14	研发部各课作业流程了解	各课长		2/5	
3	**IE专业技能训练（1周）**				
3.1	标准工时的制定及应用	魏顾问		2/6	
3.2	现场目视化管理	魏顾问		2/6	
4	**训练结果检讨、评估**				
4.1	实习报告作成			2/7	
4.2	实习结果季评			2/7	

说明：此计划仅仅为新入职之IE工程师学习用，采用"做中学、学中做"的大原则，该计划执行过程中可以兼顾其他工作任务之执行。

【思考题】

1. 谈谈工业工程部在组织架构中不同位置对工作开展的影响。
2. 梳理本公司工业工程部的部门职责。
3. IE 经理应该具备怎样的能力?

第 17 章

工业工程实施盲点及应对措施

17.1 中／高层对工业工程的认知误区

1. 经营者或企业管理人员对科学管理的重要性没有认识

前面章节已经讲过科学化是为企业构建一套以数据化为特点的管理系统,让所有的管理过程都由数据来呈现,改善点也能够通过数据来识别。科学管理就是以数据做基础,以流程做依托,还有目标管理等。科学管理需要工业工程师建立基于系统面的管理规划来实现。很多企业管理者对此缺乏认识。这样的企业非常多,比如没有标准工时、没有 KPI 数据。缺乏数据管理说明企业对科学管理认知度不高,企业更多地依赖经验进行管理,没有意识到科学管理的重要性。

2. 经营者或企业管理人员对管理意义的理解不够

管理可以从很多方面解读。一种说法,管理就是 PDCA 的过程,也就是计划、执行、检查、调整的循环过程。管理也可以理解为先设定一个规范、标准,然后再针对异常进行处理和改善。企业管理人员往往理解不够,缺乏改善意识。

3. 经营者或企业管理人员重视设备更新的效果而忽视工业工程改善

这种企业非常多。这类工厂有一个共同点,企业比较重视自动化的投入,却忽视方法和流程的改善。这样做的结果是制约了工业工程的发挥空间。

4. 大部分企业的中高阶主管对工业工程不了解

不知道这个职能可以扮演什么样的角色,造成了错失导入工业工程的机会。

5. 企业并不了解工业工程有多大的作用

有些企业虽然导入了工业工程,但因为对该职能的功能不完全了解而仅仅赋予基础 IE 的职能,造成了更多改善机会的错失。

17.2 工业工程方法选用时机不当

工业工程的方法很多,从基础的现场 5S,到日常的生产线平衡改善,再到精益生产、六西格玛等,遗憾的是企业往往由于对各种方法的应用时机掌握不清,不能对症下药。顾问在辅导一家企业时,企业听说六西格玛是一种非常先进的工具,提出来能不能用六西格玛。六西格玛的理论学习是比较复杂的,如果企业干部的文化程度偏低,很难学会,比如 DOE 试验设计、响应面分析等。通过对企业干部素质的评估,很多干部是车间主管或班组长,文化程度不高,学六西格玛是非常吃力的。考虑到企业的实际情况,最终选择了 QCC 的改善方法,即通过基本的原因分析、过程检讨、对策实施、计划跟进等进行改善,比较容易被大多数人所接收,学起来没那么难。如果一味追求所谓"高大上"的管理名词,工具选择不当,与企业基础不匹配,最终会造成改善效率不佳,对企业帮助不大,改善不被认可。所有的实施都需要有必要的方案论证,以表现其应用目的、过程方法、结果收益以及风险控制的措施,合适的方法是关键。

17.3 工业工程师自身能力不足

经常有工程师反映 IE 推动不顺利。其实并不是企业不支持或生产部门不配合,而是缺乏非常好的方案,以及良好的项目主导和管控过程。可以说,国内 80% 的 IE 工程师能力还有欠缺,至少在某些方面考虑还不够周密,导致改善效果大打折扣。

表 17-1 列出了 IE 工程师的知识模块。作为 IE 工程师要定期性做个人能力需求测评,评估需要补强的重点,内部团队要营造积极互助的学习氛围,鼓励自学深造。多从自身角度出发,检讨自己,努力提升自身能力。

表 17-1　IE 工程师的知识模块

序号	知识模块	知识比重	职业要求	实际状况
1	基本的学历知识	15%	高中以上	较佳,基本都可满足
2	企业运营管理知识	10%	熟悉企业各职能及运作流程	掌握不足,缺乏系统观
3	专业 IE 理念及手法	42%	掌握基础 IE 与现代 IE 技能	尚可,但实践性不足
4	产品结构及生产工艺知识	5%	快速熟悉所在企业产品工艺	较佳,一般都会掌握
5	项目管理知识	10%	能够整合资源推动改善	掌握不足
6	报告文书处理能力	5%	能够制作出清晰的方案书	较缺乏
7	沟通及交际能力	5%	良好的语言表达及亲和力	尚可
8	计算机软件操作能力	3%	Office、CAD、Visio、ERP	尚可
9	外语能力	1%	非外资一般无要求	尚可,部分过度投入
10	其他	4%	综合的社会知识	尚可

17.4 中高阶的参与度不够

工业工程的导入过程可以分为导入期、发展期和稳定期三个阶段,如图 17-1

第 17 章
工业工程实施盲点及应对措施

所示。企业新建立 IE 部门，一到三个月称为导入期，半年到一年为发展期，有时甚至更长，要看实际导入过程中的情况。发展期就是 IE

图 17-1　工业工程导入过程

发挥作用的过程，这个过程 IE 的权威还没有完全建立起来。IE 部门不断发展，最后达到稳定期。这时职能已经稳定化，可以按部就班地开展工作。在导入期和发展期，如果中高阶参与度不够，会直接影响 IE 的发挥，造成工业工程权威难以较早地树立起来，很难迅速进入稳定期，在 IE 团队新成立时，高阶主管应该时常给予关注，必要时要抽时间参与 IE 的方案发布或总结会。

17.5　改善效益分配不合理

在企业里，存在着企业经营者和雇员间的利益平衡，如图 17-2 所示。经过 IE 改善，企业获得很多利润，很多企业经营者不愿意分享利益给员工。这种情况会导致企业员工不愿意配合 IE 改善。科学管理原理提出，企业通过员工的效率提高获取更多利益，但须分配一部分利益让员工也增加收入。有一个典型的案例：一位 IE 工程师在浙江某企业实施改善，生产效率大幅提升，企业利润增加了。企业实行计件制，按常理，员工做得多了，收入应该增加。但随着效率的持续提升，企业持续降低工价，导致产量增加了，员工的实际收入没有增加。两边利益不平衡，造成员工的抱怨。出现了两种极端情况：一种是局部的罢工，一种是工程师出门的时候，员工把车拦住，对其进行威胁。这个实例充分说明了在企业不断提效的同时，切勿忽略员工的收入待遇提升！

图 17-2　利益平衡点

【思考题】

1. 工业工程实施过程中有哪些盲点，如何克服？
2. 分析本公司工业工程师能力不足体现在哪些方面？

中国工业工程师联盟 简介

中国工业工程师联盟（China Industrial Engineer Union，缩写 CIEU，简称 IE 联盟），于 2009 年始创于广东省东莞市，是由一些长期从事工业工程工作，并对工业工程具有高度热情的工业工程师联合发起创办的。目前该联盟属于民间学习型团体，其创办的目的是为国内的工业工程从业者及爱好者提供一个交流、分享、互助的平台，最终希望大家良性成长，有效利用工业工程思想与技术，为中国的企业及社会创造价值。

中国工业工程师联盟经过 11 年的发展，目前拥有 10 万以上关注会员。联盟目前可通过行业交流、标杆游学、IE 特训、企业辅导、精益杂志等多种方式服务企业及个人，多年来组织交流沙龙、特训课程达百场以上，培养专业工业工程改善型人才数千人，惠及国内多个区域内的企业，在助力企业推动精益改善中起到了较为重要的作用。

精益华企管理顾问机构 简介

精益华企管理顾问机构，简称精益华企（Lean Plant In China，缩写 LPIC），其释义为"精益企业在中国"，由魏俊超先生创办，其创办的目的是希望将精益改善精神及效果落地推广到更多国内的企业，提升中国企业的制造管理水平。

精益华企管理顾问机构是一家坚持用科学的、系统的解决方案，协助企业辅导落实执行，使企业管理实现科学化、合理化、高效化，最终提升企业竞争力并创造价值的管理顾问公司。目前总部位于广东省东莞市，在江苏省和浙江省设有分支服务点，以珠三角卓越制造为依托，服务全国企业。

加入 IE 联盟，请扫码

IE 联盟订阅号

IE 联盟 APP